6

最新 社会福祉士養成講座

一般社団法人 日本ソーシャルワーク教育学校連盟　編集

ソーシャルワークの
理論と方法

［社会専門］

中央法規

刊行にあたって

　このたび、新カリキュラムに対応した社会福祉士と精神保健福祉士養成の教科書シリーズ（以下、本養成講座）を一般社団法人日本ソーシャルワーク教育学校連盟の編集により刊行することになりました。本養成講座は、社会福祉士・精神保健福祉士共通科目13巻、社会福祉士専門科目8巻、精神保健福祉士専門科目8巻の合計29巻で構成されています。

　社会福祉士の資格制度は、1987（昭和62）年に制定された社会福祉士及び介護福祉士法により創設されました。後に、精神保健福祉士法が制定され、精神保健福祉士の資格制度が1997（平成9）年に創設されました。それから今日までの間に両資格のカリキュラムは2度の改正が行われました。本養成講座は、2019（令和元）年度の両資格のカリキュラム改正に伴い、刊行するものです。

　新カリキュラム改正のねらいは、地域共生社会の実現に向けて、複合化・複雑化した課題を受けとめる包括的な相談支援を実施し、地域住民等が主体的に地域課題を解決していくよう支援できるソーシャルワーカーを養成することにあります。地域共生社会とは支援する者と支援される者が一体となり、誰もが役割をもって生活していくことができる社会です。こうした社会を創り上げる担い手として、社会福祉士や精神保健福祉士が期待されています。

　そのため、本養成講座の制作にあたって、❶ソーシャルワーカーとしてアセスメントから支援計画、モニタリングに至るPDCAサイクルに基づく支援ができる人材の養成、❷個別支援と地域支援を一体的に対応でき、児童、障害者、高齢者等のさまざまな分野を横断して包括的に支援のできる人材の養成、❸「講義―演習―実習」の学習循環をつくることで、実践現場に密着した人材養成をする、を目的にしています。

　社会福祉士および精神保健福祉士になるためには、ソーシャルワークに必要な五つの科目群について学ぶことが必要です。具体的には、①社会福祉の原理・基盤・政策を理解する科目、②複合化・複雑化した福祉課題と包括的な支援を理解する科目、③人・環境・社会とその関係を理解する科目、④ソーシャルワークの基盤・理論・方法を理解する科目、⑤ソーシャルワークの方法と実践を理解する科目です。それぞれの科目群の関係性と全体像は、次頁の図のとおりです。

　これらの科目を本養成講座で学ぶことにより、すべての学生がソーシャルワークの基盤を修得し、社会福祉士ならびに精神保健福祉士の国家資格を取得し、さまざまな領域でソーシャルワーカーとして活躍され、ソーシャルワーカーに対する社会的評価を高めてくれることを願っています。

社会福祉士養成教科書の全体像

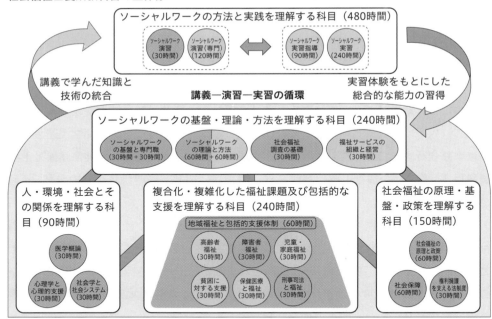

出典：厚生労働省「（別添）見直し後の社会福祉士養成課程の全体像」（https://www.mhlw.go.jp/content/000604998.pdf）
より本連盟が改編

精神保健福祉士養成教科書の全体像

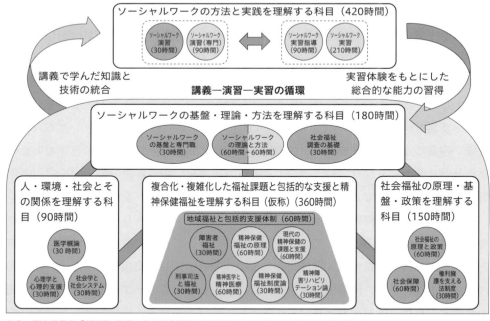

出典：厚生労働省「（別添）見直し後の社会福祉士養成課程の全体像」を参考に本連盟が作成

2020（令和2）年12月1日

一般社団法人日本ソーシャルワーク教育学校連盟
会長　白澤政和

はじめに

　2021（令和3）年度より、ソーシャルワーカーの養成は新カリキュラムに移行することとなった。この背景には、ソーシャルワークの支援対象となる人たちが抱える問題の複雑化・多様化がある。一つの世帯のなかに複数の課題を抱える人たち（いわゆる8050問題、ダブルケアや障害・介護問題と経済的な困窮を同時に抱える等）や、親族関係・地域住民との関係あるいはさまざまな支援制度とうまく関係を築けず、社会的孤立を深めている人たちなど、従来の社会福祉のシステムでは十分に把握・支援ができない人たちの存在がクローズアップされてきている。

　こうした状況に対して、社会保障審議会福祉部会福祉人材確保専門委員会は「ソーシャルワーク専門職である社会福祉士に求められる役割等について」（2018年3月27日）をまとめ、社会福祉士にどのような力量や働きが求められているかが整理された。そこでは「地域共生社会」の実現に向けて、❶複合化・複雑化した課題を受けとめる多機関の協働による包括的な相談支援体制や、❷地域住民等が主体的に地域課題を把握して解決を試みる体制の構築を進めていくことが求められ、その取り組みのなかで社会福祉士がソーシャルワーク機能を発揮することを求めている。

　ソーシャルワーク実践は、クライエントやその家族をターゲットとするミクロ実践、グループや地域社会、さまざまな組織やネットワークに働きかけていくメゾ実践、制度・政策を形成していくマクロ実践と、その幅は広い。そのなかでも、先の「ソーシャルワーク専門職である社会福祉士に求められる役割等について」では、❶複合化・複雑化した課題を受けとめる多機関の協働による包括的な相談支援体制を構築するために求められるソーシャルワークの機能、❷地域住民等が主体的に地域課題を把握し、解決を試みる体制を構築するために求められるソーシャルワークの機能とする二つの機能が示された。このことは、ソーシャルワーカーはミクロ実践だけでなく、メゾ・マクロ実践においても力をつけ、実践を展開してもらいたいというリクエストである。

　そのためには、多様なニーズに対応することが求められる。たとえば、自殺防止対策、成年後見制度の利用支援、虐待防止対策、矯正施設退所者の地域定着支援、依存症対策、社会的孤立や排除への対応、災害時の支援、多文化共生などが例示されたが、こうしたニーズを抱えた人たちは既存の支援システムからこぼれ落ちがちである。そうした人たちに目を向け、彼らが地域社会から排除されないように、地域社会の一員として暮らしを営んでいけるように支援することが必要である。

　また、そうした実践では保健・医療・福祉といった機関の垣根を超え、ボランティ

ア、特定非営利活動法人（NPO 法人）、教育機関、地元に根付いた商店や企業、そして地域住民とともに連携・協働活動を展開していく必要がある。

　こうした実践を一人のソーシャルワーカーがすべて担うのではなく、さまざまな人や機関の力をつなぎあわせ、相乗効果を生み出していくような働きこそ、求められるソーシャルワーク実践に欠かせないものといえる。

　本養成講座では、こうしたソーシャルワーク実践の知識と技術を『ソーシャルワークの理論と方法［共通科目］』『ソーシャルワークの理論と方法［社会専門］』という2冊でカバーすることになる。

　本書においては、冒頭において家族支援、地域支援、非常時や災害時の支援の三つの実践のあり方を紹介し、総合的かつ包括的な支援の展開についてのイメージを描きやすくしている。そのうえで、そうした実践を支える理論と方法について学んでいく。

　まず、ソーシャルワーカーがクライエントや連携・協働を図る人との間で結ぶ援助関係の形成について学ぶ。こうした援助関係形成を土台として、関係者・関係機関とネットワークを構築していく方法、さまざまな社会資源を活用し、さらには社会資源を開発していく方法を学ぶ。こうした連携・協働においては、関係者とともに対処する問題のアセスメントや解決策を模索するカンファレンスのもち方が重要になる。また、さまざまな利害が対立するなかで、関係者との調整を行うネゴシエーションやコンフリクト・レゾリューション、関係者間の連携・協働を促進するファシリテーションやプレゼンテーション、そしてそうした活動をビジネスとして支えるソーシャル・マーケティングについて学ぶ。あるいは、実践事例を研究し、そこからの学びを実践に還元していく事例分析について学ぶ。

　学生の皆さんには、一人ひとりのクライエントへの支援だけでなく、そのクライエントを取り巻く周囲のシステムへの働きかけについても学んでいただき、実習や演習場面でミクロからメゾ・マクロ領域へと目を向けていくことを試みていただきたい。

編集委員一同

目次

第7章　ソーシャルワークに関連する技法

本書では学習の便宜を図ることを目的として、以下の項目を設けました。

・学習のポイント………各節で学習するポイントを示しています。
・重要語句……………学習上、特に重要と思われる語句を色文字で示しています。
・用語解説……………専門用語や難解な用語・語句等に★を付けて側注で解説しています。
・補足説明……………本文の記述に補足が必要な箇所にローマ数字（ⅰ、ⅱ、…）を付けて脚注で説明しています。
・Active Learning……学生の主体的な学び、対話的な学び、深い学びを促進することを目的に設けています。学習内容の次のステップとして活用できます。

第1章

総合的かつ包括的な支援におけるソーシャルワークの実際

　ソーシャルワーカーには、人間の尊厳の尊重や権利擁護等の価値基準を基盤として人間の多様性の理解と個別性の尊重という理念をもち、ミクロからマクロに至る幅広いレベルをシステムとして捉え、社会を構成するさまざまな資源と協働して課題解決する役割および機能を担うことが期待されている。今般の社会福祉士・精神保健福祉士養成課程の見直しにより、地域共生社会の実現に向けたソーシャルワークの機能を発揮することがよりいっそう期待されることとなった。

　本章では、ソーシャルワークの多様な理論や方法の学習を開始する導入として、ソーシャルワーカーの専門性を発揮することが期待されている場面や状況を、実践例を用いて具体的に説明する。

総合的かつ包括的な支援の考え方

学習のポイント
● 総合的かつ包括的な支援の考え方を学ぶ
● 多様化・複雑化した生活課題に対応するために分野や領域の境界線を超えた問題解決のかかわりについて学ぶ

1 多様化・複雑化した生活課題への対応

1 総合的かつ包括的な支援と多様化・複雑化した生活課題

❶多様化・複雑化した生活課題とは

　総合的かつ包括的な支援におけるソーシャルワークは、ミクロ・メゾ・マクロレベルを一体的に捉えた問題の発見および解決、そのために必要な多職種・多機関による問題解決体制の構築、チームアプローチの実践、フォーマルおよびインフォーマルなネットワークの形成、多職種・多機関の連携・協働のコーディネート、資源の活用・調整・開発、問題を発生させている格差の解消や摩擦・対立の解決（コンフリクト・レゾリューション）、差別や偏見等による社会的不正義に関係する社会構造の変化を目指したアプローチの実践を含む、ジェネラリストとしての実践を指す。

　このような総合的かつ包括的な支援を実践するジェネラリストとしてのソーシャルワークが求められている背景には、多様化・複雑化する生活課題の存在がある。生活課題は、主にミクロレベルで表面化した生活上の困難を指す。「就職できない、できたとしても条件が厳しい就職先しかない」「お金があってもアパートを貸してもらえない」「コミュニケーションがうまくとれず、生活に必要な情報が得られない」「隣の席の人と同じ仕事をしているのに、その人より格段に給料が安くて暮らしていけない」「お金もなく、国民健康保険にも加入できずに病院に行けない（と思っている）」「仕事をしなければ暮らしていくことができないのに、子どもを保育所に預けることができない」「暮らしを維持するためには介護サービスが必要なのに、十分なサービスを利用できない」「高齢で一人暮らしであるが、車の免許を返納せざるを得なくなり、買い物にも行け

なくなった」「親の介護のために離職したが、離職したことによって子どもを保育所に預けられなくなり、子どもと親の両方のケアを自宅で同時に担わなければならなくなった」「（家族が・自分が）薬物の乱用状態になり、仕事を続けられなくなった」「暴力を受けた経験から人に会うのが怖くて働くことができないが、暮らしを支えてくれていた親を亡くし、もう食べていくことができない」「けがをして仕事を辞めざるを得なくなったので、会社の寮から出なければならない。しかし、次に住む場所も仕事も見つからない」など、個人のレベルや個人と直接関係するシステム（たとえば、家族や職場、学校など）との関係性（摩擦や対立、ゆがみなど）、生活を支える資源（住まいや移動、買い物、医療・福祉サービス、公衆衛生、レジャーなど）へのアクセシビリティにおいて把握される。しかし、実際には単純ではない。これらの人々が直面している生活課題は、社会を構成する人々の価値観や文化、社会・経済的な構造、人々の生活のあり方の多様化によって、いっそう多様化・複雑化してきている。

❷ジェネラリストとしてのソーシャルワークの必要性

　また、発生する課題の複合化も、総合的かつ包括的な問題解決に向けたジェネラリストとしてのソーシャルワークの必要性を高めている。従前の各分野における縦割りの制度やサービスの仕組み、縦割りの考え方に基づいて開発された資源は、課題が複合化して発生する問題に対応できない状況が生じている。加えて、生活課題の多様化・複雑化、そして、複合化によって、従来から想定されてきた社会福祉の分野や領域、枠組みの範囲を超えて、ソーシャルワークの実践が求められるフィールドは拡大し続けている。

　「お金がないなら、お金を渡せば解決」「暮らす場所がないなら、アパートを用意すれば解決」「仕事がないなら、就職先を見つければ問題は解決」とはならない。単にこれらの解決方法を用いるだけでは、それぞれの生活課題を発生させている地域住民や社会に存在する差別や偏見、構造的な社会的不正義の状況が何も変わっていないからである。

　「暮らしていくのに必要なお金がない」という訴えの背景には、本人の人生や家族のなかでの経験、教育、暮らしている地域が過去に経験した災害等の影響、地理的な条件、国や地域、世界の経済的・社会的・政治的状況、本人の身体的・精神的な病気やけがといった状況が互いに複雑に絡みあっている。そう考えれば、「お金がないなら、お金を渡す」では解決しないことがわかるだろう。

■2 多様化・複雑化した生活課題の見方

❶時代の変化と生活課題の多様化・複雑化

時代の変化とともに、暮らしている社会の多様化・複雑化はいっそう深刻さを増し、同時に生活課題は難しさを増している。たとえば、日本社会のグローバル化やデジタル化をはじめとする急速な変化や価値観の多様化などは、その変化に適応できない人たちの生活課題を生み出している。

偏見や差別、社会的不正義、地域および社会の仕組みなど、人々の生きづらさを生み出している構造を放置すれば、人々の生きづらさは変化しない可能性が高い。そこでソーシャルワーカーは、生きづらさを抱えながら暮らしている人々とともに、構造の変化を促すように働きかける。

その過程でソーシャルワーカーは、生きづらさを抱えて暮らしている人々とともに活動しながら、その当事者やクライエントを含むさまざまな人々をエンパワーする。そして、彼らの課題解決に向けた機能や動機を高められるように、また、多職種・多機関も含む総合的かつ包括的な問題解決体制を構築できるように、専門職としての価値規範や倫理に基づいて、知識、技術を活用していく。

❷多様性を尊重するソーシャルワーカーの態度

ソーシャルワーカーが基盤とする価値規範は、「ソーシャルワーク専門職のグローバル定義」(2014年)にあるとおり、「社会正義、人権、集団的責任、および多様性尊重の諸原理」を中核としている。ソーシャルワーカーが問題を捉える視点やアセスメントの根拠としてこれらは最も強力であり、これらに基づいて自らの問題の見方やあるべき行動を検討する力が求められている。

たとえば、多様性の尊重について、ソーシャルワーカーにはどのような態度が求められるだろうか。ソーシャルワーカーは、人の多様性として、一人ひとりが固有の存在であることを理解しているとともに、その一人ひとりが多面的な特徴を有する存在であることを尊重し、彼らからその多様性の意味を常に学び続ける姿勢が求められる。ソーシャルワーカーは、困難に立ち向かうクライエントやグループを個人的な決めつけや思い込みに基づいて理解するのではなく、クライエントから多様性の意味を学び続け、自分自身の内側にある決めつけや思い込みと向きあい、そのうえで人やグループ等の多様性を尊重する。

❸多様性に対する抑圧

人や何らかの共通点に基づくコミュニティは、それぞれの文化や生活

習慣、宗教、ジェンダー、性的な指向、国籍、言語、肌や髪の色、服装、食べ物・飲み物、身体的な特徴などによって、生活や機会を制限されるなどの抑圧を受けることもあれば、それらの特徴によって何らかの特権的な扱いを受ける場合もある。

多様性に対する抑圧は、一人ひとりがその人らしく生きることとの間に摩擦や対立を生み、それらが生活課題の発生と生きづらさにつながる。この抑圧は潜在化されていることも多く、抑圧されている本人以外にはその抑圧の存在がみえにくい。また、本人でさえも自分が抑圧されていることに気づかないこともある。

たとえば、教育を受ける機会を得られなければ、人としての権利を理解することができず、「自分は○○だから、教育を受けられなくて当然」と理解してしまうかもしれない。一方で、特権的な扱いを受けている人も、その特権がもともと本人に属しているもののように当然化し、自分自身が特権的な扱いを受けている状態にあることに気づいていないこともある。家庭の経済的な事情によって進学のための塾や予備校に通えないことや、大学や専門学校に進学できる人とできない人の間に格差があり、性別による進学や就職の可否、昇進の制限がある。国籍や肌の色も人の生活や命に影響を与えているが、多くの人が日本で暮らすうえでの国籍や肌の色の影響や特権に気づいていない。

❹発見された生活課題と多様性の関係

クライエントから多様性を学び、尊重する姿勢がなければ、前述のような不利益を容認してしまい、多様性の否定による抑圧が摩擦や対立を生む。そして、多様性の否定や偏見による差別が生活課題を発生させているにもかかわらず、なぜそこに困難や苦しみがあるのかが理解されず、苦しい状況に置かれている個人の自己責任とみなされてしまう。

ソーシャルワーカーは、多様性を尊重するという専門職としての原理から、発見された生活課題や問題の発生を、生きづらさを抱えて苦しむ個人の自己責任とみなすことはしない。発見された生活課題や問題の発生に、本人にどのような環境からの抑圧が関係しているのかなどを捉え、人々が生きることを支え、社会構造の変化に向けて働きかける。

多様化・複雑化した生活課題への
対応のプロセスとスキル

1 エンゲージメントと多様化・複雑化した生活課題の
アセスメント

❶エンゲージメントとアセスメント

　多様化・複雑化した生活課題に対応していくことを中心に、ソーシャルワークのプロセスとスキルを概観する。まず重要なのが、エンゲージメント（インテーク）である。エンゲージメントとは、ソーシャルワーカーと個人、家族やグループ、コミュニティとの信頼関係を構築していくことで、ソーシャルワーカーがアセスメント、プランニング、問題解決や目標の達成にかかわる基礎となる。

　エンゲージメント（インテーク）を成功させるには、ソーシャルワーカーとしてさまざまな工夫やスキルが必要である。受容的・共感的な態度でかかわるとともに、信頼関係を構築し、人々が自分自身のことや所属するグループ、地域社会を含むコミュニティのことを自ら語ろうとする動機が高まるようにかかわる。

　そこで、ソーシャルワーカーは、エンゲージメント（インテーク）において多様な人々との信頼とパートナーシップに基づいた援助関係を構築するスキルが求められる。個人的な人に対する好き・嫌い、得意・不得意等を超えて、人やグループ、コミュニティの特徴を多様性として尊重し、ソーシャルワーカーとしての関係構築を目指す。そして、生きづらさを抱えた人々が、自らの問題解決に向けて動機を高めていく。

　次のプロセスが、生活課題の多様で複雑な背景や要因を、ソーシャルワーカーとしての視点と根拠をもってアセスメントすることである。私たちが暮らしている地域社会を、多様なシステムの複雑な交互作用によって成立しているシステムの一つとして捉えると、その地域社会で起きていることをどのように解釈し、説明することができるだろうか。また、アセスメントを考える際には、地域社会はより大きなシステムを構成する要素の一つであることも踏まえ、地域社会の境界線を超えて考える必要がある。

　ソーシャルワーカーは、アセスメントと同時に、情報を収集する。生活課題が表出されたシステム、それを構成する要素としてのシステム、それらのシステムとシステムの間で何が起きているのか、そして、それらすべてを含むより大きなシステムとの間で何が起きているのかに注目

し、そこで得られた情報がどのように関係しているのかを理解していく。

そのアセスメントの過程では、ソーシャルワークの固有の視点を形成する価値規範や倫理、理論的な根拠に基づいて情報を分析・解釈し、生活課題の背景や要因として、さまざまなシステム間でどのような交互作用が起きているのか、その交互作用が偏見や差別、社会的な不正義とどのように関係していて、システム間の摩擦や対立、ゆがみ、排除を生じさせているのか、明らかにしていくことになる。

よって、情報収集の対象や交互作用を想定するシステムはミクロ・メゾ・マクロレベルにわたり、それらを一体的に捉える。この視野の広さや視点の多様さがソーシャルワークの特徴の一つでもある。

❷ミクロ・メゾ・マクロレベルと一体的に捉えるアセスメント

人々の生活課題が表出される場である地域社会には、それぞれ文化・歴史（沿革）、地理、人口構成、資源の保有状況、それらからつくられた地域社会のルールや仕組みなどの観点からみて、固有性がある。地域社会には地理的な境界線も認識され、地域社会の固有性はその境界線の内側にいる地域住民全体に影響を与えている。地域社会のもつ固有性は生活課題の発生に影響を与えており、たとえば、地域社会のなかのルールや仕組み、地理的な条件が理由となって、生活課題が発生することもある。そして、地域社会は常に変化しており、地理的な境界線ですら常に引き直される。その変化のスピードは、地域社会が置かれている環境に左右され、それぞれの地域社会によって急なこともあれば、緩やかなこともある。

情報収集は、よりミクロな関係性も対象にする。たとえば、クライエント個人の基本的な属性や生活歴、既往歴などのほか、地域社会の構成要素である人や家族の地域社会との関係（かかわりのきっかけや頻度、方法、親密度、提供しあっているサポートの種類など）は、人や家族によって大きな違いがある。

これらの情報から、地域社会を構成する人や家族の数、地域社会を構成する人の国籍や年齢、性別、職業、生活スタイルの特徴、地域社会を構成する人と人、家族の直接のつながりの状態が理解できる。

地域社会のなかで、人も含むシステム間のつながりが希薄化していたりすることで、地域で表出されている生活課題を発見する機能、解決したり対処したりする機能が地域社会から失われつつあることを危惧する声もある。つまり、地域住民の生活課題の解決に取り組む力が低下してきており、地域社会が生活課題を発生させやすい状況にあると同時に、

発見や解決が難しいという状況にあることを指摘していると理解できる。

❸ミクロ・メゾ・マクロレベルを一体的にアセスメントする理論

　このミクロ・メゾ・マクロレベルにわたるアセスメントを行う際の根拠として活用されるのが、ソーシャルワーク専門職のグローバル定義、価値規範・倫理、システム理論、エコロジカル理論、バイオ・サイコ・ソーシャル（BPS）モデル、エンパワメントモデルなどの人と環境の交互作用に関する理論・モデルである。根拠に基づかないアセスメントは、個人的な人生の経験などに基づく勘と思い込みによる問題や課題の見方・解釈であり、ソーシャルワークのアセスメントとはいえない。

▎2 総合的・包括的問題解決体制構築のための計画とスキル

❶総合的・包括的問題解決体制構築のための計画

　ソーシャルワーカーは専門職として、エンゲージメント（インテーク）の成果によるクライエントやクライエントシステムとの関係構築に基づいて、ソーシャルワークの価値規範や倫理、システム理論やエコロジカル理論、バイオ・サイコ・ソーシャル（BPS）モデル等を根拠にアセスメントした地域社会の状況や生活課題の表出の背景・要因に対して、生きづらさを抱えて暮らしている人々とともに活動し、その人々をエンパワーし、課題解決に向けた機能や動機を高めていく。

　問題や生活課題の状況の変化を目指して活動していくために必要なのが、アセスメントに基づいたアプローチの対象と目標とする変化の設定および計画である。問題や生活課題の解決に向けて、ミクロ・メゾ・マクロレベルのどのシステムに対して、どのような変化を促す必要があるのかを設定する。そして、設定されたターゲットに対して目標とする変化をどのようなプロセスで達成しようとするのか、また、ミクロ・メゾ・マクロの各レベルのアプローチの対象に対して、どのような理論・モデルおよびアプローチを根拠にして目指している変化を促そうとするのか、問題や生活課題を解決しようとするのかを計画する。

　これまでみてきたように、多様化・複雑化した地域社会の生活課題は人と環境の関係において発生しているにもかかわらず、クライエント本人の変化（たとえば、環境への適応や社会的機能の獲得や強化など）のみを計画することは、どのような意味をもつだろうか。その計画自体がクライエントの自己責任を追及する見方によって立案されている可能性が高い。また、アプローチはクライエント個人の変化を促すことにとど

表1-1　問題解決の仕組みづくりに向けた資源の活用・調整・開発

①うまく活用できなかった資源を活用できるようにすること
②ばらばらに存在していた地域の関係者がもつ力をまとめて課題解決のための資源を生み出すこと
③地域の生活課題を他人事のように感じている人たちも同じ地域で暮らしている人が向きあっている生活課題と無関係ではないことに気づくように促して参加を得ること
④もともともっていたはずの力や機能を発揮できない状態になっている資源の力を開放して有効化すること　　　　など

まり、多様な人がともに生きる社会の構築に向けてどのような社会構造の変化をどのように促すかが計画されていない。

　計画には、課題を発生させている構造を、誰もが力を発揮できる多様性を認めあえる構造へと変化を促すための総合的かつ包括的な問題解決体制の構築を視野に入れる必要がある。そして、資源の活用・調整・開発、それらへのアクセシビリティを高めることを計画することが求められる。

　生活課題が把握された時点において、**表 1-1** などが資源の活用・調整・開発につながり、そして、これらを実現するための総合的かつ包括的な問題解決の仕組みを構築することがソーシャルワーカーに期待されている。

❷総合的・包括的問題解決体制構築に必要なスキル

　総合的かつ包括的な問題解決体制の構築を目指すソーシャルワーカーは、多様な背景・要因が複雑に絡みあって表出した生活課題を解決するために、**表 1-2** のようなスキルを身につけ、実践することが求められる。

　総合的かつ包括的問題解決体制の構築はミクロレベルの生活課題の解決に役立つが、必ずしもミクロレベルの生活課題の解決のみを目指すものではない。また、いつもミクロレベルでの生活課題の発見から、問題解決の取り組みがスタートするとは限らない。総合的・包括的問題解決体制を構築することによって、地域社会のなかで生活課題を発生させているメゾ・マクロレベルの仕組みやプロセスに気づき、社会的不正義や偏見・差別等による生活課題の発生を未然に防止したり、いち早く発見したりする機能が発揮されることも期待される。

表1-2　総合的・包括的問題解決体制構築に必要なスキル

①ネットワーク・連携構築
　関係する地域社会内外の多様な組織・機関や多職種、地域住民の課題解決に必要な資源をつなぎあわせて、より効果的に力を発揮できる環境をつくる
②コーディネーション
　課題解決のための資源へのアクセスを確保し、いつでも、誰でも活用可能なものにするための、また、生活課題の解決のために必要に応じて資源の活用につなげる
③コミュニティオーガナイジング
　戦略的に生活課題の解決に関心をもって参画する仲間を増やして運動を展開し、そして、そこで生み出されたパワーを多くの人に影響を与えている法律や制度といった仕組み・構造の変化を目指すソーシャルアクションへとつなげていく
④プレゼンテーション
　人々をアクションに向けて動機づけるための共感を生み出す
⑤ソーシャル・マーケティング
　社会を変えていくために必要な考え方や行動により多くの人の理解を得る
⑥ネゴシエーション
　社会の変化に向けて、その変化をよく思わない人々、異なった意見をもつ人々との交渉
⑦ファシリテーション
　資源を必要としている人たちとともに課題解決に不足している資源を開発することなど、生活課題の解決に向けて地域住民等の機能や動機を高め、エンパワーしていく

3　今日的な地域社会における課題とその対応

1 「今日的」の意味

❶「今日的」を捉える難しさ

　はじめに、何が「今日的」なのか、ということから考えてみたい。昔の地域社会にあって今の地域社会に失われた何か、昔の地域社会には見当たらなくて今の地域社会にはある何かが、「今日的」状況を表している。地域社会の変化によって、今、何が地域社会で起きているのかが、「今日的な地域社会における課題」に反映される。

　しかし、地域社会は多様で複雑であって、どこかの地域社会で発生している問題を、日本全国すべての地域社会に共通して発生していることとして、一般化して説明することはできない。たとえば都市部で起きている今日的な課題と地方で起きている今日的な課題は同じではない。また、Aという都市部とBという都市部では、それぞれの都市部が異なる特徴をもっており、同様にAという地方とBという地方とでもそれぞれ違いがあるため、一概に「何が今日的か」を示すのは難しい。

Active Learning

あなたが生まれた地域を想像して、何が「今日的な地域社会における課題」となっているか考えてみましょう。そして、その課題を解決するために、誰が、どのような方法で活動しているのか、また活動すべきかを考えてみましょう。

❷地域社会の多様性

　一般的なものとして取り上げられる「今日的」な問題や生活課題に対して、ある地域での具体的な素晴らしい問題解決に向けた取り組みが紹介され、視察などで注目が集まることもある。新しいアイデアやアプローチを学ぶこと自体は大変重要である。しかし、ほかの地域でその活動を真似しようとしても、必ずしもうまくいくとは限らない。表面的には同じ問題や生活課題を抱えているようにみえても、それらが発生している理由や背景、関係しているシステム等が、それぞれの地域社会によって違っていたり、地域社会を構成する人の価値観や考え方が違っていたり、地域社会のリーダーの思いや進め方が違っていたりすることが関係しているだろう。

　たとえば、地域住民の孤立の問題が、地域ＡとＢの大きな問題として、それぞれ取り上げられたとする。地域Ａではプライバシーの重視や近所付き合いを煩わしいと感じる近隣の地域住民の関係の希薄化や地域住民の匿名化がその背景にあるかもしれないし、地域Ｂでは物理的な距離や地域住民の極端な高齢化による住民同士の接触回数の減少が背景にあるかもしれない。

　これらそれぞれの地域における孤立の問題を解決するためのアプローチは、人と人の距離に関する価値観や物理的な距離の違いなどから、それぞれ異なる。また、孤立の問題解決に活用可能な資源の保有状況も地域によって異なる。地域Ａも地域Ｂもそれぞれ特徴があり、人口やその年齢構成、各地域が所在する地理的な条件によっても違いがあるだろう。この地域の固有性、言い換えれば、地域社会の多様性を踏まえておかなければならない。

2 地域社会における孤立と生きづらさの自己責任化

❶地域社会における孤立と生きづらさ

　「今日的」の意味から地域社会の多様性と固有性を理解しつつ、あえて取り上げるべきなのが、地域社会における孤立と生きづらさの自己責任化の問題である。そして、孤立の問題から、さまざまな生活課題が生み出される構造を理解しておきたい。

　地域社会では、生活スタイルの変化や移動の高速化等による仕事エリアと居住エリアの分離、生活スタイルそのものの多様化に対するプライバシーの保護を重視する価値観が広がっている。たとえば、特殊詐欺被害への警戒と個人情報保護の徹底した取り組みは、それぞれの生活や財

産、権利を守るための仕組みとして機能しているようにみえるかもしれない。

　しかし、一方では住民が匿名化して、アパートやマンション、家の隣に暮らしている人が誰なのか、何をしている人なのか、そこで何が起きているのかもわからないことによる不安や不信が生まれる。子どもや高齢者などへの家庭内での暴力、アルコールや薬物の乱用状態にある家族、介護離職による低所得化、ひきこもりやダブルケア、セルフネグレクトの状態、外国人をはじめとするいわゆるよそ者への差別的な取り扱いによる不利益などが潜在化している。

　これらが引き金となった悲しく痛ましい殺人事件や自殺などの命にかかわる事件が、ニュースとなって初めて表面化し、地域社会のなかにあった隣人の困難に気づくことになる。

❷社会のなかで弱い立場にある人と自己責任

　住民が匿名化した状態は、他者の視線から自分の生活を守り、居心地のよさを確保したいというときには機能するが、大規模な災害の発生や失業、配偶者との離死別、病気やけがなどによって本人の生活状況が大きく変化せざるを得なくなったとき、それまでの生活が急激に不便化し、生活課題が表面化する。言い換えれば、生活状況を大きく変化させる出来事によって、それまでの生活スタイルに大きな変化が求められるものの、その変化にうまく対応することができなかった場合には生活課題が発生するといえる。大規模災害の発生時には、地域の避難情報等の不足、生存確認の困難、救援可能性の低下も考えられる。

　さて、悲しく痛ましい殺人事件や自殺などの命にかかわるニュースのような問題が発生したときに、近隣の地域住民やメディアから、加害者や被害者に対する自己責任論が噴出する。しかし、表面化した問題の加害者とされる人たちが、実は地域社会のなかで潜在化したままだった事件や出来事の犠牲者であった可能性や社会的な不正義によって生きづらさを抱えたまま生きてきた可能性、何らかの大きな変化によって急に困難に直面せざるを得なくなった人々であるという可能性はないだろうか。

❸社会構造と人の関係

　その事件の発生に至った経緯や背景について、事例分析してみると、加害者とされる人が社会のなかでどのような扱いを受け、なぜその事件を起こさざるを得なかったのかがみえてくることがある。つまり、社会のなかで弱い立場にある犠牲者に、自己責任を押しつけている可能性が

あることに気づく。

　社会構造のなかで、弱い立場にある人ほど、当たり前の生活はもろく、壊れやすい。仕事を解雇されたり雇い止めにあったり、学校に通えなくなったり、家族や友人を失ったり、安心して安全に暮らせる家や居場所を失ったりして、孤立する。感染症の拡大や大規模な災害の発生時も同じく、弱い立場にある人ほど、生活に大きな影響を受ける。

　ソーシャルワーカーは、これらの出来事が個人の自己責任ではなく、人と環境の関係性によって引き起こされていることを、価値規範と倫理、理論・モデルに基づいた一つひとつの事例分析を通して、深く理解しなければならない。

　社会のルールを破ったり、他者を傷つけたりする行為は、法律に基づいて責任の所在や善悪が審判されるだろう。一方でソーシャルワーカーが基盤とする価値規範は、一人ひとりをかけがえのない存在として尊重し、審判しない。ルールを破ったり他者を傷つけたりされる行為によって、困ったり苦しんだり傷ついたりする人たちがいるということにジレンマを感じる。一方、ルールを破らざるを得なかった、他者を傷つけざるを得なかった加害者と呼ばれる人を、彼らのそのような行動を生み出した社会を構成するシステムや環境との関係のなかで捉え、一人ひとりが人として生きる権利を尊重し、その出来事のあとも続いていく人生を、人としてよりよく生きられるようにかかわる。

❹ソーシャルワーカーの問題に対するまなざし

　ソーシャルワーカーは暴力に反対し、暴力を問題解決に活用することはない。暴力を使って何かを成し遂げようとすることに強く反対する。さまざまな形の暴力の防止に取り組む一方で、その手段を用いた人たちが人として生きることを尊重し、その暴力の背景を知ろうとし、それをその人と社会環境や文化との関係から理解しようとする。「理解する」とは、暴力の使用を容認するということではない。暴力自体を否定しつつ、暴力を問題解決に使わざるを得ない状況に追い込まれた人と環境との関係性を理解し、受容するという意味である。そして、その加害者と呼ばれる人が二度と暴力を使う必要がないように、社会との関係の変化を促す。

　ソーシャルワーカーは、専門職として法律や制度に基づいて、人の権利を擁護したり、必要なサービスを利用できるようにしたり、生きづらさの問題を解決しようとしたりする役割をもつが、法律や制度に基づいて人の罪を裁いたり、その結果として刑罰や制裁を与えたりする役割を

もたない。

　生きづらさを抱えている人に対する差別や偏見によって、社会的に弱い立場の人々に対する自己責任論が生み出され、その自己責任論による生きづらさと孤立が再び生み出される。ソーシャルワーカーは、自己責任を負わされた本人を責めるのではなく、本人との対話を通して本人もまた社会のなかで苦しみや悲しみを抱えた一人の人間であることを理解する。そして、「差別や偏見、社会的な不正義の犠牲者が責められる」構造を変化させることが求められている。

■3 ネットワークの形成と組織化

❶ネットワークの形成と組織化が生み出すパワー

　ソーシャルワーカーとして、孤立と自己責任化によって生きづらさを抱える人々とともに、どのように彼ら自身の生活や生きづらさ、そしてその生きづらさをもたらす社会構造を変化させていくことができるだろうか。

　そのためには、はじめに、生きづらさを感じているクライエントやグループ、地域社会等のコミュニティのメンバーの声に耳を傾け、社会環境や構造、システムがいかに個人やその他に影響を与えているのかを理解する必要がある。これは、エンゲージメント（インテーク）およびアセスメントのプロセスにおいて、重視されるかかわりである。そして、社会環境や構造、システムが人々に与える影響の状況を変えていくための具体的な取り組みの一つが、問題解決に必要なものや力を発揮する可能性のある資源をつなぎあわせることである。たとえば、人やグループが組織化することや組織同士がもち得る資源を出しあうこと、必要なサービスを提供しあうことなど、複数の人や組織がネットワークを形成することである。

　ソーシャルワーカーが社会環境の一部として機能している何らかの法律や制度を改正したり、廃止したりする必要性に気づいたとき、ソーシャルワーカーの気づきをその問題と関係する医師や弁護士らと共有し、政治家を巻き込んで働きかけることができれば、そこに変化を起こすためのパワーが生まれる。

　地域社会のレベルでも同じで、地域社会で生活するクライエントとソーシャルワーカーのみでは地域の変化に働きかけるためにできることは限られていても、そのクライエントと同じ困難に向き合う人たちやその家族、関係者などがつながれば、そこに変化を促すパワーが生まれる。

　多機関間の連携・協働にも同じことがいえる。一つの組織や機関のみではもつことができない変化に向けた大きなパワーをもつことができる。

　そして、これらの取り組みのプロセスにおいて、地域社会を構成する住民の問題に対する意識を高め、誰もがともに生きていく社会を構築するために必要な価値や考え方、行動を共有し、社会環境や構造、システムの変化に向けたアクションにつなげていく。このとき、ソーシャルワーカーは、コミュニティオーガナイジングやソーシャル・マーケティング、プレゼンテーション、ファシリテーションのスキルを発揮することが期待される。

❷変化を促すための媒介としてのソーシャルワーカーのかかわり

　これらの変化を実現するために、ソーシャルワーカーが重要な役割を果たす。ソーシャルワーカーは、ネットワークづくり、資源やサービスの交換、組織化をするために、媒介としての役割を果たし、人々およびシステムの変化を促すことが求められる。この媒介としての役割を専門的に担うことができる人材を、社会が必要としている。ソーシャルワーカーは、人と人、グループ、組織・機関の間を行ったり来たりしながら、もち得る資源を交換するための橋渡しの役割を果たしたり、組織化するための接着剤の役割を果たしたり、ネットワークを形成するための紐づけをする役割を果たしたり、それらのつながりを必要に応じて大きくしたり、維持したりする。

　変化を促そうとする対象のシステムに対するアクションにおいて、単に境界線の外側からその対象が変化するよう説得するような働きかけに終わってしまえば、そのシステムは問題や課題に直面したままの状態を維持しようとして抵抗が発生する。そのシステムの外部から見て、その問題を抱えた状態を維持しようとすることに合理的な理由が理解できなくても、かたくなに変化を拒むこともあるだろう。そして、そのシステムに変化を起こすことがよりいっそう難しくなってしまう。

　そこで、問題の発生時の状態を変えていくためには、システムそのものの内発的な変化が起きるように働きかけることと、システムの外側が変化するように働きかけることを多面的に捉え、計画することが必要である。このように問題に直面しているシステムとそのシステムを取り巻く社会環境や構造がともに変化していくことをデザインすることによって、人やシステムとそれらを取り巻く環境との関係性の変化をもたらす。

分野や領域の境界線を超えた問題解決のかかわり

■1 分野や領域の境界線を超えたかかわりの必要性

　分野や領域の境界線を超えたネットワークの構築は、多様化・複雑化した現代社会の問題解決に必要不可欠である。前述したように、複雑で多様なシステム間の関係による社会環境の変化が生活課題の発生にかかわっており、問題解決に向けたアプローチもまた、多様なシステムとのかかわりのなかで検討していくことが必要である。つまり、問題解決には分野や領域の境界線を超えた多職種・多機関による多様な視点や働きかけ、サービスを必要としている。

　このときに力を発揮する方法の一つが、カンファレンスの仕組みをつくることである。このカンファレンスの仕組みをつくることによって、関係する多職種・多機関、地域の組織・団体、地域住民などが何らかの地域の生活課題や問題に関して互いに意見を出しあい、共有し、問題解決を目指した活動やアプローチを検討するための場をつくることができる。カンファレンスが、多様な人々による協議の場となるとともに、解決策となる活動を実行に移していく原動力として、重要な資源となり得る。

■2 分野や領域の境界線を超えた問題解決の検討

　たとえば、次の事例１・事例２のような場合には、どのような専門職や機関が境界線を超えて問題解決にかかわることが必要だろうか。これまでの内容を踏まえながら、考えてみてほしい。また、事例に書き込まれている情報は十分ではない。どのような情報が追加して必要か、併せて考えて、書き出してみてほしい。

> **事例1**
>
> 　失業した夫が妻に対して暴力をふるっていることが、３歳の子どもに対する虐待が発見されたときに同時に明らかになった。子どもに対する虐待は子どもがけがをした際に救急搬送された病院の医師が気づき、児童相談所に通報したことで発見された。夫は暴力をふるったことを認めていない。妻は、夫と自分が３歳の子どもに対して暴力をふるったり、食事を与えなかったりしたことを認めている。
>
> 　妻から伝えられたこととして、家族はアパート暮らしで、近所に

知り合いはいない。夫はお酒を飲むたびに、妻と子どもに暴力をふるう。妻は夫と離婚したいが、怖くて離婚したいということを言えない。妻は仕事をしておらず、貯金もない。また、妻は外国にルーツがあり、日本語は日常会話程度なら可能な様子である。母国の家族との関係は途切れており、連絡がとれない。

事例1を読んで、❶夫と妻にはそれぞれどのような変化が必要か、❷夫・妻・家族を取り巻く環境にはどのような変化が必要か、❸家族および家族を取り巻く環境が❶❷の回答のように変化するためには、誰やどのような機関・組織・団体が境界線を超えてかかわることが必要か、❹検討に必要な追加情報は何か、を検討してみてほしい。

事例2

夫を自殺で亡くした妻が、3人の子どもを一人で育てている。3人とも小学生である。夫の実家で夫の両親と暮らしているが、父親は脳梗塞の後遺症があり、母親はアルツハイマー型認知症と診断されたため、夫の両親の介護を担っている。この両親の介護のことで、地域包括支援センターに相談したが、両親ともに介護サービスの利用を拒否している。妻は一人で子育てと夫の両親の介護を全面的に担っている。

その後、妻はうつ的な状態になって仕事に行くことができなくなり、仕事を辞めた。しばらくは貯金を切り崩しながら生活をしていたが、貯金も底をつき、クレジットカードも支払いができなくなった。自分の両親のことについては話そうとしない。

事例2を読んで、❶妻にはどのような変化が必要か、❷妻・子ども・夫の両親を含む家族を取り巻く環境にはどのような変化が必要か、❸家族および家族を取り巻く環境が❶❷の回答のように変化するためには、誰やどのような機関・組織・団体が境界線を超えてかかわることが必要か、❹検討に必要な追加情報は何か、を検討してみてほしい。

これらの問いに明確な答えはない。ここでは、これらの問いに対してどのように考えたかを中心に考えていくことにしたい。これまで学んだ内容も反映させながら、次のポイントについて振り返りたい。
① 登場している人物の誰かを「問題の原因」として特定しようとしな

かったか。また、その特定された人物を、単に家族から切り離すことで、問題を解決しようとしなかったか。

② 関係者の最善の利益に基づいて検討した結果、誰かを切り離すという変化が必要という意見をもった場合、「切り離された人」がいかに人としてよりよく生きることができるかを検討したか。

③ 関係者の間で、互いの最善の利益がぶつかりあった場合、どのようにその優先順位を決定し、その優先順位によって発生する不利益や問題をどのように最小化しようとしたか。

④ 「どのような変化が必要か」について、ソーシャルワークの価値規範や倫理、理論・モデル等の根拠に基づいて、困難に直面している本人や家族、その社会環境との関係性から検討したか。また、何をどのような根拠に基づいて判断したか。

⑤ 自分のなかの個人的な経験や価値観に基づく決めつけや思い込みが、検討内容に強く反映されなかったか。

⑥ 変化に向けて必要な機関・組織・団体を検討する際には、自分が現在知っているもの、また、自分が「つながりやすそうな」関係性（たとえば、知り合いがいる、つながりがありそう、つながってくれそうな関係性）のなかだけで考えようとしなかったか。

⑦ 変化に向けて必要な機関・組織・団体を検討する際に、現在、社会のなかに存在する機関・組織・団体やそれらが提供するサービスや支援といった資源のみから検討しようとしなかったか。

⑧ 現在、社会のなかに存在していない資源を、多様な専門職や組織・機関・団体と協力したり、困難に向きあっている本人や家族その他の人々と力を合わせたりしながら、新たなサービスや仕組み、団体等をつくり出す視点をもって検討したか。

⑨ 「検討のために必要な追加情報」を一つひとつ振り返ったとき、それぞれの情報は何を検討するために必要な情報だったか、「誰が悪いのか」を明らかにしようとする情報ではなかったか、その情報が必要だという根拠は何だったか。

⑩ 「検討のために必要な追加情報」を分類してみると、何に関する情報が多かったか、また、関心をもった情報に偏りはなかったか。たとえば、事例に登場する一人ひとりの個人の情報や家族の情報、一人ひとりが直接関係したり、所属している職場や学校、病院などの情報、これらの人や家族を取り巻く地域社会をはじめとするコミュニティや、より大きな社会経済的な環境、国際的な関係や情勢などの情報に分け

てみたとき、どのような偏りがあったか。

3　分野や領域の境界線を超えた問題解決体制の構築

❶テクノロジーの変化と格差の拡大

　ソーシャルワークに関連して、人や家族、社会の問題解決に向けてかかわる分野や領域は無限に拡大し続けている。既存の分野や領域における知識・技術のみならず、かなりのスピードで人の生活にかかわる新しい分野や領域が切り拓かれている。しかし、一方で新しい知識や技術の活用には多くのコストがかかる場合もあるなど、その恩恵を受けられる人たちは、その知識や技術を活用した商品やサービスの対価を支払うことができる一部の人に限られることが少なくない。

　また、経済的なコストだけではなく、それらの恩恵を受けるために一定の知識や技術を必要とする場合がある。その知識や技術によって、文字どおり、新しい商品やサービスを「使える人」と「使えない人」が発生し、使える程度によって格差が生まれる。新しいサービスや新しい仕事が次々と生み出されているものの、新しい知識や技術を活用できる人とできない人の間に格差を生み出し、その新たな格差によって生活課題が浮上する。

　同時に、既存の領域や分野にも、人の生活の向上に貢献できる知識や技術が開発・蓄積され、サービスが提供されているにもかかわらず、経済的な格差をはじめとするさまざまな理由によって機会の不平等が発生し、知識や技術が生活課題の解決に活用できない場合も少なくない。

❷ソーシャルワーカーがかかわる領域・分野の拡大

　ソーシャルワーカーは、新しい領域や分野が生み出した知識や技術、サービス等を最大限に人が直面している問題の解決に活用できるように、媒介としての役割を果たすことが求められている。テクノロジーの活用には、大きな期待が寄せられているにもかかわらず、活用できる人とできない人の格差は大きい。現実には、活用できる人々の生活はより利便性が高まり、活用できない人々の生活は困難を抱えたまま置き去りにされてしまいがちである。

　たとえば、現在の私たちの生活を維持し、便利な生活を支えている資源としては、生活に必要なインフラ（ガス、水道、電気、インターネットほか）をはじめ、一般の行政機関、警察署、消防署、郵便等の配達事業者、保険会社、地域包括支援センター、社会福祉協議会、児童相談所、福祉事務所、学校、幼稚園、保育所、学童保育、病院、女性相談所、各

種福祉施設、自治会・町内会、セルフヘルプグループ、各種NPO法人などがある。

同様に、それぞれの組織・機関で専門職として活動している医師、保健師・看護師、歯科医師、薬剤師、救急救命士、栄養士、調理師、理学療法士、作業療法士、言語聴覚士、柔道整復師、介護福祉士、弁護士、司法書士、行政書士、建築士など、各種資格を有する専門職の人たちだけでも挙げきれない。

ここに挙げた組織・機関や専門職をみて、何となくすでに知っている機関や組織、専門職だと感じるかもしれない。現実には、私たちが知らない新たな組織・団体、サービス、職業や専門職が生み出され続けているが、問題解決を考えるときにはすでに知っている機関や専門職との間で問題を解決しようとしてしまいがちである。

ここに挙げた機関・組織や専門職は、すでに互いの領域や分野を超えたところに存在している。しかし、これらはすでに存在し、領域や分野を超えて問題解決に参加できる可能性が想定できる範囲でしかない。より広い視野でみれば、人がよりよく生きるための資源の一部にすぎない。

新しく開発された仕組みや道具を使って、新しい価値を生み出している人たちもいる。新たな領域や分野における研究開発を通して、それまで価値が認められていなかったものに光が当たることもあるだろう。たとえば、環境問題の専門家は持続可能な社会の構築に向けて研究開発を進めている。

❸テクノロジーの進化とソーシャルワーカーの役割

ソーシャルワーカーには、より自由な発想で、社会にあるあらゆるものへのアクセスを想定し、誰もが自ら生活課題を解決したり、よりよく暮らしたり、活躍する機会を得たりできるように貢献していくことが求められている。

たとえばテクノロジーの活用について、ソーシャルワーカーが生活上の困難にともに向きあっているからこそ気づくことができる新しい活用方法を、提案していくことも求められている。そして、テクノロジーの進化が、時に社会を変えるインパクトをもち得ることを知っておかなければならない。そのインパクトを、誰もがともに暮らし続ける持続可能な社会づくりに貢献するものにするためには、ソーシャルワーカー自身がテクノロジーのもつ可能性についての知識をもつことや、テクノロジー活用の専門家とつながってともに研究開発していくことなどが必要である。

　そのためにも、まずは、社会のどこに何があり、どこで何が生まれているのかを、広い視野をもって理解していなければならない。そして、ソーシャルワーカーは、マクロレベルの変化として、限られた人しか資源にアクセスできない社会の構造から、誰もが必要な資源にアクセス可能な社会の構造への変化を促すことで、人々の生活に変化を促す役割が期待されている。そして、常に社会の変化や新たな領域・分野の開拓に関心をもち、問題解決に活用可能な資源の存在をつかみ、必要な人が必要なときに使える仕組みづくりを進めていくことが期待されている。

　ミクロレベルの変化として、既存のさまざまな領域・分野でもまだまだクライエントがアクセスできていない知識や技術、サービスがあることに気づき、クライエント一人ひとりの生活をアセスメントし、必要なサービス等をオーダーメイドで活用可能な状態にするよう領域・分野を超えてコーディネートしていくことが期待されている。

　領域や分野を超えた問題解決体制のデザインを矮小化してはならない。既存の領域や分野にある知識、技術、サービスに加えて、限りなく広がる新しい知識、技術、サービスとそれらを生み出す領域や分野をも行き来しながら、総合的かつ包括的な問題解決体制をデザインし、それらをソーシャルワークの価値規範・倫理に基づいて誰もがアクセス可能な状態にすることが必要である。

1 ソーシャルワーク実践で出会う「家族」

　家族に関する代表的な定義の一つとして、「家族とは、夫婦・親子・きょうだいなど少数の近親者を主要な成員とし、成員相互の深い感情的なかかわりあいで結ばれた、幸福（well-being）追求の集団である[1]」がある。一方、「家族」と近い言葉で表現されるのが世帯である。厚生労働省では、「世帯」を「住居及び生計を共にする者の集まり又は独立して住居を維持し、若しくは独立して生計を営む単身者[2]」と位置づけており、そのなかで、「核家族世帯」として、夫婦のみの世帯、夫婦と未婚の子のみの世帯、ひとり親と未婚の子のみの世帯、三世代世帯、その他の世帯という分類を示している。

　一般的には、家族は、血縁でつながり、同じ家で生計を一つにしている人たちの集まりと認識されている。しかし、実際に、ソーシャルワーク実践のなかで出会う人たちが「誰」とどのように暮らしているのかは実に多様である。一人で暮らしている人、夫婦二人で暮らしている人、両親とその子たちで暮らしている人、一人親とその子たちで暮らしている人、きょうだいで暮らしている人、ステップファミリーという形で暮らしている人たち、友人・知人と一緒に暮らしている人など、さまざまである。また、単身赴任や学生の下宿といった形で家族とは一緒に暮らしていない人たちも多い。そうしたさまざまな形で、人々は生活を営み、そのなかで生活課題が生じ、ソーシャルワーカーなどが必要に応じて支援を提供している。

　生活課題は、一緒に暮らす家族全員に大きな影響をもたらす。たとえば、認知症を抱えた家族が日常生活のなかでうまくお金を使うことができなくなったという状況が出てきたとする。一緒に同居している家族

★ステップファミリー
（Step Family）
夫婦の両方または一方に、前の結婚との間でもうけた子がいる家族。ステップファミリーの成り立ちは、離婚、死別からの再婚、未婚の男女が子どものいる男女と結婚する場合など多様で、そこで生じる問題も異なる。現状として、ステップファミリーが抱える問題を相談できる窓口が少なく、周囲の理解の促進と社会的な支援の充実が求められる。

は、本人に代わってお金の管理をしなければならないかもしれない。また、介護者として日常生活の世話をしなければならないかもしれない。働いていた場合、就労と介護との両立を図らなければならない。けれども、うまく両立できず、仕事を辞めなければならないかもしれない。すると、収入がなくなり、生活が苦しくなる。このように、家族の誰かが生活上の課題を抱えると、ほかの家族の生活にも影響してくる。

　また、ソーシャルワーカーが生活課題への支援を行うとき、介護に関することであれば、介護を必要とする家族自身に強く焦点が当たることがある。そして、介護している家族などは介護者（支援者）や社会資源と位置づけられることがある。こうした捉え方は、ツウィッグ（Twigg, J.）とアトキン（Atkin, K.）が提示した介護者の四つのモデルに通じるものがある。ここでいう介護者とは、家族に代表されるインフォーマルな介護者のことを指している。木下がこの内容を紹介しており、木下による解説に従って述べていく。[3]

　介護者の四つのモデルとは、「主たる介護資源としての介護者」「介護協働者としての介護者」「クライエントとしての介護者」「介護者規定を超えた介護者」である。

　一つめの「主たる介護資源としての介護者」は、介護者がほとんどケアしていても、それを当然のこととしてみているものである。関心の中心は要介護者で、介護者には焦点があまり当たらない。

　二つめの「介護協働者としての介護者」とは、「要介護者の状態を改善する」という目的のもと、専門職と協働する立場として介護者は認識される。介護者の負担にも焦点は当たるが、その負担軽減は、要介護者の状態を改善するためという目的で果たされることとなる。

　三つめの「クライエントとしての介護者」は、介護者自身も支援対象者として位置づけられるものである。介護者のストレスを軽減し、その結果として、引き続き、介護の役割を果たすことができると考えるものである。介護者の休息を目的としたサービスなどが社会の側から提供される。

　四つめの「介護者規定を超えた介護者」では、介護者を要介護者の従属的な立場には位置づけないこと、そして、介護者と位置づけることによって周囲が期待する責任や役割を押しつけないようにするものである。それぞれを個人として捉え、個別に支援を受けるものとする。

　介護を担う家族は、当然のことながら、介護するためだけに存在しているのではなく、仕事をしたり、人と交流をしたり、一人の人として生

きている。したがって、介護を担う家族もニーズをもった一人の人として焦点を当てることが求められる。ツウィッグらの分類を借りれば「クライエントとしての介護者」「介護者の規定を超えた介護者」の視点が必要ということである。

　そして、家族のなかには要介護者と介護者という二項対立だけで捉えることはできないさまざまな役割や関係性がある。したがって、多様な視点から家族を捉え、家族一人ひとりに目を向けていくことが求められる。

2 家族が抱える複合的な課題

Active Learning

家族メンバーの一人に何らかの変化が生じたり問題が発生したりした場合、家族全体またはほかの家族メンバーにどのような影響や変化を与えるのか、具体例を挙げて考えてみましょう。

　生活は、実に多様な要素から成り立ち、それらが複雑に影響を与えながら成り立っている。したがって、一つの要素に変化が生じれば、ほかの要素もその影響を受けて変化し、これまでの生活とは異なる生活になる。家族は、変化した生活に適応しようと、さまざまな工夫を行い、自分たちにとっての最適な生活をつくっていこうと取り組む。しかし、その工夫が、家族メンバーの誰か一人に過度な負担を強いるようなものであったり、社会に SOS を求めることができずに、家族だけで乗り越えようとするものであったりすると、一時は生活がうまく回っているようにみえても、時間が経つにつれ、事態は深刻なものになることがある。現在、家族が抱える複合的な課題として、次のようなものがある。

1 介護をめぐる家族の問題

　一つは、老老介護である。老老介護は 65 歳以上の高齢者がもう一人の 65 歳以上の高齢者を介護するものである。『令和 2 年版 高齢社会白書[4]』によると、2018（平成 30）年現在、65 歳以上の者がいる世帯のうち、「夫婦のみ世帯」が占める割合は 32.3％で最も多くなっている。そして、介護保険制度における要介護または要支援の認定を受けた人の状況をみると、2017（平成 29）年度末で 628.2 万人となっており、2008（平成 20）年度末（452.4 万人）から 175.9 万人増加している。また、要介護者等は、第 1 号被保険者の 18.0％を占めている。家族の規模縮小と長寿化に伴う介護の需要の高まりが相まって、老老介護をしながら生活を送っている家族がいる。

　そして、老老介護を行う両親を支える子の介護として、遠距離介護の

問題がある。これは、親と遠く離れて暮らす子が定期的に両親のもとを訪ね、介護を行うものである。子は子で家族があり、そこでの暮らしがある。そして、就労や就学等の関係で、親元へ引っ越すことが難しかったり、両親が住み慣れた家を離れることを嫌がったり、同居することをためらうなど、さまざまな理由で、遠距離で介護を行うことがある。また現在では、高齢社会[★]の影響により、遠距離介護を行う子自身も 65 歳以上であるなど、子自身にも健康面、経済面、心理的な面で負担がのしかかっていることもある。

また、ヤングケアラーやダブルケアの問題もある。ヤングケアラーは、障害や慢性的な病気、精神的な問題等を抱える家族などを世話する 18 歳未満の子どもや若者を指している。家族のケアを担うことで、教育の機会や友人等との交流の機会など、その年齢であれば本来保障されるはずのものから疎外されてしまうという問題が指摘されている。ダブルケアは、晩婚化と出産年齢の高齢化によって、親の介護と乳幼児の子育てに同時に直面するというものである。2016（平成 28）年に内閣府男女共同参画局が行った「育児と介護のダブルケアの実態に関する調査」によると、40 歳前後の男女で、育児と介護の両方を担っている、またダブルケアを行いながら就業している人は、男性で約 9 割、女性で約 5 割となっている。両立させるために就労形態を変更したりなどしている人もおり、生活に大きな影響が生じている。

複数の家族メンバーがいれば、多少なりとも協力して介護の問題に向きあうことはできるが、少子化や未婚化の影響により、ほかに協力してもらえる人がいないため、仕事と介護の両立ができず、介護離職に至る人もいる。預貯金等を切り崩しながら生活を強いられることも多く、介護だけでない、経済的な課題も抱える家族もいる。

2 子育てをめぐる家族の問題

子育てに関していえば、家族から虐待を受けている子ども、経済的に困窮している家庭で暮らす子ども、医療的なケアを必要とする子ども、不登校の子ども、いじめで悩んでいる子どもなど、生活するうえで困難を抱え、さまざまな支援を必要とする子どもたちが社会のなかに存在している。

子どもは、一般的には成人するまで親権者のもとで育つこととされている。親権者は実親であることが多いが、子どもを育てる親自身も支援を必要としていることが多い。

★**高齢社会**
高齢化の進行を示す言葉。「高齢社会」は 65 歳以上の人口が全人口に対して 14％を超える社会、「高齢化社会」は 7％を超える社会、「超高齢社会」は 21％を超える社会。日本では、1970（昭和 45）年に高齢化率が 7％を超えて高齢化社会となり、その後、1994（平成 6）年に高齢社会、2007（平成 19）年には超高齢社会となっている。2019（令和元）年の日本の高齢化率は 28.4％となっている。

加藤は、児童虐待問題を抱える家族の特徴について、「児童相談所が対応する虐待家族の特性分析」（2003年）と全国児童相談所長会「全国児童相談所における虐待の実態調査」（2008年）の2次分析（個別票データ）により類型化し、比較している。そこでは、たとえば「ひとり親」と「祖父母同居」の家族形態のなかで起きた虐待に関して、その家族の背景には、世帯が「非課税」であることが多く経済状況が厳しかったり、就労についても「無職」や「不安定」という状況を指摘している。そして、「ひとり親」の家族形態では、親（保護者）がメンタルヘルスの問題を抱えていることが多いことも述べている。[5]

　佐藤は、虐待の背景に経済問題が指摘されるが、経済問題を抱えた親は社会に出て人間関係を構築することが難しかったり、ストレスに対処することができなかったりすることがあるとしている。親自身の生育歴において、自尊心と自己効力感を高めることができなかったことが影響しているのではないかと指摘している。[6] そして、こうした親には、周囲に支援してくれる人がいなかったり、支援に入ることを拒む場合もあり、孤立したなかで生活を送っていることも容易に考えられる。親への心理的な支援、経済的な支援、そして子どもへの支援など、実に幅広い内容の家族支援を行わなくてはならない。

■3 自立をめぐる家族の問題

　2019（令和元）年の国民生活基礎調査の調査結果によると、[7] 65歳以上の者がいる世帯のうち、「親と未婚の子のみの世帯」は2019（令和元）年で511万8000世帯で、占める割合は20.0%となっている。1986（昭和61）年において、65歳以上の者がいる世帯で最も割合が大きかったのは、三世代世帯で44.8%となっていた。その後、三世代家族は減少し、単独世帯や夫婦のみの世帯が増えるとともに、親と未婚の子のみの世帯も増えていく。2010（平成22）年には、親と未婚の子のみの世帯の割合が三世代家族の割合を超え、3番目に多くなっている。この状況と併せて、40代以上のひきこもりが社会問題化されるようになった。そこでは、従来の不登校からのひきこもりだけでなく、職場や病気をきっかけにひきこもるようになったことや、親の介護を理由に家族以外の人と会わなくなるような状況になっていった背景がある。この年代の人たちは、いわゆる就職氷河期世代といわれ、契約社員や非正規雇用など不安定な就労形態の人たちが多くいた。そのため、経済的な基盤が弱く、親と同居せざるを得ないということがいわれている。その後、正規雇用

へとつながる人もいれば、不安定な雇用形態のままで生活をせざるを得ない人たちもおり、そのなかで高齢になった親の介護といった問題が登場する状況もある。そして、こうした家族は、潜在的に孤立や困窮に陥るリスクを抱えている可能性も指摘されている。たとえば、「息子さんがいるから」「娘さんがいるから」ということで、地域からの見守りの対象になりにくい場合もある。そのことによって家族の抱える問題が潜在化し、困窮状態で発見されたり、ストレスを抱えた子が親を虐待してしまうといった問題などが生まれている。

　また、親亡きあとの障害のある人の社会生活のサポートという問題もある。特に知的障害のある人の場合、社会生活を営むうえで、親の存在は大きなものである。金銭の管理や日常生活上のあらゆることの決定などを、親の支援を受けながら過ごしてきた人は多い。そのなかで、親が高齢化し、親亡きあとの障害のある子の生活を考えた際、誰にそのことを頼むのか、あるいはどのようなサービスを利用しながら障害のある子本人が自立して生活していくのかということが課題となる。当然のことながら、親自身も福祉サービスなどの支援が必要となる場合があり、障害のある子が親の介護の問題をどのように考えていくことができるのか、頼ることができるのかという問題などがある。

　障害のある人を含めてその家族が抱えるこれらの問題は、社会全体で支えていくことが求められるが、社会の理解やサポートはまだ十分にはなく、家族自身で抱え続けなければならない側面もある。

3 家族に関する基礎的な理論

　ソーシャルワーカーのもとに相談が寄せられた際には、たとえば、「親亡きあとの子の生活が心配」「親の介護のことで相談したい」といった一つの問題が提示されることが多いが、実際、そこには複雑な生活状況が含まれており、問題を解決していくためには、それらを包括的に捉えていく視点が必要となる。

　また、支援を行ううえで、「親亡きあとの子の生活が心配」ということであれば、その障害のある子に焦点が当たることが多い。しかし、親自身も高齢になって病気や介護といった生活上の困りごとを抱えているかもしれない。障害のある子の今後の生活に向けて、親として何ができるのかということに悩みを抱えているかもしれない。

したがって、家族の特定のメンバーだけでなく、ほかの家族メンバーにも焦点を当て、家族メンバー全体を問題解決の主体者として位置づけ、ソーシャルワーカーとしてどのようにサポートしていけばよいのかを考えていくことが求められる。その方法を考えるうえで、知っておくべき理論を以下に示す。

ここでは、「家族ライフサイクル」「家族危機」「家族システム」を挙げる。これらの理論を理解すると、複雑な家族関係や家族の生活状況を客観的に理解することができ、情報収集の目安をつけることができる。

■1 家族ライフサイクル

家族ライフサイクルとは、ライフサイクルの考え方を活用して家族を理解する理論モデルである。ライフサイクルは、「生命をもつものの一生の生活にみられる循環ともいうべき規則的な推移[8]」という意味である。家族には生命はないが、「夫婦の結婚と死亡、および子どもの出生と成長によってその存続を基本的に規定された生活体[9]」とみなすことができ、そこに「ライフサイクルとよぶことのできる時間的展開の規則性が、明らかに認められる[10]」とした。このことを家族ライフサイクル、あるいは家族周期と呼んでいる。

家族ライフサイクルの段階として、望月・本村は、**表1-3**に示したように、婚前期、新婚期、養育期、教育期、排出期、老年期、孤老期の七つの段階に整理している[11]。そして、それぞれの発達段階には、基本的発達課題と、達成する手段（経済）、役割の配分・遂行等があるとしている。

こうした家族ライフサイクルの考え方は、家族が、❶今、どの発達段階にいるのか、❷そこでの家族の発達課題は何であるのか、❸発達課題を達成するための役割を家族メンバーは遂行できているのかなどを知ることができ、どのようなサポートをすれば、家族がその課題に取り組むことができるのかといったことを考えることができる。

しかし、現代社会において、家族形態は多様化している。たとえば、一人暮らしの人たちもいる。そして、子どもを産むことや性別役割分業などを前提とした家族像では、今の社会の実情とは合致していないことが多い。婚姻関係がない人たちも自分たちは家族であると考え、ともに生活している人たちもいる。したがって、この家族ライフサイクルから家族を捉えることには限界があることも指摘されている。

マクゴールドリック（McGoldrick, M.）らは、最新の家族ライフサイクルの段階として、**表1-4**で示したものを提示している。ここでの家族

表1-3　家族のライフサイクル段階別にみた基本的発達課題

	基本的発達課題（目標）	目標達成手段（経済）	役割の配分・遂行	対社会との関係	備考
婚前期	・婚前の二者関係の確立 ・身体的・心理的・社会的成熟の達成	・経済的自立の準備 ・新居の設定（親との同居・別居）	・正しい性役割の取得 ・結婚後の妻の就業についての意見調整	・相互の親族や知人の是認の確保	・性衝動のコントロール ・デイト文化の確立
新婚期	・新しい家族と夫婦関係の形成 ・家族生活に対する長期的基本計画 ・出産計画	・安定した家計の設計 ・耐久消費財の整備 ・長期的家計計画（教育・住宅・老後） ・居住様式の確立 ・出産育児費の準備	・性生活への適応 ・夫婦間の役割分担の形成 ・夫婦の生活時間の調整 ・生活習慣の調整 ・リーダーシップ・パターンの形成	・親や親族との交際 ・近隣との交際 ・居住地の地域社会の理解 ・地域の諸団体活動への参加	・社会的諸手続き（婚姻届け、住民登録）の完了
養育期	・乳幼児の健全な保育 ・第2子以下の出産計画 ・子の教育方針の調整	・子の成長にともなう家計の設計 ・教育費・住宅費を中心とした長期家計計画の再検討	・父・母役割の取得 ・夫婦の役割分担の再検討 ・リーダーシップ・パターンの再検討	・近隣の子どもの遊戯集団の形成 ・保育所との関係 ・親族との関係の調整（祖父母と孫）	・妻の妊娠時への夫の配慮
教育期	・子の能力・適性による就学 ・妻の再就職と社会活動への参加 ・子の進路の決定 ・家族統合の維持	・教育費の計画 ・住宅の拡大・建設費の計画 ・老親扶養の設計 ・余暇活動費の設計 ・子の勉強部屋の確保	・子の成長による親役割の再検討 ・子の家族役割への参加 ・夫婦関係の再調整 ・余暇活動の設計 ・家族の生活時間の調整 ・妻の就業による役割分担の調整	・老親扶養をめぐっての親族関係の調整 ・PTA活動への参加 ・婦人会、地域社会活動への参加 ・婦人学級・成人学級など学習活動への参加 ・夫の職業活動の充実	・家族成員の生活領域の拡散への対処
排出期	・子どもの就職・経済的自立への配慮 ・子の情緒的自立への指導 ・子の配偶者選択・結婚への援助	・子の結婚資金の準備 ・老後の生活のための家計計画 ・子の離家後の住宅利用の検討	・子の独立を支持するための役割 ・子の離家後の夫婦関係の再調整 ・子の離家後の生活習慣の再調整	・地域社会活動への参加 ・奉仕活動への参加 ・趣味・文化活動への参加	・妻の更年期への対処
老年期	・安定した老後のための生活設計 ・老後の生きがい・楽しみの設計	・定年退職後の再就職 ・老夫婦向きの住宅の改善 ・健康維持への配慮 ・安定した家計の維持 ・遺産分配の計画	・祖父母としての役割の取得 ・やすらぎのある夫婦関係の樹立 ・夫婦としての再確認 ・健康維持のための生活習慣	・子どもの家族との関係の調整 ・地域社会活動・奉仕活動・趣味・文化活動参加の維持 ・子どもの家族との協力関係の促進 ・老人クラブ・老人大学への参加 ・地域活動への参加（生活経験を社会的に活かすこと）	・健康維持 ・内閉的生活の傾向への対処
孤老期	・ひとりぐらしの生活設計	・ひとりぐらしの家計の設計 ・ひとりぐらしの住宅利用 ・遺産分配の計画	・子どもによる役割の補充 ・社会機関による役割の補充	・社会福祉サービスの受容 ・老人クラブ・老人大学への参加 ・新しい仲間づくり、友人関係の活用	・孤立はしても孤独にならないこと

出典：望月崇・本村汎編『現代家族の危機』有斐閣, pp. 12-13, 1980.

　ライフサイクルは7段階に設定されており、各段階を特徴づける基本原則と、そこで家族に求められる発達課題が示されている。野末によると[12]、たとえば「幼い子どもがいる家族」という段階において、現代の家族では伝統的な性別役割観は必ずしも役に立たないため、夫婦は子育てや家事をどう分担し協力するか、自分たちの状況や活用できる資源を考慮し、

表1-4 家族ライフサイクルの段階〔McGoldrick, Carter, Garcia-Preto, 2011〕

家族ライフサイクルの段階	移行の情緒過程：基本原則	発達的に前進するために家族に求められる第二次変化
家からの巣立ち：新生の若い成人	自己の情緒的経済的責任を受け入れること	a．原家族との関係における自己分化 b．親密な仲間関係の発達 c．職業における自己確立と経済的自立 d．コミュニティとより大きな社会における自己確立 e．スピリチュアリティ
結婚による家族のつながり／結合	新たなシステムにコミットすること	a．パートナーシステムの形成 b．新たなパートナーを包含するように、拡大家族、友人、より大きなコミュニティや社会システムとの関係を再編成すること
幼い子どもがいる家族	システムに新たなメンバーを受け入れること	a．子どものためのスペースを作るよう、カップルシステムを調節すること b．子育て、経済的課題、家事における協働 c．親役割と祖父母役割を包含するよう、拡大家族との関係を再編成すること d．新たな家族の構造と関係を包含するよう、より大きなコミュニティや社会システムとの関係を再編成すること
青年期の子どもがいる家族	子どもの自立と祖父母の衰えを許容できるよう、家族境界をより柔軟にすること	a．青年がシステムを出入りすることを許容できる親子関係に移行すること b．中年期のカップルとキャリアの問題に再度焦点を当てること c．高齢世代を世話する方向に移行し始めること d．新たな関係パターンを形成しながら青年と親という家族への移行を包含できるように、コミュニティやより大きな社会システムとの関係を再編成すること
中年期における子どもの巣立ちとその後	システムへのさまざまな出入りを受け入れること	a．二者関係としてのカップルシステムの再交渉 b．親と成人した子どもとの間で大人対大人の関係を発達させること c．親戚と孫を包含するよう、関係を再編成すること d．家族関係における新たな構造と布置を包含するよう、コミュニティやより大きな社会システムとの関係を再編成すること e．子育ての責任から解放され、新たな関心事／キャリアを探求すること f．親（祖父母）のケアの必要性、機能低下、死に対処すること
後期中年期の家族	世代の役割の移行を受け入れること	a．生理学的な衰えに直面しながら、自分自身および／あるいはカップルとしての機能と関心を維持すること：新たな家族役割と社会的な役割の選択肢を模索すること b．中年世代がより中心的な役割を取るようサポートすること c．この段階の家族関係のパターンが変化したことを認められるよう、コミュニティやより大きな社会システムとの関係においてシステムを再編成すること d．高齢者の知恵と経験をシステムの中に取り入れる余地を作ること e．高齢世代に対して、過剰に機能することなくサポートすること
人生の終わりを迎える家族	限りある現実、死や自分自身の人生の完結を受け入れること	a．配偶者、同胞、他の仲間の喪失に対処すること b．死と遺産への準備をすること c．中年世代と高齢世代の間の役割交代に対処すること d．変化しつつあるライフサイクルの関係を認めるよう、より大きなコミュニティや社会システムとの関係を再編成すること

出典：野末武義「家族ライフサイクル」日本家族研究・家族療法学会編『家族療法テキストブック』金剛出版, p. 57, 2013.

この課題をクリアするという課題に取り組むという理解になる。

2 家族危機

　家族危機とは、「これまでの生活様式では対処できないような事態に直面し、しかも、その対応に失敗すれば、家族の存続が困難となるような状況[13]」のことを指す。この家族の危機は、家族の生活過程に常に存在し、家族が危機にうまく対処することができれば、家族の結びつきは強くなることもある。しかし、対処がうまくいかなければ、家族の崩壊にもつながる可能性があるものである。

　家族危機の理論として、図1-1 で示したヒル（Hill, R.）の ABC-X モデルがある。まずAは、家族が直面する「出来事（event）」である。この出来事は、家族に変化をもたらす圧力にもなるとのことからストレス要因（stressor）とも呼ばれている。

　次に、その出来事に対処するための B の「家族資源（family resources）」がある。家族資源には、四つの要素があるとされている。一つめは、経済力や教育、健康、性格といった〈家族メンバー個々の個人的資源〉である。二つめは、家族メンバー同士の情緒的な結びつきや自律性の程度、状況に応じて家族メンバー同士で役割を変更したりできる〈家族システムの内部資源〉である。三つめは、家族のストレス軽減や緩和を目的に家族外から提供される〈社会的支援（親族や近隣、誘因、

図1-1　ABC-X モデル

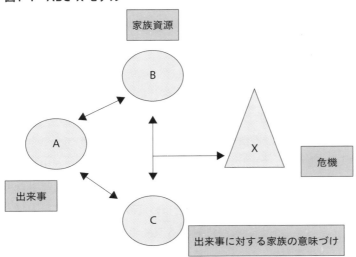

出典：McCubbin, H. I., 'Family stress theory : The ABCX and double ABCX models,' in McCubbin & Patterson, J. M., (eds.), *Systematic Assessment of Family Stress, Resources, and Coping*, University of Minnesota, 1981.
　　森岡清美・望月嵩『新しい家族社会学 四訂版』培風館, p.79, 1997.

図1-2　二重 ABC-X モデル

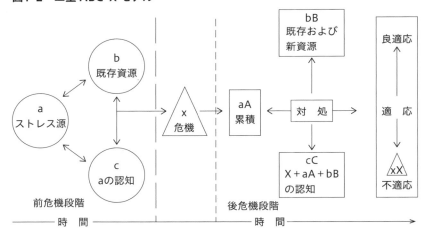

出典：McCubbin, H. I., 'Family stress theory : The ABCX and double ABCX models,' in McCubbin & Patterson, J. M., (eds.), *Systematic Assessment of Family Stress, Resources, and Coping*, University of Minnesota, 1981.
森岡清美・望月嵩『新しい家族社会学 四訂版』培風館, p.83, 1997.

社会的サービス機関等)〉である。四つめは、出来事に対応するために家族メンバー個々が行動する〈対処〉である。

　そして、Cの「出来事に対する家族の意味づけ（meaning）」は、家族がその出来事に対してとる態度、受けとめ方のことを意味する。家族が目の前にある出来事を非常に困難なものとみるか、容易に解決できるものとみるのかによって、家族の対処方法が異なってくる。

　最後に、Xは、危機を示しており、家族の前に現れたAという「出来事」に対して、Bの「家族資源」とCの「出来事に対する家族の意味づけ」が相互に影響を与えながら、家族は対応する。それが功を奏すれば、Xの危機は小さいものとなるが、うまく対応できないとなれば、その危機は大きなものとなる。

　その後、ヒルの ABC-X モデルをもとに、マッカバン（McCubbin, H. I.）は、**図1-2** に示した二重 ABC-X モデルを提唱した。これは、時間の視点と出来事の累積の概念を導入したものである。このモデルでは、ある出来事は、時間の経過とともに、さらなる新たな出来事と積み重なって、家族の前に現れるとした。そして、aA の「累積された出来事」に対して、bB の「既存および新しい資源」と cC の「積み重なった危機や既存および新しい資源に対する家族の意味づけの再構成」が互いに作用しながら対処していき、うまく対処できれば良適応、難しければ不適応となるとするものである。

　このような家族危機に関する考え方は、ソーシャルワーク実践におい

て、家族がこれまでの出来事において、認識も含めてどのように対応してきたのかという家族の力を知るという点で有効である。そして、この力を知ることは、家族主体の問題解決のプロセスを促していく際の知見を提供してくれる。家族が主体者となって自分たちの問題を解決するためには、家族自身が問題ときちんと向きあうことが大切であり、かつ問題解決の方向性についての考えをもつことが不可欠である。さらには、問題を解決するために自分たちの力を活用するとともに、問題解決を促進するための必要な社会資源を投入していくことが求められる。

　家族が問題と向きあうために、ソーシャルワーカーとしてどのような支援が必要となるのか、家族のもつ力をどのように引き出せばいいのか、あるいは高めていけばいいのか、また社会はどのような支援を家族に提供すればいいのかという思考を促してくれる。

3 家族システム論

　家族システム論とは、システム理論を援用したもので、家族を一つのシステムとして捉える。システム理論は、個々の構成要素と全体との間の相互関係と相互影響を重視する。家族には、夫婦、子どもなどの構成員がおり、それらは単に集合しているわけではなく、独自の構造をもった組織体として捉えるものである。

　そして、家族は、親族、地域社会、職場、その他の外部とも相互作用をもちながら存在している。そのため、家族システム内では、家族の一人の動きがシステム内のすべての構成員に影響を与えるだけでなく、地域社会や職場などの外部からの影響も受けることになる。また、家族システム論では、問題を個人の病理として捉えるのではなく、家族システムの病理として捉え、そこでは円環的な因果関係で家族の問題を捉える。円環的な因果関係とは、原因と結果を一方通行の考え方で捉えるのではなく、原因は結果にもなり得るし、結果はまた原因にもなると考えるものである。

　たとえば、子育てをめぐって夫婦の間でもめているとする。妻は、夫が父親として子どもにきつく言わないから、母親である妻が子どもをきつく叱らないといけなくなる。一方、夫は、妻が子どもをきつく叱るから、父親である夫は子どもに対して優しくしてあげないとかわいそうだと思い、あまり何も言わない。こうした途切れないループのようなものが、家族のなかで維持され、このループを変えないことには、家族が抱える問題を解決することができない。

Active Learning

円環的な因果関係に着目し、家族内で生じる肯定的な出来事と解決が必要な問題のそれぞれについて、どのような要因が影響を与えあっているのかを考えてみましょう。

家族システム論は、家族が抱える問題を解決するうえで、今、家族はどのようなループのなかで問題を抱えているのかを分析するうえでさまざまな示唆を与えてくれる。そして、家族システム論では、家族は閉じられたシステムではなく、開放システムであると捉えている。このことから、このループを変えるために、支援者や福祉サービスといった資源を効果的に投入したり、このループを家族と一緒にアセスメントすることで、問題解決につなげていくことが可能となる。

▌4 ライフコース

　現在、家族は、多様な形態をとっており、平均的・標準的な家族集団における単一の発達段階をモデルとしたライフサイクル（家族周期論）にはすでに限界があるという指摘もなされている。

　アメリカでは、1970年代にライフコース（life cource）という概念が登場した。これは、個人の生きていく道程（人生行路 pathway）に注目し、家族は、個人のライフコースにどのようにかかわっていくのか、個人がどのように家族とかかわっていくのかを把握し、理解していくという考え方である。このことによって、多様な個人のライフコースが現れ、そうした個人が夫婦となったり、子どもを授かって親子となったり、家族としての関係をつくっていく過程を捉えることができるようになっている。

　ライフコースの考え方に基づいて家族を捉えると、家族は、個人にとっての重要な他者（significant others）、あるいは協同者（consociates）として位置づけられる。一方、家族ライフサイクルでは、家族を一つの集団として捉え、そのなかでの個人という位置づけとなる。畠中は、現代家族を特徴づけるキーワードとして「個人化」「多様化」を挙げている。こうした現状のなかで、個人に焦点を当て、個人のライフコースにおいてどのように家族がかかわっていくのかという考え方は有用であるといえる。ただ、こうした考え方には、個人のライフコースにおける自己実現において、ほかの家族員がそれを支援する役割を担う者として捉えがちになるということにも気をつけなければならない。当然のことながら、ほかの家族員にもライフコースがあり、自己実現もある。[14]ソーシャルワーク実践においては、どのようにそことの折り合いをつけていくのかということが問われるといえる。

Active Learning

自分のライフコースを考え、家族メンバーの誰がどのように関係しているのか考えてみましょう。また、親族や友人、バイト先や就労先の同僚など、家族以外の人とのかかわりや存在が自分のライフコースにどのような影響を与えたのかを考えてみましょう。

4 家族理解のためのツール

1 ジェノグラム

ジェノグラムは、家族の特徴と課題をつかむツールとなる（p. 39 の図1-5 参照）。ジェノグラムから、核家族や一人親家族、三世代家族などの家族構成を理解する。家族は、時間の経過とともに、子育てや介護といったさまざまな課題と向きあったり、構成員を変化させていく。家族の発達段階を踏まえて、この家族がどのような課題と向きあっているのかなどを推察していく。また、両親（夫婦）関係、きょうだい関係、親子関係（出身家族との関係）のあり方についても考えをめぐらせる。

そして、家族システム論では、家族を一つのシステムとして捉えるが、そのシステムのなかにはサブシステムと呼ばれるものがある。さらにそのシステムは「世代間境界」に区分けされる。

サブシステムの主は、夫婦サブシステムである。夫と妻の関係性やコミュニケーションのありようなどが中心となる。そして、子どもが誕生すると、この夫婦サブシステムに両親サブシステムの機能が追加されることになる。このサブシステムでは、親の役割を担うことが求められる。そして、この夫婦・両親サブシステムが家族問題に大きな影響を与えている。

また、きょうだいの関係性やコミュニケーションが中心となる同胞サブシステム、老年夫婦としての祖父母サブシステムがある。そして、**図**

図1-3 サブシステムと世代間境界

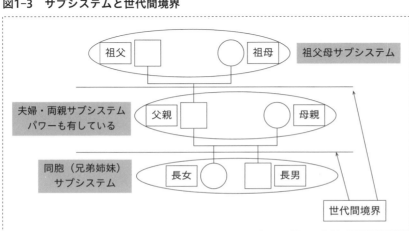

出典：早樫一男編著『対人援助職のためのジェノグラム入門——家族理解と相談援助に役立つツールの活かし方』中央法規出版, p 35, 2016.

1-3 に示したように、そこには「世代間境界」が存在している。ジェノグラムで家族の世代間の関係図を示すが、世代間境界という視点から、たとえば祖父母サブシステムと夫婦サブシステムにおいて適切な境界が引かれていないために、夫婦間の問題に祖父母の発言が大きく影響を及ぼして、家族の問題が発生しているのではないかといった推察を行うことができる。

2 エコマップ

エコマップは、ハートマン（Hartman, A.）が作成し、ソーシャルワーカーやほかの専門職によって使用されているクライエントと周囲のシステムとの関係図である（図1-4）。その関係図においては、クライエント本人とクライエント本人に関係する人たちや関係機関、環境との間で生じるさまざまな相互の影響について描いている。ジェノグラムは家族を中心に描く図であるが、エコマップはクライエント本人と家族を基本として、親戚や知人・友人、近隣住民、学校や就労先、病院といった社会機関についても含めた関係性を捉えることができる。家族のニーズを充足させるために不足している社会資源を把握することができたり、家族

図1-4 エコマップの例

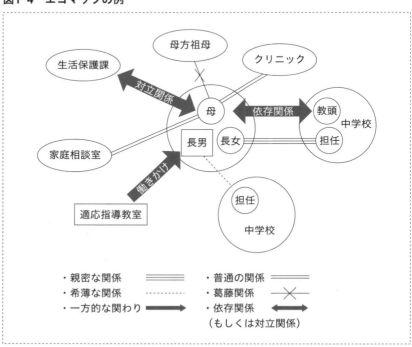

出典：早樫一男編著『対人援助職のためのジェノグラム入門——家族理解と相談援助に役立つツールの活かし方』中央法規出版, p. 26, 2016.

が頼っている関係性をつかむことができる。

5 家族支援の実際

家族を理解する理論・知識について述べてきたが、それらが実際のソーシャルワーク実践においてどのように活用し、家族を支援していくのかについて、事例を用いながらみていく。

> **事例**

不定愁訴の母親への対応で困っている娘からの相談

　どこも体が悪いわけでもないのに毎日夕方になると、「しんどい」「何か薬はないか」と言ってくる母親（88歳）。どうしたらよいのか悩んでいる娘（63歳）が地域包括支援センターの相談窓口にやってきた。娘の話によると、母親は月に1回、高血圧のため、近所の診療所で診察を受けている。そこでは、高血圧以外は特に問題はないと言われており、医師に相談しても「体はどこも悪くないのでね…」としか答えてくれないとのことであった。

　現在、母親と娘、娘の夫（68歳）の3人で生活している。以前は、三世代家族として長年暮らしてきた。娘には子どもが2人おり、今はそれぞれ独立し、遠方で暮らしている。娘の夫は、3年ほど前に定年退職をして、現在は、家で過ごしている。

　娘は、「母に対して、最初は『どこも悪くないから大丈夫』と返事をし、その1回で母からの訴えは終わっていたのですが、今は、訴えが3回、4回と続いて困ってしまいます。『何度も同じことを言わせないで』とついカッとなって、きつい言葉で返事をしてしまいます」とのことであった。また、娘からは、「夫が、母と私のやりとりを見て、すごく不機嫌になるんです。というのも、私には姉がいるのですが、夫からすると、長女の姉が母の世話をせず、妹の私が世話していることに納得がいっていないようなんです。夫は定年退職をして、いろいろと定年後のことを考えていたようですが、母がいるため、なかなか思うようにいっていないようで、板挟みといいますか、そのことでも悩んで、とてもしんどくなっています。どう

したらよいでしょうか」ということであった。

1 家族の話を丁寧に聴く

　88歳になる母親は、夕方になると「しんどい」「何か薬はないか」といった不安の言葉が出ている。娘は母親にきつくあたっているようで、母親の訴えがさらに頻回になってくると、さまざまな問題が生じるおそれが予測される。したがって、この家族に対して何らかの支援を展開していくことが必要であると考えられる。そこで、支援をどのように展開していくのかというと、まず行うことは、相談の窓口にやってきた娘の話について丁寧に聴くというところから始める。

　楢林は、「家族への援助は、まず家族自身の話を丁寧に聴くことから始まる。それは、単に患者についての情報を集めることにとどまらず、患者が病気になったことを家族自身がどのような思いでそれを受けとめ、どのように体験したのかを家族が主語となって語る固有のストーリーを聞くことである」と述べている。これは、精神科医療における家族療法のなかでの説明であるが、地域包括支援センターや児童相談所など、さまざまな福祉の相談機関において、支援の中心は当然、その相談機関が対象としている本人となるが、家族を単なる本人の支援者としてだけ位置づけてはならない。家族も本人とともに生活をすることによってさまざまな影響を受けている。そのことによって、家族自身も問題を抱えることになる。家族全体でどのようにこの問題と向きあうのかという包括的な視点でかかわっていくことが大切である。そのためには、本人の情報だけでなく、家族がこれまでどのような思いで過ごしてきたのか、どのような方法を用いて対応してきたのかということを理解することが求められる。それを踏まえたうえで、どのような支援を提供すれば、この家族がまたよりよい生活に向けて歩みを進めていくことができるのかということを考えていくことができる。

2 家族のアセスメント

　家族からの話を聞きながら、家族の理解を深めていくアセスメントを行う。そのツールとして、ジェノグラムを用いる。図1-5は、この事例の家族のジェノグラムを示している。そこに、家族間の関係性を示す記号を加え、さらに家族の関係性も含めた全体像を推察していく。母親と

図1-5　事例家族のジェノグラム

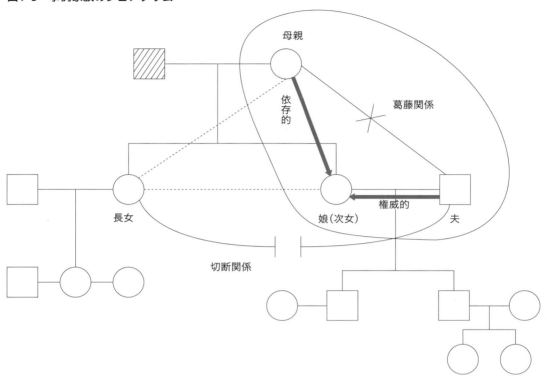

娘との関係は非常に強いが、とりわけ母親から娘に対し、毎夕、不安を訴えていることから、強い矢印でその関係性を示した。他方、母親と娘の夫との関係については、あまりよいものとは考えられず、娘と娘の夫との関係も、母親をめぐってストレスを伴っている関係であるといえる。夫は不機嫌そうにし、妻（娘）に対するあたりのきつさを矢印で示した。

　また、ライフコースから捉えていくと、それぞれの家族メンバーが老年期における課題を抱えており、そのことが家族のあり方に影響を与えている。

　さらに、家族のライフサイクルでみると、マクゴールドリックの段階において、この家族は中年期における子どもの巣立ちとその後、そして後期中年期の家族のあたりにおり、母親のケアの必要性、高齢世代に対して過剰に機能することなくサポートすることなどの課題に対して、うまく取り組むことができていないと分析することができる。2人の子どもたちはそれぞれ独立し、新たな家族ができている。そのため、子育ての責任からの解放は達成されているが、そこに母親のケアというところで苦労していることがわかる。そして、2人の子どもたちは祖母の介護をする母親（祖母の娘）をサポートするところに至っておらず、過剰に

娘に負担がのしかかっていると考えられる。

3 円環的な因果関係

　この家族の問題状況を円環的に捉えると、**図1-6** に示すことができる。母親の訴えに対して、娘が困る。その姿を見て、娘の夫がイライラを募らせる。娘の夫の様子に娘は気を遣う。そのなかで、また母親がしんどいという訴えをする。娘は母親にきつくあたってしまい、悩むというような形で、この家族の問題がループした形で継続し続けていると捉えることができる。ソーシャルワーク実践としては、いかにしてこのループを止めることができるのかということを考えていくことになる。ただし、そのときに忘れてはならないのは、あくまでもこのループを変えていくのはこの家族であるということである。ソーシャルワーカーは家族が主体的に問題を解決できるようにサポートすることになる。その

図1-6　円環的な因果関係

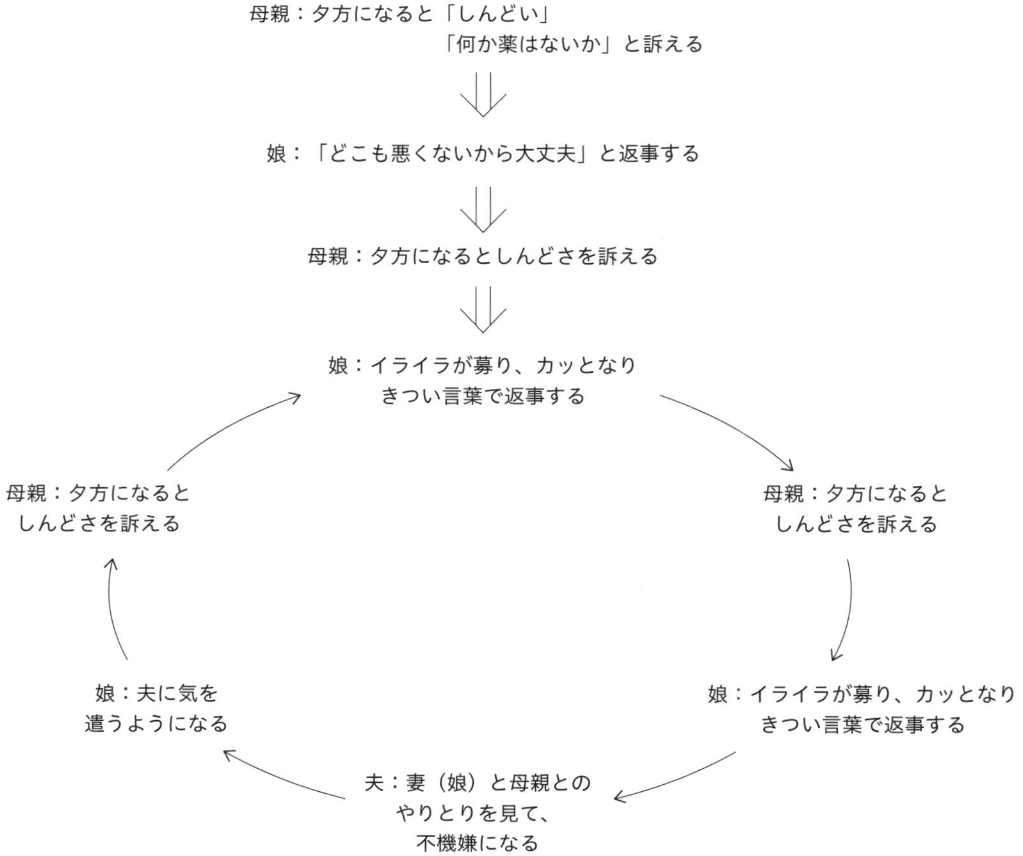

母親：夕方になると「しんどい」
「何か薬はないか」と訴える

娘：「どこも悪くないから大丈夫」と返事する

母親：夕方になるとしんどさを訴える

娘：イライラが募り、カッとなり
きつい言葉で返事する

母親：夕方になると
しんどさを訴える

母親：夕方になると
しんどさを訴える

娘：夫に気を
遣うようになる

娘：イライラが募り、カッとなり
きつい言葉で返事する

夫：妻（娘）と母親との
やりとりを見て、
不機嫌になる

際、さまざまな課題を家族は抱えているため、多職種と連携して、支援者側もチームとなってこの家族を支えていく体制をつくっていくことが求められる。

事例

家族全体の生活状況の把握と必要な支援の提供

　地域包括支援センターでは、娘の話を聞きながら、ジェノグラムを作成するとともに、母親の生活状況を含めて家族全体の生活状況を把握し、家族の状況をアセスメントした。母親の状況について、少し認知症の症状が疑われたところもあるため、診療へとつなげる支援を行った。そして、母親がしんどいと訴えてくるのはもしかするとそのせいかもしれないとの情報も伝え、そのときの対処の仕方についても情報提供するとともに、娘としてできることを一緒に考えることにした。また、娘に負担がかかっていることもわかったので、娘の姉（長女）にも母親の介護を担ってもらえるように働きかけた。そして、介護保険制度の利用を勧め、社会的なサポートも増やして、この家族が抱えていた危機状況の軽減に努めることとした。

　母親は要介護認定を受け、デイサービスを利用することとなった。当初、デイサービスに行くことを拒否していたが、何度か通ううちに慣れてきて、デイサービスに行っている間は、娘と娘の夫が買い物に出かけたり、息抜きができる時間をもてるようになった。

図1-7　事例家族のエコマップの変化

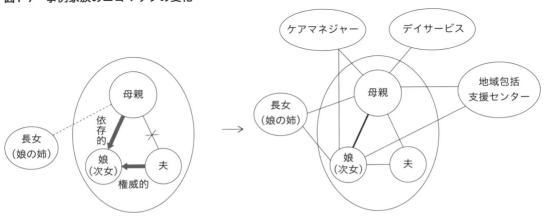

　リッチモンド（Richmond, M. E.）が1917年に発表した『社会診断』に「Family Group」という章が設けられていることからもわかるように、ソーシャルワークは、当初より家族そのものを支援の対象としていた[16]。しかし、1920年代以降の精神分析の影響により、個人志向の実践へと傾倒していくジレンマを抱えることになった。それが、システム理論の考えが登場することによって、再びソーシャルワークにおいて家族支援というものに目を向けられるようになった。

　しかしながら、家族を支援するのはソーシャルワークだけでなく、医療・看護、学校教育、司法・矯正・更生保護の現場でも行われている。家族は、人が暮らす最小の単位であり、基礎である。最近では、単身世帯が増え、いわゆる家族というものの位置づけが小さくなってきてはいるが、誰しも一人では生まれてきてはおらず、実際の関係性は別として、必ず家族はいる。特に、社会生活を送るうえで、民法「第4編　親族」では、まず婚姻や親子、親権という「家族の身分関係」を規定している。そして、「直系血族及び兄弟姉妹は、互いに扶養をする義務がある」（民法第877条）と規定した「親族間の扶養」、「夫婦は同居し、互いに協力し扶助しなければならない」（民法第752条）と規定した「夫婦間の同居・協力・扶助義務」などがある。こうした条文は、私たちの家族観にも大きな影響を与えるとともに、社会福祉におけるさまざまな施策設計の基礎にもなっている。ソーシャルワーク実践のなかで、たとえば身寄りのない人の支援において、入院や金銭管理といった課題にぶつかったとき、親族という存在を意識せざるを得ないのが現実である。

　岩田は、「社会福祉の世界では、個人のさまざまな問題解決やニーズ充足の場面において、家族への支援、あるいは家族を通した支援が重視されることが少なくない。たとえば、『介護』とか『子育て』というような問題やニーズのつかみ方は、家族間における介護する人とされる人、子育てをする人とされる人、といった関係をあらかじめ含んで使われることが多いし、また『親の会』運動のような形で、本人のニーズを家族が代弁していくという場面もしばしばみられた。家族は、第一義的なニーズ充足の場を共有するものであり、またさまざまな生活環境変化に対抗していく力を内包したものでもあった[17]」と述べている。そして、それ以降の文章のなかで、単身世帯が増えてきており、こうした家族をベース

とした支援とは異なる支援の必要性を訴えている。

　家族には、大きな力があり、クライエント本人の問題解決において貴重な社会資源となる。けれども、その家族の力を当然にあることとして、制度や施策の実行、実践を続けていくと、家族に過剰な負担を負わせ続けることになる。そして、単身世帯が増えていくなかで、それでもなお家族の力に頼った制度や施策、実践が組み立てられていると、無理が生じる可能性がある。

　また、家族支援において、家族の関係性の調整が中心になることがあるが、家族が抱える問題は家族関係だけではない。経済状況や学校、労働環境といった社会構造の問題から生じていることもある。したがって、家族支援では、社会構造との接点からの検討も必要である。家族がよりよい生活を送ることができるための施策の実現なども、ソーシャルワークにおける家族支援として重要である。

　ソーシャルワークは、生活支援をするものである。生活支援の「生活」とは、衣食住、教育、子育て、介護、労働、金銭管理といったあらゆる要素から成り立つ。それらがうまく調和していくことが支援には求められる。そして、家族形態が多様化している現在、家族として捉えるだけでなく、生活を営む主体者という捉え方が必要となる。その生活を営む主体者が単独であるか、複数名いるかという見方である。複数名いる場合には、その生活をどのようなものにしたいのかという点についてコンセンサスを得なければならない。ソーシャルワーカーは、生活主体者がほかのメンバーと向きあい、どのような生活をしたいと考えるのかという決定の部分についてサポートし、その生活の実現に向けて、さまざまな社会資源を活用して、その生活者たちを支えていくことが求められる。

◇**引用文献**

1）森岡清美・望月嵩『新しい家族社会学 四訂版』培風館，p. 4，1997.
2）厚生労働省「世帯動態調査」用語解説
3）木下康仁『改革進むオーストラリアの高齢者ケア』東信堂，pp. 139-141，2007.
4）内閣府『令和2年版 高齢社会白書』pp. 9-10，p. 31，2019.
5）加藤洋子「児童虐待問題を抱える家族の特徴に関する研究―児童相談所の虐待実態調査に関するクラスタ分析比較を通して―」『厚生の指標』第62巻第8号，pp. 35-41，2015.
6）佐藤拓代「第64回日本小児保健協会学術集会シンポジウム1 虐待をする親の背景と理解」『小児保健研究』第76巻第6号，pp. 535-537，2017.
7）厚生労働省「国民生活基礎調査」2019.
8）前出1），p. 66
9）前出1），p. 66
10）前出1），p. 66
11）望月嵩・本村汎編『現代家族の危機』有斐閣，pp. 12-13，1980.
12）野末武義「家族ライフサイクル」日本家族研究・家族療法学会編『家族療法テキストブック』金剛出版，pp. 56-59，2013.
13）前出1），p. 78
14）畠中宗一編『よくわかる家族福祉』ミネルヴァ書房，pp. 10-13，2002.
15）楢林宗一郎「精神科医療における家族療法」日本家族研究・家族療法学会編『家族療法テキストブック』金剛出版，p. 155，2013.
16）福山和女・萬歳芙美子・荻野ひろみ・對馬節子「ソーシャルワークにおける包括的立体的家族支援」日本家族研究・家族療法学会『家族療法テキストブック』金剛出版，p. 215，2013.
17）岩田正美「巻頭言 家族？シングル？」『ソーシャルワーク研究』第26巻第3号，p. 1，2000.

◇**参考文献**

・倉田哲也『ワークブック社会福祉援助技術演習③ 家族ソーシャルワーク』ミネルヴァ書房，2004.
・畠中宗一編『よくわかる家族福祉』ミネルヴァ書房，2002.
・団士郎『対人援助職のための家族理解入門――家族の構造理論を活かす』中央法規出版，2013.
・内閣府男女共同参画局「育児と介護のダブルケアの実態に関する調査」2016.
・日本家族研究・家族療法学会編『家族療法テキストブック』金剛出版，2013.
・早樫一男編著『対人援助職のためのジェノグラム入門――家族理解と相談援助に役立つツールの活かし方』中央法規出版，2016.
・藤森克彦『単身急増社会の希望――支え合う社会を構築するために』日本経済新聞社，2017.

●**おすすめ**

・団士郎『対人援助職のための家族理解入門――家族の構造理論を活かす』中央法規出版，2013.
・早樫一男編著『対人援助職のためのジェノグラム入門――家族理解と相談援助に役立つツールの活かし方』中央法規出版，2016.
・澁谷智子『ヤングケアラー――介護を担う子ども・若者の現実』中央公論新社，2018.

第3節 地域支援の実際

学習のポイント

● 地域が抱える課題の把握から解決に至るまでのプロセスを理解する

● 地域における多様な団体・組織・機関との協働や連携の具体的方法を理解する

● 地域支援を行う専門職として、身につけるべき知識・スキル、基本的な考え方（価値）
を理解する

1 地域支援とは何か

1 ソーシャルワークにおける地域支援

　ソーシャルワークにおいて地域支援という用語は、最近多く使われる
ようになっているものの、その意味するところについて必ずしも共通の
理解があるわけではない。地域支援と関連する用語として、コミュニ
ティワーク、コミュニティオーガニゼーション、地域援助技術、地域組
織化などがある。それぞれ歴史的にも変化してきており、国によって表
す内容が異なる場合もある。そのため、それぞれの用語の定義や関係性
は非常に複雑であるが、ここでは便宜的に、地域支援とコミュニティワー
ク、コミュニティオーガニゼーション、地域援助技術をほぼ同一の内容
を表す用語として用い、地域組織化については、地域支援のなかの一つ
のアプローチを表すものと位置づける。

　地域支援（コミュニティワーク、コミュニティオーガニゼーション、
地域援助技術）には、多くの実践アプローチ（モデル）がある。たとえ
ばロスマン（Rothman, J.）は、小地域開発、社会計画、ソーシャルアク
ションという三つのアプローチモデルを1968年に提示しており、これ
は我が国においても広く認識され、テキスト等にも掲載されてきた。小
地域開発モデルは、近隣地域住民の参加により社会の変化（開発）を進
めるモデル、社会計画モデルは、専門家の分析に基づく計画策定によっ
て社会変革を目指すモデル、ソーシャルアクションモデルは、自らの権

---

i 〔Jack Rothman〕1927-　アメリカの社会学者でソーシャルワーカー。1968年に発
　表した「コミュニティ組織実践の三つのモデル（Three Models of Community
　Organization Practice）」が有名。

利を守ることが難しい住民たちをサポートし、時にデモ等の対立的な行動をとることもあるモデルである。なお、ロスマンは、後に三つのアプローチに、政策モデルとアドミニストレーション・モデルの二つのモデルを加えた五つのアプローチや、当初の三つのモデルを組み合わせた混合アプローチも提起している。

我が国においてはロスマンのこれらのモデルのうち、小地域開発モデルの地域支援が多く行われてきており、実践的には地域組織化と呼ばれてきた。そのため、以下では地域組織化を中心に地域支援の実際をみていくことにする。なお、地域組織化についてもさまざまな定義があるが、ここでは、「地域において、地域住民が主体的に地域の課題解決に取り組むよう支援する活動」と定義しておく。

2 地域支援に対する政策的期待

近年、我が国においては、地域支援、特に地域組織化に対する政策的期待が高まっている。2018（平成 30）年 4 月の社会福祉法の改正では、第 106 条の 3 第 1 項第 1 号において、「市町村は、（中略）地域住民等及び支援関係機関による、地域福祉の推進のための相互の協力が円滑に行われ、地域生活課題の解決に資する支援が包括的に提供される体制を整備するよう努めるものとする」との規定が新たに置かれた。また、地域住民等に対しては、同法第 4 条において、地域福祉の推進にあたり、「地域生活課題を把握」し、「その解決を図るよう留意する」ことが求められている。

このように、地域住民等に対しては、地域の課題を把握し、解決に向けて取り組むこと、そして市町村には、地域住民等による取り組みも含めた地域生活課題の解決に資する支援が包括的に提供されるよう、体制を整備することが求められている。そして、この推進のために地域支援が必要とされている。

なお、地域生活課題の意味・内容についてはあとで確認する。

3 地域支援を担う専門職の拡大

我が国において地域支援を担う専門職としては、従来は、社会福祉協議会に配置された福祉活動専門員が主であった。福祉活動専門員は、コミュニティワーカー等の名称で呼ばれ、小地域福祉活動の支援などに取り組んできた。また、2000 年代以降は、コミュニティソーシャルワークの必要性が提起され、それを担う専門職として、各都道府県・市区町

村において独自にコミュニティソーシャルワーカーの配置が進められてきている。さらに最近では、前述したような地域支援に対する政策的期待もあり、介護保険制度の生活支援体制整備事業において生活支援コーディネーター*が導入されるなど、地域支援にかかわる専門職は、以前に比べて拡大しているということができる。

★生活支援コーディネーター
生活支援体制整備事業を推進するために導入された仕組みの一つであり、地域で生活支援・介護予防サービスの提供体制の構築に向けたコーディネート機能（主に資源開発やネットワーク構築機能）を果たす者とされている。地域支え合い推進員とも呼ばれる。

2 地域支援の実際
——事例1：移動支援バスの運行

■1 事例の概況

ここでは地域支援の実際の事例として、生活支援コーディネーター（以下、コーディネーター）の支援のもと、地域住民と福祉施設の協働体制により地区内の移動・買い物を支援するバスが運行するに至った事例について取り上げる。図1-9 に示すように、事例を大きく三つの段階に分け、それぞれ具体的な展開を見たあとで、コーディネーターによる支援の内容に注目して解説を行う。なお、解説において地域支援の専門職のことを一般的に呼称する場合は、コミュニティワーカー（以下、ワーカー）という表現を用いる。

図1-8　S市の地区割り（イメージ）

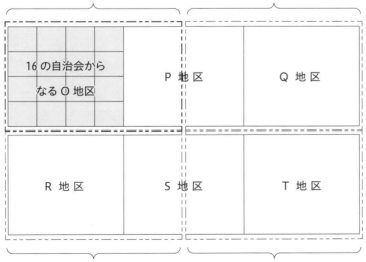

注：地区割りを簡略的に示したものであり、実際の担当エリアの状況とは異なる

47

2 地域概況

　S市は都市部に位置し、商業・観光業を主要産業とする人口約10万人の自治体である。市内には、地域包括支援センターと地域活動の支援の機能を併せもつS市独自の施設である地域ケアセンターが4か所設置されている。また、S市においては、自治会・町内会がほぼすべての地

図1-9　事例の展開とコーディネーターによる支援の変化

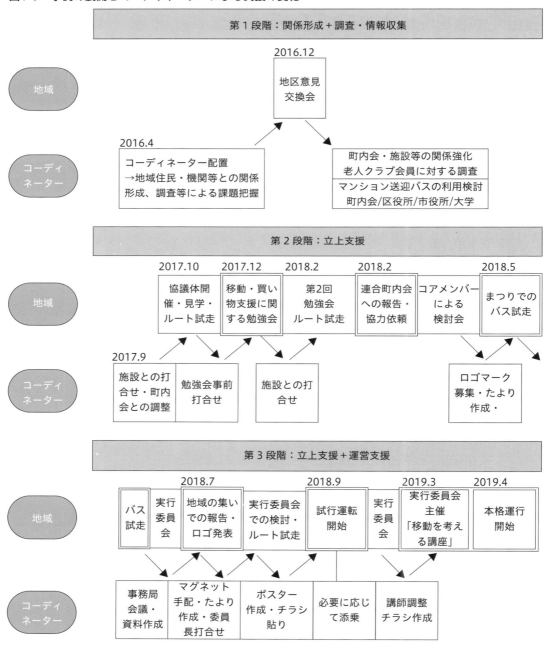

域において組織されており、地域の住民活動の中心となっている。複数の自治会・町内会によって組織される連合町内会のエリア（六つ）は、地域福祉計画の地区別計画の策定エリアにもなっており、地域活動の基本的な単位となっている。この事例では、16 の自治会・町内会から構成される○連合町内会のエリア（○地区）が基本的な活動エリアとなっている。

★連合町内会
近隣の複数の自治会・町内会によって組織される団体。学区・校区等のエリアごとに組織されることが多い。自治会連合会等さまざまな名称がある。

3 事例の展開

事例

第 1 段階：生活支援コーディネーターの配置・ニーズ把握から移動支援の方法の検討まで

　S市では、2016（平成 28）年 4 月から生活支援体制整備事業に取り組むことになり、市全域を担当するコーディネーターが社会福祉協議会に、またより身近な地域を担当するコーディネーターが 4 か所の地域ケアセンターに 1 名ずつ配置された。このうち、A地域ケアセンターのコーディネーターは、S市内の 6 地区のなかの○地区全体とP地区の一部を担当し、事業を推進していくことになった。

　2016（平成 28）年度の前半は、コーディネーターは関係者への着任の挨拶や、サロン等の既存の地域活動・ボランティア活動の見学や状況把握、自治会・町内会や老人クラブ等の会合・定例会への参加などを通し、地域の主要な関係者・関係機関との関係を築いていった。併せて、一つひとつの自治会・町内会のエリアごとにアセスメントを行い、地域課題の把握と整理に取り組んでいった。

　地域アセスメントでは、この地区では坂の上と下の地域をつなぐ交通機関がないこともあり、買い物など自立した日常生活に困難を抱えていることなどが把握された。

　コーディネーターは、自治会・町内会や老人クラブの役員、民生委員・児童委員、商店街等に参加を呼びかけ、2016（平成 28）年 12 月に「○地区意見交換会」を開催した。「意見交換会」には地域から 24 名の参加があり、この地域において「買い物・移動」に関する取り組みが必要ということが共有された。また、この地区では、以前に策定した地区別の地域福祉計画で「買い物支援」を一つの目標としていたという背景もあった。しかし、この意見交換会の場で

★老人クラブ
おおむね 60 歳以上の入会を希望する高齢者で組織される団体。声をかけあい、歩いて集まることのできる小地域の範囲で組織されている。

★アセスメント
アセスメントとは、「評価・査定」のことであり、「適切なかかわりを行うために、対象から得られたさまざまな情報を分析する」活動のことを指す。

★地域包括ケアシステム
ム
高齢者が可能な限り住み慣れた地域で、自分らしい暮らしを人生の最期まで続けることができるよう、住まい・医療・介護・予防・生活支援が一体的に提供される、地域の包括的な支援・サービス提供体制のこと。急速な高齢化を受け、厚生労働省が2025（令和7）年までにその実現を目指している。

「買い物・移動支援」に対する具体的なアクションがすぐに決まったわけではない。コーディネーターは、その後も町内会等の会合に参加したり、地域の障害者施設を対象とした地域包括ケアシステム★に関する勉強会を開催したりするなどして、地域の関係者との連携を強化していった。

　併せて、老人クラブの協力を得て、老人クラブ会員に対する「高齢者の日常生活に関するアンケート調査」を実施した。これは、高齢者が日常生活において実際にどのようなことに困難を抱えているのか、課題を把握するものである。調査の結果、〇地区においては、「山・坂・階段が多いため、買い物に苦労している」とする回答が全体の7割近くを占めていることが確認された。

　この頃、「買い物・移動支援」の実現に向けて、地区内の大規模マンションが居住者のために運行している駅への送迎バスを活用する案がもち上がり、コーディネーターは、当該町内会の関係者や行政、移動支援について研究している大学の研究者等とも相談し、話し合いを重ねていった。しかし、話し合いの過程でこの案を実現するにはハードルが高いことが明らかとなり、別の案の検討が必要になった。

解説

　第1段階は、コーディネーターの支援の内容の点からは、「関係形成」と「調査・情報収集」が重点的に行われていた段階ということができる。地域組織の動きは少なく、コーディネーターの動きが多い。コーディネーターは、地域に出て、さまざまな人・機関と顔の見える関係を築きながら、地域の課題を把握するとともに、「移動・買い物支援」を具体的にどう実現するのか、その可能性を探ることが主な活動となっていた。

表1-5　地域アセスメントの項目例

✓地域の歴史・文化、地形的条件
✓年齢構成・就労形態・世帯形態
✓介護・福祉サービスを必要とする人々の状況
✓地域資源（医療機関・公共施設・スーパー等）の状況
✓行政サービス・相談機関の状況
✓活動者（ボランティア・地域組織等）の状況

　この時期は、コーディネーターによる各種の調査活動が行われている。具体的には、関係者へのヒアリングなどによる地域アセスメントとアンケート調査が実施されている。地域アセスメントでは、一般的に表 1-5 のような内容が把握されることが多い。

　また、事例では直接言及されていないが、ワーカー自身が地域を見て回り、その特徴・課題・強みなどを見つける地域踏査も、地域支援を行う専門職にとっての重要な調査活動の一つである。たとえば、同じ地域でも昼と夜では全く違う様子をみせることもある。夜に地域を回ることで、事業所が多く夜間は人通りが少ない地域なのか、住宅街で夜は静かな地域なのか、飲食店などが多く夜も人通りが多い地域なのかなど、実感をもって認識することができる。また、アパートの前に子ども用の自転車があるのであれば、核家族の世帯が多く住んでいるのではないかと推測することもできる。その地域でどのような生活が行われているのか、どのような課題がありそうか、自分の目で見て把握をするものである。

　なお、このような活動では、どうしても課題や問題に注目しがちであるが、その地域のよさや資源を見つけることも大事である。そのためには、外から地域を観察するだけでは十分ではない。地域の人々の関係性のなかに入り込んで、その地域で誰がキーパーソンになっているのか、地域の人がどこに集まり、どんな関係を築いているのかなども把握していくことが重要になる。

★地域踏査
実際にその地へ出かけて調べること。

地域の人々の関係性のなかに入り込むさまざまな場面を想像し、関係性を築く際に気をつけることや具体的な方法を考えてみましょう。

★キーパーソン
何かを決定して行動をするときなどに強い影響力をもつ、鍵となる人物のこと。

> **事例**

第 2 段階：地域の協議体の形成から 地区まつりでの試走まで

　買い物・移動支援の実現に向けて大きく状況が動いたのは、2017（平成 29）年 9 月にコーディネーターが、地域内の障害者施設（地域活動ホーム）に相談し、朝夕の利用者の送迎に利用している車両の提供について協力を得られることになったところからである。町内会長や役員との調整等を経て、約 1 か月後には、地域・施設の関係者 30 名が参加し、「○地区高齢者の生活支援・社会参加の充実に向けた研究会（協議体）」が開催された。そこでは、「買い物・移動支援に関するプロジェクト」を今後立ち上げていくことが確認された。

その後、先進地域の取り組みや道路運送法上の取り扱い等に関する第1回の勉強会、今後の進め方や体制等について話しあう第2回の勉強会が行われた。第2回の勉強会では、3か月後の地区のまつりに合わせてバスを試走してみてはどうかとの意見が参加者から出たことから、地区まつりでの試走に向けて、連合町内会への報告や協力依頼、具体的なルートの試走などを進めていった。この地区まつりでの試走というアイデアは、コーディネーターには「目からうろこ」の案であった。また、バスの試走までの過程では参加者から、「自立するため運営資金についても考えていく必要がある」との意見も出されるなど、具体化に向けての住民の積極的な姿勢がみられた。コーディネーターは、市社会福祉協議会への助成金申請の支援や、たより（地域へのお知らせ）の作成、ロゴマーク募集の案内作成など、事務的な部分を担い、活動を支えていった。また地域の体制としても、町内会長や民生委員・児童委員、商店会★のメンバーなどからなる「コアメンバー★による検討会」が立ち上げられ、複数回の検討を行っていった。

2018（平成30）年5月に行われた地区まつりでは、10時半から14時半の時間帯で試行運転を実施した。全20便計35人が乗車し、運行ルートの確認や利用者からの感想を聞くことができた。また、チラシを配布し、取り組みの周知を行った。

★商店会
商店街・地域の発展のために集う、商店の経営者の団体。なお、商店街とは商店の並んでいる通りや区画のことを指す。

★コアメンバー
コアとは中核のことであり、活動のなかで中核的な役割を担う人々のことを指す。

Active Learning

あなたが住んでいる地域で住民が中心となって取り組んでいる地区の活動や委員会などの事例を挙げてみましょう。そして、それがどのような過程、誰が中心となってつくられたのかを調べてみましょう。

解説

第2段階は、地域の組織体制が確立し、具体的な活動が開始するまでの「立上支援」の段階ということができる。この段階では、地域において住民を中心とする検討組織（勉強会やコアメンバーによる検討会等）が立ち上がり、コーディネーターの動きと、地域組織の動きが交互に出てきている。地域組織の会議に先立ち、コーディネーターが関係者と事前打ち合わせをし、会議の開催後は、その結果を受けて関係者と再度打ち合わせをするという流れである。コーディネーターは、地域の会議や活動が円滑に進むよう支援しているということができる。また、第2段階の後半には、地域でバスを試走するための具体的な準備（たよりの作成等）がコーディネーターのかかわりのなかの多くの比重を占めるようになっている。

なお、たよりの作成のような事務的な役割を地域支援の専門職が担う

かどうかは、それぞれの取り組みの内容や、地域のメンバーの状況などによっても異なる。たとえば、地域のメンバーのなかでデザインやパソコンでの作業が得意なメンバーがいれば、その人が最初から引き受けることもある。また、最初はワーカーが担っていても、徐々にその役割を移行していくことも少なくない。

また、この「立上支援」の段階では、ワーカーは地域の住民・機関のメンバーが主体的に組織を形成し、継続していくことができるよう、かかわる人々の意欲や関係性を注意深く観察しながらかかわりをもっていくことが求められる。たとえば、この時期のコーディネーターの行動記録には、「活発な意見が多数出た」(第1回のコアメンバーによる検討会)、「地域の方が内容を決めてくれている」(第4回のコアメンバーによる検討会)など、地域の人がどのような思いをもってこの取り組みにかかわっているかに注目していたことがわかる内容が多く記されている。

なお、この事例では住民のメンバーの意欲が最初から比較的高く、また活動の展開に伴い高まっていっていたため、比較的スムーズに実行組織の確立に至り、活動としても試行運転、本格運行へと展開していくことができたが、同じように勉強会や検討会を行ったとしても、地域の人々の関心や意欲が高まっていなければ、当然次の展開へとつながらず、立ち消えになってしまうことも少なくない。

★**行動記録**
コミュニティワーカーの日々の具体的な活動内容を記していく記録の様式。日時、場所、対象者、会議・活動名などに加え、ワーカーのかかわり(働きかけ)の内容や思い・気づきなども記入する。

事 例

第3段階：実行委員会での検討から本格運行まで

地区まつりでのバスの試走と前後して、コアメンバーによる検討会を改称する形で実行委員会が発足した。また障害者施設とより身近な地域を担当するコーディネーターが事務局として支援するとともに、市の担当係長や市全域を担当するコーディネーターも実行委員会に参加し、連携していく体制が整えられた。地区まつりの約2か月後に行われた地域の集いでは、実行委員自らが進行役となり、バスの運行に向けたこれまでの検討・試行運転の状況について約70名の参加者の前で報告をした。

その後も、実行委員会から声が上がる形で、試行運転やルートの確認等の準備を進め、9月から週2回の定期的な試行運転の開始となった。その間、コーディネーターは、事務局として実行委員会の委員長等との打ち合わせや、車体に貼るマグネットの手配、たより・

★**実行委員会**
何らかの行事・イベントや活動等を実行するための組織であり、複数の組織から代表者が集まり、組織されることが多い。たとえば、地区のまつりの実行委員会など。

ポスター・チラシ等の手配を行った。

　9月からの試行運転では、1日あたり10人ほどの利用があった。最大7人が利用できるワゴン車を施設の職員が運転し、乗り降りを介助する地域住民も同乗する形である。コーディネーターは地域の担い手だけでは乗務員が不足する際には、その支援に入ることもあった。

　試行運転と並行して、地域の集いで寄せられた地域に隣接する市外の病院にも行ってほしいとの声に応えるため、コーディネーター・実行委員会で病院との交渉等を行い、最終的には、商店街や病院、地域ケアセンターなど7か所の乗車場所を1周約50分で回るコースとなった。

　本格運行の直前の3月には、実行委員会主催で、地域向けの移動支援を考える講座も開催された。2019（平成31）年4月には「出発式」を行い、いよいよ移動支援バスが本格運行となった。「人と人、人とまちを結ぶ一助となりたい」という実行委員の地域の方の思いのもと、週に2回、午前、午後各2便の週8便が運行されている。

解説

　第3段階は、「実行委員会」という地域の組織が確立し、そこが主体となって活動が進められるようになった時期である。**図1-10**は本格運行に至った段階の実行委員会の構成や関係機関等を図式化したものである。コーディネーターの支援は、実行委員会に対する「運営支援」へと変化している。第3段階の前半においては、コーディネーターは第2段階に引き続き、たよりの作成などの事務的な作業を担っており、地域の組織との相互のやりとりも多いが、第3段階の後半では、実行委員会が主体となって活動を進め、コーディネーターは必要な場合に支援する形となっている。この時期、コーディネーターは「地域住民による、地域のための移動支援バスであるとの認識をもってくれている」（第2回の実行委員会）と行動記録に記すなど、地域住民のこの活動に対する意欲を実感しながら、かかわりをもっていたといえる。

　なお、これまで地域支援に関しては、地域において新たな組織が立ち上がり、活動が実施されるようになることに焦点が当てられがちであり、活動が継続的に実施されるようになったあとの支援についてはさほど注意が払われてこなかった。しかし、地域支援を担う実際の専門職の活動

図1-10 移動支援バスの実行体制と関係機関

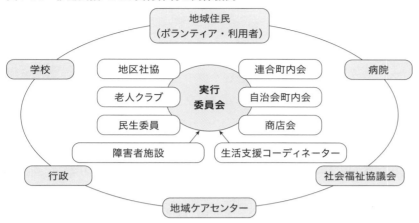

をみていくと、継続して実施されている地域の活動に参加し、状況を把握したうえで、必要に応じて助言や情報提供を行ったりする、いわば「運営支援」が一定の比重を占めている[1]。地域の活動は、リーダーの交代や、担い手不足、資金の問題など、さまざまな課題が常に生じ得る。ワーカーは、地域において組織が確立し、活動が進み始めてからも、常に状況を把握し、必要な支援を行っていくことが求められる。

3 地域支援の実際
──事例2：体操サロンの立ち上げ

次に、事例1と同じS市において取り組まれた別の地域支援の実践について取り上げる。事例1とは別の地域ケアセンターのコーディネーターによる町内会での体操サロンの立ち上げの事例である。

表1-6 町内会館における体操サロンの取り組みの展開

時期	展開
2016年度 冬	意見交換会の開催
2017年12月	第1回プロジェクト会議（体操サロン実施の決定）
2018年1月	第2回プロジェクト会議（実施方法等の検討）
2018年3月	第3回プロジェクト会議・試行的サロンの実施
2018年6月	第4回プロジェクト会議（最終打ち合わせ）
2018年7月	第1回体操サロン開催、以降月1回の開催
2018年12月	第5回プロジェクト会議（次年度の方針の検討）
2019年3月	第6回プロジェクト会議（振り返り、次年度の方針の決定）

1 事例の展開

　S市のQ地区（連合町内会のエリア）では、2016（平成28）年の冬に、コーディネーターの呼びかけのもと、Q地区における介護予防・生活支援について考える「意見交換会」が開催された。意見交換会では、「支援や介護が必要になっても暮らし続けられる地域を目指して」をテーマとしたグループワークが行われ、参加した住民からは、「介護予防を目的とした体操をやりたい」という意見が多く出された。この声の実現化に向けて、コーディネーターがQ連合町内会のなかの一つの町内会（X町内会）の会長に働きかけたところから、体操サロンの開催に向けた具体的な話し合いがスタートした。

　2017（平成29）年12月には、第1回プロジェクト会議として、X町内の関係者で集まりがもたれた。会議では、介護予防の必要性についてメンバーで共有し、ふれあい会（町内会のなかの見守りを実施していた会）の会長の意見から、町内会館を活用した介護予防体操サロン事業に取り組むことが決定された。

　約1か月後の2018（平成30）年1月には、第2回プロジェクト会議が行われ、体操サロンの実施に必要な講師を外部に依頼する案がメンバーから提案された。講師については、コーディネーターを中心に依頼先の検討・選定を行い、最終的に体育協会に依頼できることになった。準備を進める過程で、メンバーからは「講師さえ見つかればすぐ開催できると思っていたが、講師への謝礼、スケジュール調整、体操サロンの具体的な進め方の検討など、準備することが多いことがわかった」との声が上がった。

　2018（平成30）年3月には、プロジェクトメンバーが地域の住民に声をかけて16人が集まり、町内会館で試験的な体操サロンが開催された。体操後には話し合いの時間を設け、「どんなサロンが自分たちの地域にふさわしいのか」を話しあった。2018（平成30）年6月の第4回プロジェクト会議では、会の運営に必要なことの検討や当日の進め方、周知方法などの詳細について最終打ち合わせを行い、コーディネーターが助成金申請や保険加入手続きを行い、講師も正式決定したことで、順調にスタートを切る体制が整った。

　第1回体操サロンは、2018（平成30）年7月に開催され、近隣住民を中心に14名の参加があった。体操後には参加者同士でお茶を

飲み話をする時間を設け、参加者からは「無理なく体操ができてとても楽しかった」という声が上がった。その後も月1回のペースで体操サロンが開催され、2019（平成31）年3月には、関係者が集まり、1年間の振り返りを行った。振り返りでは、体操サロンについて今後も継続開催していくことや、新たな講座のニーズも出てきたため、新規サロン（健康講座）を年に4回開催していくことが決定した。

解説

この実践では、町内会が活動のエリアであり、コーディネーターによる働きかけの対象ともなっている。コーディネーターは、受けもちの地区において体操サロンを求める声が多いことを受け、はじめに町内会長に働きかけ、関係者によるプロジェクト会議を立ち上げた。その後試行的なサロンも行いながら、期間としては7か月ほど、回数としては4回のプロジェクト会議を経て、第1回の体操サロンの開催に至っている。また、体操サロンの開始から半年後には、関係者でこれまでの振り返りと今後の方針の決定を行い、活動を継続・発展させていっている。

地域支援における地域組織化のプロセスの解説としては、一般的に**表1-7**の「地域組織化過程」が用いられてきている。地域組織化は「活動主体の組織化⇒問題把握⇒計画策定⇒実施⇒評価」というプロセスで進んでいくというものである。これらの要素は順番が入れ替わることもあるが、いずれも必要な要素とされている。

事例2は、**表1-7**「地域組織化過程」のプロセスに比較的当てはまる

表1-7　地域組織化過程

段階	方法・技術
1．活動主体の組織化	・取り上げるべき問題に関連する機関や人々を活動に組み入れる
2．問題把握	・地域特性の把握 ・福祉水準・問題および社会資源についての基礎的把握 ・解決を図るべき問題の明確化とその実態の把握 ・問題を周知し解決活動への動機づけを行う
3．計画策定	・問題を明確にし、優先課題を順序付け推進課題の決定を行う ・推進課題実現のための具体的達成目標の設定 ・具体的実現計画の策定
4．計画実施	計画の実施促進
5．評価	計画の達成度および組織化活動についての評価

出典：永田幹夫『改訂二版 地域福祉論』全国社会福祉協議会，p.193, 2001. を一部抜粋

事例といえる。具体的には、問題把握（体操サロンの希望をコーディネーター・地域住民が把握）⇒活動主体の組織化（プロジェクト会議の立ち上げ）⇒問題把握（介護予防の必要性についてメンバーで共有）⇒計画策定（体操サロンというプログラムの選択）⇒実施（試行的サロンの実施）⇒計画策定（自分たちの地域にふさわしいサロン内容の決定）⇒実施（体操サロンの開催）⇒評価（１年間の振り返り）⇒計画策定（新規サロンの実施決定）という流れである。

この事例は、比較的短い期間でサロンの実施に至っているが、「人（担い手や講師）」「場所（町内会館）」「資金（助成金等）」をスムーズに確保できたことが大きかったと考えられる。

4 地域支援の特徴と必要な知識・スキル

■1 地域支援の特徴

ここでは、事例１・事例２の二つの事例を踏まえて、地域支援の特徴について整理していきたい。なお、最初にも述べたように、本節では地域支援のなかの小地域開発モデル（地域組織化）の実践を取り上げている。そのため、以下で地域支援というときには、主に地域組織化を指していることに留意してもらいたい。

❶支援が長期にわたる

地域支援では、ワーカーのかかわり（支援）が長期にわたることが少なくない。たとえば事例１では、コーディネーターの着任から移動支援バスの本格運行まで、３年が経過していた。もちろん、地域支援のすべての取り組みがこれだけの時間がかかるわけではない。実施する活動内容や地域資源の状況（利用できる場所・資金等）、地域の活動者の状況等によって、必要な期間は大きく異なる。たとえば、事例２の町内会での体操サロンの立ち上げは、具体的に動き始めてから、約半年で第１回のサロンの開催まで至っていた。

また、本格的に動き出す前の準備の期間（事例１において「関係形成」と呼んでいる時期）が比較的長く必要なことも地域支援の大きな特徴の一つといえる。地域支援においては、一般的に生活上の課題を抱えた個人に対する支援（個別支援）と比べて、かかわる人の数が多い。たとえば、事例１の地区のなかには、16の自治会・町内会があるが、それは16人の自治会・町内会長がいて、それ以上の数の自治会・町内会の役員が

いることを意味する。また、自治会・町内会以外の、民生委員・児童委員や老人クラブの会長・役員などが地域において大きな役割を果たしていることも少なくない。地域支援の専門職としては、それらの人々のなかで誰が地域のキーパーソンになっているのかを理解し、さらにそれらの人々と援助関係が築けるところまで関係を深めていく必要がある。そのためには、地域の会合やまつり等に出かけ、まずは顔を覚えてもらい、何度か会い、話をするなかで自分の役割を理解してもらうというような地道なプロセスを踏んでいくことが必要になる。次にどうなるか見通せない状況のなか、「成果のない日常に耐える[2]」ことがワーカーには求められるといえる。

❷地域に新たな主体をつくり出す

地域支援の二つめの特徴は、地域においてそれまでに存在しなかった新たな主体をつくり出していることである。事例1では「実行委員会」、事例2では「プロジェクト会議」がそれにあたる。

もちろん、新たな主体をつくり出すことは簡単なことではない。関係者の合意や参加者の意欲等、さまざまな要素が必要になる。また、ワーカーがそれまで担っていた役割を徐々に住民が引き継いでいくなど、プロセスのなかでメンバーが成長し、自立していくことも必要である。たとえば事例1においては、第1段階の「地区意見交換会」ではコーディネーターが進行役を務めていたが、第3段階の「地区の集い」では地域住民等で組織される実行委員が進行役となり、さらに本格運行の直前の地域向けの勉強会では実行委員会が主催となるまでに至っている。このように、これまで地域のなかに存在しなかった主体（活動を中心になって動かしていく組織）が、新たにつくり出されることは、地域支援ならではの大きな特徴といえる。

図1-11 地域組織化の構造

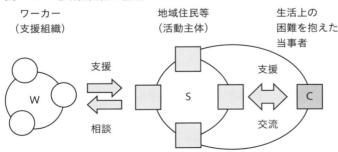

出典：榊原美樹「コミュニティワーク実践の開発・評価におけるプログラム評価の活用可能性」『明治学院大学社会学・社会福祉学研究』第147号, p.83, 2017. を一部改変

❸住民や多機関との協働で実施される

　地域支援（地域組織化）において、ワーカーは多くの地域の住民や地域のなかの組織・機関に働きかけ、それらの人々・機関とともに活動を行っていく。それはつまり、地域住民との協働や多機関協働によって、目標の実現が目指されるということである。図1-11はこのような地域組織化の構造を図式化したものである。地域住民等（S）が、生活上の困難を抱えた当事者（C）に支援を行ったり交流したりすることを、ワーカー（W）が支援するという構図である。なお、ワーカーは必ずしも一人で支援を行うとは限らない。同じ機関の専門職でチームを組んで対応する場合も、複数の機関の専門職が連携をとりながら対応する場合もある。たとえば事例1では、コーディネーターと障害者施設の代表が実行委員会の事務局を担っていた。

　また、活動主体についても、いわゆる地域の住民だけに限られない。地域のなかには社会福祉法人、NPO法人、学校、企業など、多様な組織・機関が存在しており、それらのメンバーが活動において重要な役割を果たすことも少なくない。

　現在、地域支援を考えていくうえでは、社会福祉法人や企業との連携が非常に重要になっている。その背景には、2016（平成28）年の社会福祉法の改正によって、社会福祉法人の社会貢献活動が定められたことや、企業が社会的責任（CSR）の観点から、社会貢献活動に取り組んできていることなどがある。地域において社会福祉法人や企業が何か活動できないか模索している場合も少なくない。ワーカーとしては、それらの情報を常にキャッチしておき、住民をはじめとしたさまざまな関係者につなげていくことも大切な役割といえる。

❹地域の課題・思いに応える

　地域支援が目指すのは、端的にいえば地域が抱える課題の解決である。一人ひとりの課題の解決を目指す個別支援とは異なり、地域アセスメント等を通じてそれぞれの地域の課題を把握し、その解決に向けて動いていくことが基本になる。もちろん、その「地域の課題」というのは、その地域に住む一人ひとりの困りごと・希望・思いが集まったものである。

　たとえば事例1では、移動支援バスという方法によって「山・坂・階段が多いため、買い物に苦労している」という課題を解決しようとしていた。また事例2では、体操サロンという方法で介護予防や孤立防止を目指そうとしていた。いずれの事例も、地域のなかで生活支援・介護予防サービスを充実させ、高齢者の自立した生活を支えていくことを大き

★社会福祉法人の社会貢献活動
社会福祉法では、社会福祉法人に対し、生活困窮者や制度の狭間のニーズを抱える人など支援を必要とする人に対して、無料もしくは低額で福祉サービスを提供するなどの「地域における公益的な取り組み」を行うことを責務としている。

★ CSR（Corporate Social Rsponsibility）
企業が法令を遵守して業務を推進するだけでなく、社会を構成する一員として、地域・社会に貢献する取り組みのことを指す。たとえば、人権に配慮した適正な雇用の推進や、環境問題への配慮、地域社会への貢献活動など。企業の社会的責任。

な目的としているが、具体的な取り組み内容は大きく異なっていた。これは、当然であるが地域によって具体的な課題が異なっているためである。ある地域で移動支援バスや体操サロンがうまくいったからこの地域でもやろう、という考え方ではうまくいかない。

またこの特徴は、「地域に新たな主体をつくり出す」という二つめの地域支援の特徴とも関連している。地域に住む人々が、地域に存在している課題を、自らの課題の課題として実感し、取り組む意欲をもつことでしか、主体的な活動にはつながっていかないからである。

たとえば、事例1の移動支援バスについて実行委員のメンバーは、「人と人、人とまちを結ぶ一助となりたい」という思いをもって取り組んでいた。この思いは、移動支援の充実がいわゆる「移動困難者」のためだけにあるものではなく、実行委員やボランティア、商店街なども含めた地域の多くの人や組織にかかわることであり、移動支援の充実が、人とまちを元気にし、自らの住む地域がよりよいものになるという可能性を感じていることを表していると考えられる。

また事例2では、試行的なサロンを行った際に、「どんなサロンが自分たちの地域にふさわしいのか」を参加者も交えて話し合いを行っていた。サロンという活動自体は、多くの地域において行われている。しかし、自分たちのこの地域において何が必要なのかを話し合いで明確にすることで、本当に自分たちにとって必要なサロンをつくることができていた。このように、「住民が最も切実に感じ、行動する意欲を持っている課題」[3)] を見極め、その解決に向けて支援していくことがワーカーには求められる。

一方で、このような住民の行動意欲が主体的な活動に結びつくという特徴は、地域に課題があったとしても、すぐにすべての課題が解決に結びつくわけではないということを意味している。この節の冒頭で述べたように、2018（平成30）年4月の社会福祉法の改正では、地域住民に「地域生活課題を把握」し、「その解決を図るよう留意する」ことが求められた。社会福祉法での地域生活課題とは、「福祉サービスを必要とする地域住民およびその世帯が抱える、福祉、介護、介護予防、保健医療、住まい、就労および教育に関する課題、地域社会からの孤立、日常生活を営み、あらゆる分野の活動に参加する機会が確保されるうえでの各般の課題」のことを指す。狭い意味での福祉・介護だけでなく、就労や教育、さらには孤立や参加の機会（の不足）も対処すべき課題として挙げられている。

これまで地域支援では、高齢者が抱える課題の解決に重点が置かれてきた傾向がある。たとえば、高齢者の参加の場の確保のために「ふれあい・いきいきサロン」の立ち上げを進めるなどの活動が積極的に行われてきた。しかし、「参加」に課題を抱えているのは、高齢者だけではない。不登校の子どもたちやひきこもりの状態にある人なども、同様に「参加」の課題を抱えているといえる。しかしそれらの人たちは、人数が多くない（もしくは人数が正確に把握されていない）ことや、課題が知られていないことなどもあり、地域全体の課題として解決に向けての活動になかなか結びつかない状況にあるのも事実である。地域支援の専門職としては、これまで目を向けられてこなかった課題にも意識を向け、地域に粘り強く投げかけていくことが求められる。

■2 地域支援に必要な知識

　次に、専門職として地域支援を行っていく際に必要となる知識について、地域という観点に着目し2点述べる。ただし、以下の2点以外にも、国・自治体の制度に関する知識や、地域の活動団体が使用することができる助成金・補助金についての知識など、幅広い知識が求められている。

❶地域の団体・組織・機関の役割と機能

　専門職として地域支援を行っていく際に、地域の団体・組織・機関の役割と機能に関する知識は欠かせない。事例に出てきていた組織を挙げるだけでも、住民の組織として、自治会・町内会、老人クラブ、連合町内会、民生委員・児童委員、地区社協、商店会など、福祉関係の専門機関として、地域包括支援センター、障害者施設（地域生活支援センター）、社会福祉協議会などが登場していた。地域支援を行うワーカーとしては、当然それらが何を目的としたどのような組織なのか、また各団体が地域のなかでどのように関係しているのかを知っている必要がある。

❷地区割りと生活圏

★生活圏
地域に暮らす人々が生活機能を共有し、生活の土台としている圏域のこと。

　地域の区分け・エリア設定（地区割り）や、人々の生活圏★についての知識も重要である。事例1・事例2のS市では、図1-8でみたように複数の地域の圏域が存在していた。図1-12は、このような重層的な圏域設定を整理し図式化したものであり、地域福祉の圏域を理解するうえで欠かせないものである。

　図1-12において地域は、「市町村全域（第5層）」「市町村の支所の圏域（第4層）」「学区・校区の圏域（第3層）」「自治会・町内会の圏域（第2層）」「自治会・町内会の組・班の圏域（第1層）」の五つに整理されて

図1-12　重層的な圏域設定のイメージ

（ある自治体を参考に作成したものであり、地域により多様な設定がありうる）

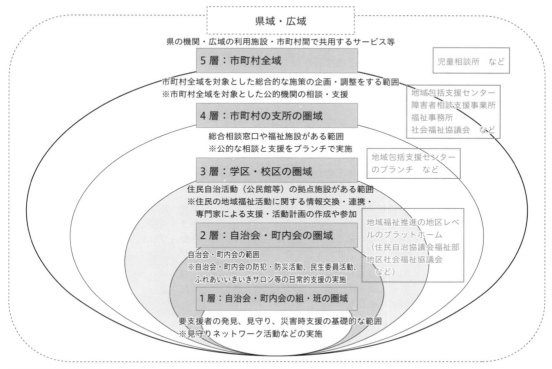

出典：厚生労働省『これからの地域福祉のあり方に関する研究会報告書』2008.

いる。地域支援の専門職としては、自らが担当する地域がどの圏域に当たるのかはもちろん、行政の施策や住民の生活・活動において、どの圏域が重要な意味をもっているのかを把握していなければいけない。

　また、事例のＳ市において、地域ケアセンター（４か所）と連合町内会（六つ）の区割りが一致していなかったように、地域の区分けは複雑で、専門職の担当エリアと住民組織のエリアが一致しないことも少なくない。住民組織の単位ごとに専門職を配置できればよいが、財政上の理由などからそれが難しいこともある。専門職としては、住民組織の単位・圏域を大切にし、同じ職種の別エリアの担当者等とも調整しながら、支援の漏れや抜けがないようにかかわっていくことが求められる。

　また、人々の生活圏について知ることも重要である。**図1-12**では「市町村全域」に太い線が引かれているが、人々の生活エリアは市区町村などの自治体の範囲に限られない。たとえば、事例１の移動支援バスのルートには市外の病院が含まれていたが、これはその地域の人々の実際の通院の状況から、当然含まれる必要があるとの判断によるものである。

表1-8　地域支援のプロセスとスキル

段階 （プロセス）		ワーカーの活動 ※第2段階からは地域の活動主体とともに行う	ワーカーに求められる スキル
1	地域に入る・地域を知る 【関係形成】	○地域に出向きキーパーソンと顔見知りになる ○地域の課題を把握する ○今後の支援の仮説・計画を立てる	○対話・信頼形成 ○調査・情報収集 　（地域アセスメント） ○企画・立案（プランニング）
2	活動の立ち上げを支援する 【立上支援】	○地域の課題に関心をもつ人との関係を深め、課題状況について共有する ○活動の主体となる組織（グループ・ネットワーク）を立ち上げ、維持する ○企画を立てる ○企画の実現のための手配をする ○企画を地域に広く知らせる	○提案（プレゼンテーション） ○組織形成（チームビルディング・ネットワーキング等） ○企画・立案（プランニング） ○司会・進行（ファシリテーション） ○連絡調整 ○広報
3	運営を支援する 【運営支援】	○組織および活動の状況や課題を把握する ○課題に対処する ○活動を振り返り、評価をする ○今後の活動の方針を立てる	○調査・情報収集 　（組織・活動の分析） ○評価（プログラム評価等） ○企画・立案（プランニング）
プロセス全般		○経過の記録をする ○住民・関係機関等に対して、広く地域の課題を提起する	○記録 ○広報（啓発）

市区町村行政の制度に基づく取り組みは、行政区の制限を受けることも少なくないが、住民の活動は、その制限に縛られない取り組みをすることが可能であるし、していく必要があるといえるだろう。

3 地域支援のプロセスとスキル

　次に、地域支援の一般的なプロセスと、その実施のために必要となる基本的なスキルについて整理しておきたい。地域支援のプロセスについては、これまで永田の「地域組織化過程」（**表1-7**）が多くの教科書で紹介されてきた。**表1-8**は**表1-7**をベースに、最近の研究[4]も踏まえ、地域支援全体のプロセスとして再構成したものである。大きな枠組みは、「関係形成⇒立上支援⇒運営支援」であり、組織化の前に「地域に入る・地域を知る」という、「関係形成」の段階を置いていること、活動が立ち上がったあとの継続的な「運営支援」を置いていることが大きなポイントである。それぞれの段階ごとに、より具体的なワーカーの活動と、それを行うためにワーカーに求められるスキルを示している。

　コミュニティワーカーに求められる技術・スキルについては、オーガナイザー・ワーク（組織化作業）とアナリスト・ワーク（分析作業）の二つにわける考え方が示されている[5]。以下では、その枠組みをもとに、「組織化技術」と「分析的技術」の二つに分けて、地域支援に必要な技

術を確認する。

❶組織化技術

① 対話・信頼形成

　対話とそれに基づく信頼形成の技術である。住民のなかには、たとえばこれまでの行政とのかかわりや他の専門職との関係性をもとに、「また何かさせられるのか」と警戒心をもっている人もいる。また、ワーカーの役割や目的がうまく伝わらず、何でもしてくれると期待している人もいる。地域の人々と直接会い、話し、相手の期待や思いを理解し、ワーカーとしての自分の役割を説明することなどを通して、地域の人々との間に適切な関係を築いていくことが、次の展開につながっていく。

② 組織形成（チームビルディング・ネットワーキング等）

　活動の主体となる新たな組織・グループ・ネットワークを形成する技術である。対話・信頼形成、司会・進行、広報などすべての技術を活用しながら行われる。組織の形態、たとえば一つの目標に向かう強固なチームをつくるのか、もう少し緩やかなネットワークを形成するのかなどによって、具体的な進め方は異なってくる。

③ 司会・進行（ファシリテーション）

　会議の司会・進行を円滑に行うファシリテーションの技術である。地域の活動は、基本的には会議や会合、勉強会、検討会、実行委員会など、多くの人が集まって話をすることで進んでいく。司会者が全員の前に立って発言者を指名するような従来型の会議の司会・進行だけでなく、少人数で自由に話しあったり、付箋を用いて意見を集約したりするようなグループワークの進め方のスキルも大切となっている。

④ 広報

　地域の人々に地域の課題や活動について広く知らせていく技術である。事例１では、ポスター、チラシなど、多様な手法を用いて広報を行っていた。１枚のポスターを作るにあたっても、デザインを自分でするのか、業者に依頼するのか、地域から案を募集するのかなど、さまざまな選択肢があり、ワーカーとしては人材や予算の状況などを考えながら選択していくことが求められる。

　また広報の手段としては、多様なメディアの活用も忘れてはいけない。インターネットでの情報発信もますます重要になっている。また、地域のミニコミ誌やケーブルテレビ、新聞などのメディアに取材をしてもらえるように働きかけていくことも大切である。

❷分析的技術

① 調査・情報収集

　さまざまな調査活動を通して地域の状況や課題を正確に把握する技術である。アンケート調査、ヒアリング調査などについて、具体的な実施方法とその集計やまとめ方を習得しておく必要がある。併せて、地域住民や関係者に対してわかりやすく情報を伝える資料作成のスキルや提案（プレゼンテーション）のスキルも重要である。

② 企画・立案

　地域の現状・課題を踏まえ、どのような取り組みを進めていくかを構想するスキルである。担当地域において長期的な視点からどのように地域支援を進めていくかという大きな企画・立案もあれば、一つひとつの地域の活動に関して、他地域の取り組みなども参考にしながら、活動計画を住民とともに考えていったりするような、より小規模な企画・立案もある。

　また地域支援（コミュニティワーク）においては、ワーカーがPDCA[★]を意識し、Plan（計画）の段階で「この地域ではこれがうまくいくのではないか」といった仮説をもち、地域にかかわっていくことの重要性も指摘されている[6]。これも企画・立案の一つということができるだろう。

③ 評価

　ワーカーが自分自身の支援を振り返ったり、地域の活動において次の展開を考えたりしていくための評価の技術である。評価は通常、実施前の目標設定と実施後の検証からなる。しかし、地域活動においては、始まる前に目標を定めることが難しかったり、当初想定していなかった成果が出たりすることも少なくない。事例2では、1年経過時点において、住民自身が振り返りという形で評価を行っていたが、このように、厳密な形ではなくても評価を行っていくことが重要である。

　また、地域支援は住民とともに進めるものであるため、評価の際には、最終的に地域において何が解決されたかに注目する「結果重視（タスク・ゴール）」の視点からだけでなく、解決の過程は適切だったか、住民と一緒に解決してきたかといった「過程重視（プロセス・ゴール）」の視点、その過程を通して地域における権力構造が変化したかといった「関係重視（リレーションシップ・ゴール）」の視点[7]など、複数の視点から振り返ることが重要である。

④ 記録

　自らの実践を記録化する技術である。コミュニティワークにおいて

★ PDCA
Plan（計画）⇒ Do（実行）⇒ Check（評価・検証）⇒ Action（改善）の略。

は、記録が確立していないことが課題として指摘されている[8]。しかし、記録は評価をする際の基礎資料になるものであり、また**事例検討**を行ったり、スーパーバイズを受け、よりよい支援につなげていくためにも残していくことが求められる。もちろんワーカーがかかわったことや地域で起こったことのすべてを記録することはできないなかで、どのような様式で何を記録として残していくのか、よりよい方法を検討していくことも大切になっている。

5 地域支援において大切にすべき「価値」

　最後に、地域支援はそもそも誰のための何のための支援なのか、そして地域支援にかかわる専門職はどのような「価値」を共有すべきなのかということについて考えてみたい。

　この節の冒頭で、地域支援のなかでも地域組織化は「地域において、地域住民が主体的に地域の課題解決に取り組むよう支援する活動」であると述べた。しかし、ここには危うさもある。地域に不足するサービスを地域住民に開発・実施させるために地域支援が行われる、ということもなくはないということである。しかし、もし自分が住民の立場であったら、このようないわば「主体的な活動の強制」に対してどう感じるだろうか。なぜ自分たちがそれを強制されなければならないのか、疑問に思うのが当然であろう。地域支援を行うにあたっては、少なくとも、それが地域の人たち自身の思いや願いを実現するための支援となっているか、また、課題解決に取り組むことを地域の人たち自身が望んでいるかという視点を常に意識し続ける必要があるだろう。

　また、地域支援の実践を諸外国の動向も含めて振り返ると、実は地域支援は貧困・差別等により抑圧された人々が自らの権利を取り戻すための**住民運動**の支援として行われてきた歴史もある。日本においては、地域支援を担う専門職の多くが国や市町村の予算によって配置されてきた経緯もあり、そのような支援は必ずしも主流とはいえない。しかし、ソーシャルワークとして地域支援を実践していくうえでは、当然ソーシャルワークの「価値」に則る必要があり、そこでは、**人間の尊厳**と**社会正義**が重視されていることを忘れてはならない。すべての人間をかけがえのない存在として尊重すること、差別、貧困、抑圧、排除等のない社会の実現を目指すことである。地域において、排除されている人がいれば、

★**ソーシャルワークの「価値」**
「ソーシャルワーク専門職のグローバル定義」（2014年）では、「社会正義、人権、集団的責任、および多様性尊重の諸原理は、ソーシャルワークの中核をなす」とされている。

当然その状況を変えていくために取り組んでいくことが地域支援の専門職には求められているといえる。

◇引用文献
1）横浜市西区社会福祉協議会「横浜市西区生活支援コーディネーター活動報告書」p. 20, 2020.
2）韓国住民運動教育院, 平野隆之・穂坂光彦・朴ユミ編訳『地域アクションのちから──コミュニティワークリフレクションブック』全国コミュニティライフサポートセンター, p. 10, 2018.
3）同上, p. 22
4）日本地域福祉学会『地域福祉教育のあり方研究プロジェクト報告書──協同による社会資源開発のアプローチ』p. 21, 2019.
5）高森敬久・髙田眞治・加納恵子・平野隆之『地域福祉援助技術論』相川書房, p. 214, 2003.
6）永田祐監, 栃木県社会福祉協議会・とちぎ社協コミュニティワーク研究会編著『社協コミュニティワーカー さぽーと・ぶっく 黒子読本2──事例から見るコミュニティワークの視点』栃木県社会福祉協議会, 2011.
7）前出5）, p. 215
8）藤井博志「地域福祉実践に役立つ記録の考え方とその方法」『地域福祉実践研究』第4号, pp. 2-7, 2013.

◇参考文献
・岩間伸之・原田正樹『地域福祉援助をつかむ』有斐閣, 2012.
・笠原千絵・永田祐編著『地域の＜実践＞を変える社会福祉調査入門』春秋社, 2013.
・川上富雄『地域アセスメント－地域ニーズ把握の技法と実際』学文社, 2017.
・仁科伸子『人口減少社会のコミュニティ・プラクティス──実践から課題解決の方策を探る』御茶の水書房, 2019.

●おすすめ
・藤井博志編著『シリーズはじめてみよう1 地域福祉のはじめかた──事例による演習で学ぶ地域づくり』ミネルヴァ書房, 2019.
・日本社会福祉士会編『ネットワークを活用したソーシャルワーク実践──事例から学ぶ「地域」実践力養成テキスト』中央法規出版, 2013.

第**4**節　非常時や災害時支援の実際

学習のポイント

● 非常時や災害時の生活課題を時系列変化で理解する
● 非常時や災害時における支援の目的・留意点を学ぶ
● 災害ソーシャルワークの実際について事例から学ぶ

1 非常時や災害時のソーシャルワーク

1 非常時や災害時とは

　非常時や災害時は、いずれもいつもとは違う状況、つまり非日常を意味する。平常時であれ、非常時や災害時であれ、専門職として向きあう個人、家族、集団、地域住民は、常に変化している。当然そこにはソーシャルワークのプロセスがあり、その変化を適切な時点で切り取り、その時点の状態を丁寧に検討しながら支援が進んでいく。

　ところが、非常時や災害時はかなり様子が異なっている。地震や豪雨災害あるいは感染症の大流行などは、一定の地域あるいは広域に影響を及ぼし、社会生活機能が減退または停止に至る。このことは多様な課題が同時多発し、複雑化しながら広がっていくということである。しかも非常時や災害時の課題は緊急性が高い場合が多く、課題解決に必要となる地域資源も変化、喪失していることがある。

　緊急性の高さは、ソーシャルワークにスピード感が求められることを意味し、地域資源の変化や喪失は、外部からの資源調達、そのことによるさまざまな調整を必要とする。状態を丁寧に検討する時間的余裕のないことが多く、いかに短時間に状況を見極め、判断を下し、行動に移すかということが問われてくる。災害時は、平常時のソーシャルワークを展開するために必要な時間の"速度"を、状況悪化の"速度"が超える事態となる。だからこそ、ソーシャルワーク専門職として、非常時や災害時のソーシャルワークについて学んでいく必要があるのである。

　ここで、災害の定義について確認しておく（**表 1-9**、**表 1-10**、**図 1-13**）。

★**非常時や災害時**
本節において、非常時とは日常ではない状態とし、災害時と同様に取り扱う。

表1-9 災害の定義①

> 災害の定義（災害対策基本法第2条第1号）
>
> 「暴風、竜巻、豪雨、豪雪、洪水、崖崩れ、土石流、高潮、地震、津波、噴火、地滑りその他の異常な自然現象又は大規模な火事若しくは爆発その他その及ぼす被害の程度においてこれらに類する政令で定める原因により生ずる被害をいう」

表1-10 災害の定義②

> 災害の定義（DMAT★標準テキスト［改訂第2版］）
>
> 「突然発生した異常な自然現象や人為的な原因により人間の社会的生活や生命と健康に受ける被害とする。災害で生じた対応必要量（Needs）の増加が通常の対応能力（Resource）を上回った状態である」

★**政令で定める原因**
災害対策基本法施行令第1条「第1条 災害対策基本法（以下「法」という。）第2条第1号の政令で定める原因は、放射性物質の大量の放出、多数の者の遭難を伴う船舶の沈没その他の大規模な事故とする。」

★**DMAT**
災害派遣医療チーム（Disaster Medical Assistance Team）の略。

図1-13 災害による対応必要量（生活課題）Needs と対応能力（社会資源）Resource の変化

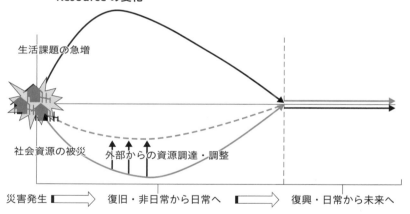

以上のように、災害の定義には、自然災害だけでなく、火災やテロといった人為的な事故も含まれる。また、感染症や伝染病の大流行のように、私たちの生活を脅かすさまざまな非常事態のことも指している。

ここでは、特に毎年のように複数の地域で起きている自然災害の実際について取り上げ、災害ソーシャルワークのあり方について学ぶ。

2 災害時の生活課題

❶被害とその背景

災害によって被災地や被災者の生活はどのように変化をするのだろうか。また、そこに生じる課題はどのようなものがあるだろうか。さまざ

図1-14　災害リスクの方程式

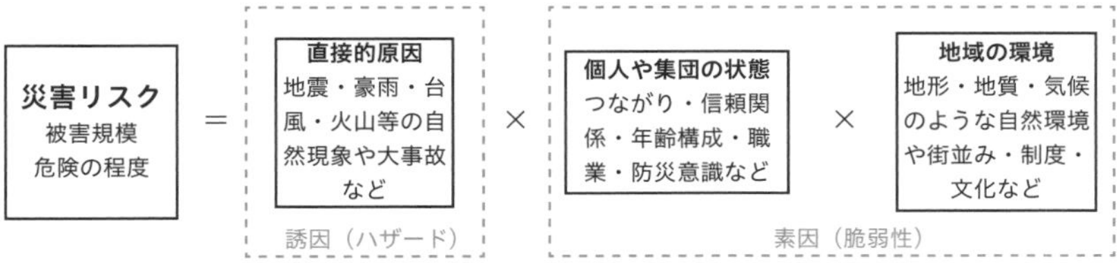

出典：上野谷加代子監，日本社会福祉士養成校協会編『災害ソーシャルワーク入門——被災地の実践知から学ぶ』中央法規出版，pp.8-10，2013．をもとに作成

まな生活課題が生じる背景を、災害リスクの方程式に沿って考えてみたい（**図1-14**）。

　災害時の生活課題（ニーズ）は、災害直後に明らかとなる「被害」から生じる。その規模や程度を災害リスクと呼ぶ。災害リスクを決定する原因の一つは災害の種類である。たとえば、地震と豪雨の場合、突然発生する地震は事後対応となることはやむを得ないが、豪雨は気象庁による情報などにより、事前対応が可能という特徴がある。地震とは異なり、豪雨災害では、早期に避難行動をとるなど、命にかかわる被害を減らすことができる。地震や豪雨だけでなく、台風や火山の噴火など、被害の直接的原因は、誘因（ハザード）と呼ばれている。

　また、災害の種類だけでなく、そもそもの地域の環境によってもニーズは多様となる。被害につながる地域社会の状態を素因（脆弱性）と呼んでいる。素因とは地域の地形や気候といった自然環境、あるいは街並みや文化、さらには住民同士が平常時からどのような関係を築き、災害への意識をもっているかといったことも意味している。

　近年、地域づくりを考える際に、災害に“も”強い地域を目指すと掲げられるように、地域の災害リスクについて、診断・分析・評価などしておくことが望ましい。

❷被災によるニーズ

　さまざまな要因が関係することによって、被害の大きさや危険の程度、緊急性を含んだ生活課題が生じるが、一例として、以下のような整理ができる。

❶　家屋や家財の損害、インフラ※の破壊（物理的な側面）
❷　けがや体調の悪化、災害関連死（身体的な側面）
❸　恐怖や不安、フラッシュバック、認知症の進行（精神的な側面）
❹　生業の喪失、収入減少や途絶、生活費の増加（経済的な側面）
❺　家庭や地域の絆の弱体化、社会との断絶（社会関係の側面）
❻　情報の不足、申請・契約手続きの増加（情報に関する側面）

Active Learning

あなたが住んでいる地域の災害リスクについて、災害リスクの方程式を用いて考えてみましょう。

★インフラ
インフラストラクチャー（infrastructure）の略。地域の生活基盤となる存在を意味する。交通（道路や鉄道、港湾、空港）、水（上下水道、治水施設）、電気（発電所・電力網）、携帯電話等（通信網）などが挙げられる。

また、これらは単独で発生するものではなく、多様かつ複雑に関連しあっている。たとえば、住むための家を失い、避難所での生活が長期化することで、体調の悪化や認知症が進行した、筋力の低下により寝たきりになってしまったという高齢者の事例が複数の被災地で見受けられる。物理的な被害が健康面に影響し、身体的な被害を生む。地域一帯が被災すれば、住居だけでなく、仕事を失い、生活への不安が高まる。物理的な被害が失職から経済的な被害、さらに精神的な被害と連鎖する。被災地のすべての住民は、大変な状況のなか、罹災証明をはじめとし、さまざまな申請、手続きに追われることにもなる。そうした状況から親の精神的ストレスが児童虐待につながったり、夫婦の関係が不安定となりドメスティック・バイオレンス（以下、DV）に発展するなどの事例も出てくる。

　状況を重篤化させないためには、こうした状態から少しでも早く平常時に近い状態に戻すことが重要となるが、被害の大きさによっては時間のかかるものもあり、生活課題の多様さはつまり支援としての災害ソーシャルワークが柔軟かつ多様とならざるを得ないことを意味する。

❸災害ソーシャルワークのニーズとフェーズ

　被災者が抱える生活課題（ニーズ）は災害発生直後に一斉に発生するが、時間的経過の段階（フェーズ）とともに変化する。このフェーズごとのニーズを可能な限り把握することが重要となる。災害ソーシャルワークは、小刻みな変化への対応が重要である。

　ここではその一例として、ニーズを生活領域で分類し、フェーズごとに整理したものを挙げてみる（表1-11）。

　この表では、時間の経過とともに変化するニーズを整理するにあたり、❶救出・避難期（災害直後〜1週間）、❷避難所生活期（〜半年）、❸仮設住宅生活期（〜数年）、❹復興住宅生活・自宅再建期（〜長期）としている。このように時間軸によって生活課題を把握することで、災害ソーシャルワークの展開を描くことができる。

　たとえば、避難所生活においてはその前後で、どのように"住む・暮らす"ことのニーズがあるか、体や心の健康状態のニーズあるいはリスクはどのようなことを想定するかなどである。ニーズが予測できれば、前もって対応策を練ることができる。また、応急仮設住宅生活の前半はコミュニティ形成のニーズがあり、後半は退所時期の違いから、不安やあせりを抱く住民が心身の健康に関するニーズをもつこともある。

　ほかにも、災害からの復旧、復興の過程のなかではフェーズによって

表1-11 震災時に想定される被災者ニーズの時系列変化（例示）

時期	災害直後〜1週間		〜半年	〜数年	〜長期
ニーズの大分類	救出・避難		避難所生活	仮設住宅生活	復興住宅生活・自宅再建
住む・暮らす	・住宅の喪失 ・水、食料、電気、通信、衣服、寝具等の喪失 ・家族の喪失（葬儀等も含む）		・生活上の諸物質の不足 ・将来生活への不安 ・集団生活の不便 ・母親喪失等による衣食機能低下・喪失	・引っ越しの負担 ・新たな生活環境の学習 ・母親喪失等による衣食機能低下・喪失 ・便乗詐欺や宗教勧誘 ・移動・交通手段の不自由 ・通院、施設利用、通学への対処 ・行政諸手続きのための頻繁な公的機関通い	・引っ越しの負担 ・新たな生活環境の学習 ・母親喪失等による衣食機能低下・喪失 ・便乗詐欺や宗教勧誘 ・移動・交通手段の不自由 ・通院、施設利用、通学への対処 ・行政諸手続きのための頻繁な公的機関通い
費やす	・財産（動産・不動産）の喪失		・衣食生活費の不足 ・動産（車等）の購入費用	・家計の再構築 ・借金返済の見通し ・金融機関との交渉や公的助成制度の探索、発見、申請 ・教育費の捻出	・家計の再構築 ・借金返済の見通し ・金融機関との交渉や公的助成制度の探索、発見、申請 ・教育費の捻出
働く	・仕事（家業・会社）の喪失		・仕事の再開・復帰 ・求職	・仕事の再開・復帰 ・求職 ・新たな仕事への順応	・仕事の再開・復帰 ・求職 ・新たな仕事への順応
育てる・学ぶ	・育児・保育困難 ・学校喪失／休校 ・遊具おもちゃの喪失		・育児・保育困難 ・学齢児の教育保障 ・転校	・学齢児の教育保障 ・転校	・学齢児の教育保障 ・転校
参加・交わる	・知人・友人との死別		・避難に伴う知人・友人との離別	・孤立・孤独・ひきこもり ・転居に伴う知人・友人との離別	・孤立・孤独・ひきこもり ・転居に伴う知人・友人との離別
体の健康	・怪我への対処 ・持病等への対処（薬や医療機器の確保） ・排泄や入浴		・介護や保育困難 ・療養者の医療保障 ・エコノミークラス症候群 ・要援護者の排泄入浴の配慮 ・感染症のリスク軽減	・介護者等の孤立 ・ハイリスク者や持病者の管理	・介護者等の孤立 ・ハイリスク者や持病者の管理
心の健康	・家族の喪失 ・ペットの喪失や離別		・プライバシー確保 ・人間関係調整 ・集団生活のストレス、他者への配慮 ・集団生活上のルールへの服従ストレス ・PTSDやノイローゼ	・新たなコミュニティ・環境への不安 ・負担・孤独・ひきこもり ・PTSDやノイローゼ ・自殺／自殺企図 ・アルコール等への依存 ・介護者家族の孤立	・新たなコミュニティ・環境への不安 ・負担・孤独・ひきこもり ・PTSDやノイローゼ ・自殺／自殺企図 ・アルコール等への依存 ・介護者家族の孤立
その他			・避難所内での差別問題 ・被災者への差別問題	・被災者への差別問題	・被災者への差別問題

注：災害の種類や規模などによって、時期・場面の区切りやニーズは大きく変わってくる。
　　ここにあげた例示のほかにも、被災前からの生活の連続性欠損に関わるあらゆるニーズに対応する必要がある。
出典：上野谷加代子監, 日本社会福祉士養成校協会編『災害ソーシャルワーク入門──被災地の実践知から学ぶ』中央法規出版, p. 25, 2013.

変化、増大するニーズや突発的に発生するニーズも存在するため、発災当初から中長期的な視点をもったニーズへの対応や被災者への支援が重要になる。災害と被災者の理解を通し、一人ひとりの異なるニーズに対し、丁寧かつ適切な支援を講じるとともに、こうした課題を抱えた住民が暮らす地域全体の復興を目指すことが災害ソーシャルワークに求められる。

■3 災害時のメンタルヘルス

平常時と災害時のソーシャルワークが大きく異なる点の一つに、被災者の心理状態がある。災害による心理的反応は時間の経過とともに変化するものとして、**図1-15** のように示すことができる。

❶茫然自失期

災害発生数時間後から数日間：恐怖体験のため無感覚・感情欠如となる時期

❷ハネムーン期

災害発生数日後から数週間または数か月間：一見、災害後の生活に適応しているかのようにみえる。また被害の回復に向かって積極的であり、愛他的行為が目立つ時期

❸幻滅期

災害発生数週間後から数年にかけて：被災地外の人々の関心が薄れる時期になり、無力感・倦怠感にさいなまれる時期

当然のことながら、すべての人が同じ経過をたどるわけではなく、個別に状況は異なる。災害発生から間もない時期に、ショックのあまり対話も困難で、無表情となってしまっている被災者と出会うことがある。

図1-15 災害による心理的反応の時間経過

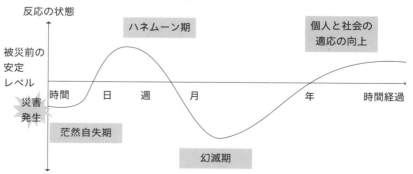

出典：Raphael, B., *When disaster strikes : How individuals and communities cope with catastrophe*, Basic Books, 1986.

逆に日中は元気にはしゃいでいるようで、日が暮れると恐怖感が募るという子どももいる。数か月や数年後に心理状態が不安定になるという事例もある。

　災害による一過性のストレス反応は自然に回復するという考え方もあるが、周囲からの支援も含め、置かれた状況によって異なる。また、メンタルヘルスは被災者だけでなく、被災者遺族や支援者、さらには被災地内支援者であるソーシャルワーカー自身にもかかわることである。

2　災害ソーシャルワークの目的と留意点

1 災害ソーシャルワークの目的

　ソーシャルワーク専門職のグローバル定義には「生活課題に取り組みウェルビーイング（well-being）を高める」という一文がある。また、「ウェルビーイングは、人間が幸せであり続けることができている状態並びにそう願い行為することの全てを指している」と説明されている。

　岩間は、「ソーシャルワークは、人と環境の交互作用に働きかけ、生活上の問題を抱えるクライエントの状況をよりよく改善する手助けを目的とした専門職の援助実践である」とし、「その具体的展開にあたって、効果的・合理的に援助を展開する上で、ソーシャルワークの援助展開に関する理論的枠組みは、実践者にとって欠かすことができない」と続けて述べている。[1]

　災害ソーシャルワークも同様に、“人と環境の交互作用に働きかけ、生活上の問題を抱えるクライエントの状況をよりよく改善する手助け”を目的とする。ただし“災害時という状況”であるために、ソーシャルワークの展開過程には留意点がある。

　“災害時という状況”は被災地に集中して、複合的課題を抱える事例を多く生み出し、ウェルビーイングの維持を困難にする。分野横断的に被災者、被災地を観ながら、それらを取り巻く環境や地域社会に働きかけ、多様な社会資源を活用・開発していかねばならない。維持することすら困難になったウェルビーイングをもとの状態に戻すには、地域資源や強み（ストレングス）を見極め、人や地域のエンパワメントを支援することを通じて被害からの回復力・復元力（レジリエンス）を高めていく必要がある。

　災害ソーシャルワークとは「被災した地域とそこに生きる人々が災害

によって起こった環境の変化との相互関係のなかで直面する課題に対し、その解決に向けて取り組む支援のプロセスそのものをいう。狭義の災害ソーシャルワークは、災害によって直接生じた課題に対し、一定の期間、専門職や非専門職が行う援助や支援活動を意味し、広義では、災害時を意識した平常時のソーシャルワーク（防災・減災活動）や、災害によって顕在化した平常時からの課題への取り組みも含んだ長期的で連続性をもつ援助や支援活動のことをいう」と定義できる。

続いて、災害ソーシャルワークの展開過程の留意点とはどのようなものかについて考えてみる。

2 災害ソーシャルワークの留意点

ソーシャルワークの展開過程の理論的枠組みを整理した岩間は、構成要素(局面や段階)とされる区切り方は3区分から8区分までのバリエーションがあるとした。そのプロセスの特徴も「螺旋状」「円環的」「非線形」とさまざまに表現されている。

このようにソーシャルワークのプロセスについては、さまざまな説明がなされるが、ここでは図1-16のように、問題発見、問題把握、支援計画、支援実施、経過観察、支援終結の6段階で説明する。

ソーシャルワークの展開の各段階に関して、災害ソーシャルワークにおいてはどのような特徴をもつとされるか。もちろん、各段階において

図1-16　災害ソーシャルワークの特徴

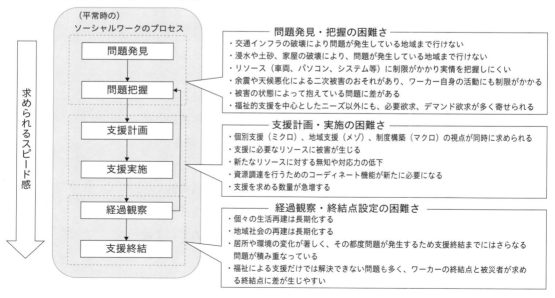

人を観ること（個別支援）と地域を観ること（地域支援）を同時・一体的に進める、つまり人と環境の交互作用に働きかけることで課題解決へと向かっていくという点では平常時のソーシャルワークと同様である。

　以下に、平常時と比較しながら"災害ソーシャルワーク"の特徴を3点挙げ、ポイントを整理してみる。

❶問題発見・把握の困難さ

　前述の災害の定義を見ると、自然災害だけでもさまざまな種類がある。正確に予知することが不可能な地震と、気象庁の情報などでおよその予測が可能な豪雨災害では、その対応が異なるだけでなく、被害状況にもそれぞれの特徴がある。誘因（ハザード）には、大事故や感染症によるパンデミックなども含まれる。

　素因（脆弱性）は、被災した地域の自然環境や街並み、人口分布や道路、交通機関、さらには観光資源や文化といった社会環境も含まれることから、そこに生じる問題は異なってくる。また、それぞれの状況が変化するだけではない。建物や道路が消失することもあれば、姿形はあっても、機能を失うということもあり得る。

　ほかにも停電や基地局被害によって携帯電話や電子通信機器の不通により情報入手が不可能となり、自らが置かれた状況の把握すらできないという事態が数日間継続することもある。こうした事態は時間の経過とともに復旧するが、過去の災害をみても、地域住民の居所さえも把握できない状況が続き、避難所だけでなく在宅避難や一時的な移動避難なども含むとさらに複雑である。

❷支援計画・実施の困難さ

　個別支援と地域支援を同時に進めつつ、相互の関係を見極めることが災害ソーシャルワークにおいては重要である。いうまでもなく、支援計画を立てるためには問題の発見・把握が求められるが、それが困難である。少しずつ状況がみえて、課題が絞り込めたとしても、それらを解決するために必要な社会資源が不足するのが災害時である。

　平常時のソーシャルワークでは、ふだんから把握している地域の社会資源（地域資源）のリストを活用することも可能であるが、災害時は地域資源そのものが被災によって変化、消失しているであろう。また、被害が少なくても、何らかの打撃は受けているはずである。地域資源自体が被災している場合は、外部からの資源調達、派遣される専門職やボランティアなどさまざまなリソースに頼ることとなる。つまり、発災後はまず、地域資源そのものの状況把握という一つのプロセスが発生する。

また、十分な社会資源調達ができないなかであっても、支援を実施しなければならない。十分な時間をかけることよりも、短時間で人と地域を観察し、その時点で可能な支援について判断、実施することが災害ソーシャルワークには求められる。災害の規模によるが、時間の経過とともに、外部資源が到着する。その際に、それらを調整し、新たに計画を立て、実施することも必要となる。

❸終結点設定の困難さ

　ここまで述べてきたように、災害時のニーズは同時多発で広域、しかも多様である。それに対し、リソースは不足し、外部からの支援も長期間継続する保証はなく不安定となる。そうした理由から、終結点はみえづらく、慎重に行うことが重要である。

　以上のように、災害ソーシャルワークの特徴は、平常時のソーシャルワークの展開を基本としながらも、災害時特有の困難にいかにして対応するかである。

　平常時のソーシャルワークでは、基本となる PDCA サイクル（Plan 計画 → Do 実行 → Check 評価 → Action 改善）も、ニーズ増・リソース減で、かつ不安定な状況では困難である。災害時はスピード感をもって、人や地域を観察し、状況を見極め、あるべき支援を決定して実施する。この "あるべき支援" の計画や準備に時間を割くわけにはいかない状況では、OODA（ウーダ）ループ（Observe 観察 → Orient 状況判断 → Decide 意思決定 → Act 行動）が有効であり、特に災害発生から初期に求められるといえる。災害支援の現場において「時間をかけたベストより、タイミングを逃さないベターを選択することが重要」といわれる理由がそこにある。PDCA と OODA を比較したものが図1-17 である。

　さらには時間の経過とともに、近隣地域や他県からの専門職やボランティアが支援に加わることになる。そうした状況では、多職種連携、協働によるアウトリーチ、ネットワーキング、社会資源の活用・調整・開発等、さまざまな力が求められる。

■3 ソーシャルワーク専門職の活動

　ソーシャルワークの展開過程を6段階で説明したが、支援終結後のフォローアップも重要である。たとえば、避難所から応急仮設住宅生活への移行後は、追跡調査（戸別訪問等）を実施しながら問題の再発や新たな問題の発生の有無に配慮しなければならない。避難所生活より生活

図1-17　PDCA サイクルと OODA ループの比較

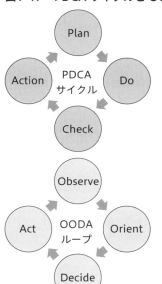

Plan（計画）：目標を立てる
Do（実行）：決定した計画のとおりに実行する
Check（評価）：目標がどの程度達成できたかを評価する
Action（改善）：評価時の反省を活かし、改善点を考える

Observe（観察）：本質を見極め、判断に必要な情報を集める
Orient（状況判断）：どのような状況かを正確に把握し判断する
Decide（意思決定）：直観的、論理的に状況に応じた意思決定をする
Act（行動）：決定したことを実行する、仮説を実際に検証する

環境は改善されるものの、引っ越し時期は新たなコミュニティでの人間関係構築や、コミュニティのルールづくり、自治会組織化や役割分担を支援することが必要である。また、慣れない仮設住宅、近隣と密着した限られた空間での生活がさまざまなストレスを生むこともある。孤独死や持病の悪化など、災害関連死を防ぐための見通しも忘れてはならない。

2011（平成23）年3月の東日本大震災の被災地では、漁業を生業として多世代家族同居の世帯も多くあった。応急仮設住宅は部屋数もなく、防音効果もないため、家族が分散して生活し、子育て家庭では子どもの泣き声や物音にも気遣いをしなければならない環境であった。生活が長期化すると、家族関係にも変化が起こり、ネグレクトやDV、関連してアルコール依存や離婚といった問題も生じていた。時間的経過はこうした状況の変化を生み、それに合わせたソーシャルワーク専門職の活動が求められる。

ここでは、フェーズとソーシャルワーク専門職としての役割について、確認しておきたい。災害時には医療、看護、保健分野の専門職チームによる支援体制が整えられ、それぞれが時間の経過をフェーズ（0～5）で体系化するなどしている。東日本大震災以降も大規模自然災害が多発している現状から、医師や看護師、保健師といった専門職同様、福祉専門職が実施する支援についても検証され、その体系化が試みられている。

特に、災害発生の瞬間から、被災地に存在するソーシャルワーク専門

表1-12　発災後の時間的経過と被災地内支援者の活動

発災後の時間的経過	被災地内支援者の活動
フェーズ0 救急救命期（緊急の避難行動支援） おおむね災害発生後24時間以内	災害の規模や地域全体の被害状況、避難所開設状況把握や避難時要支援者支援など
フェーズ1 救急救命期（情報収集・安否確認） おおむね災害発生後72時間以内	在宅避難者の把握、福祉専門職（被災地内支援者）の安否確認、災害ボランティアセンター開設の可否など
フェーズ2 緊急援助期 72時間〜1週間	避難所環境整備と避難者のスクリーニング、福祉避難所の確保など
フェーズ3 生活復旧期 1週間〜1か月程度	災害ボランティアセンター開設、情報支援、避難所環境改善、相談支援など
フェーズ4 生活支援・住宅再建期 1か月〜数年	仮設住宅入居準備から転居、新しいコミュニティ形成支援、仮設住宅生活の支援など
フェーズ5 復興期	復興住宅、自宅再建による仮設住宅からの退去、コミュニティの再構築支援

職がどのような役割を担うことになるかについて、災害ボランティアの動きも含んで整理したものが、**表1-12**である。

■4 災害時における支援の原則

　災害ソーシャルワークの実践には、保健・医療・福祉など多様な分野による多職種連携が重要である。ソーシャルワーク専門職としての立場は大きく二つ考えられる。一つは災害が起きた被災地側にいる"被災地内支援者"、もう一つはさまざまな関係性のなかで外部から被災地支援にあたる"外部支援者"である。ここまでは平常時よりソーシャルワークを実践している地域が被災した際を想定した包括的支援の実践者、つまり被災地内支援者としての学習を主に学んできた。重要なのは、災害時を平常時と切り離した"別物"とするのではなく、"平常時を想定しながら学んでいるソーシャルワークを災害時という状況に応用する力"を理解し、実践できるように備えることである。さらには、災害時に住民が支援の力となる地域づくりとして、防災・減災を学びあう機会創出、関係構築の場づくりなどが地域共生社会の実現につながることである。災害時には、こうした地域内の専門職、外部支援者としての専門職と同様、被災地の内外からのボランティアとの協働も大きな力となる。

　いずれにしても、そこには支援の3原則（被災者中心、地元主体、協働）があり、平常時のソーシャルワーク同様に「はじめにニーズありき」

という大前提がある。被災地内外からの多くの支援者が、それぞれの専門性やもち寄った社会資源の活用に力を発揮しようとするのではなく、相互に連携しながら、被災者、被災地に丁寧に寄り添うことが重要である。

3 災害ソーシャルワークの実際

1 災害ソーシャルワークの対象

　災害時に被災者が抱えるニーズは時間とともに変化してくることは先にも述べてきた。災害ソーシャルワークの対象を広義にみると、「震災時に想定される被災者ニーズの時系列変化」に代表されるような、何らかの影響を受けたすべての被災者であるといっても過言ではない。一方、これらの幅広い対象のうち、日頃から生活課題を抱え、災害時にはより課題が深刻さを増すことが想定される被災者はより狭義の対象として存在する。

　2006（平成 18）年 3 月に策定された『災害時要援護者の避難支援ガイドライン』では、「要援護者は新しい環境への適応能力が不十分であるため、災害による住環境の変化への対応や、避難行動、避難所での生活に困難を来すが、必要なときに必要な支援が適切に受けられれば自立した生活を送ることが可能である」としている。また、必要な情報を迅速かつ的確に把握し、災害から自らを守るために安全な場所に避難するなどの災害時の一連の行動をとるのに支援を要する人々を災害時要援護者と定義し、具体的に高齢者、障害者、外国人、乳幼児、妊婦等を挙げている。

　その後、2011（平成 23）年 3 月の東日本大震災において、多くの要援護者の命が失われたことなどから、2012（平成 24）年に設置された「災害時要援護者の避難支援に関する検討会」の報告書では、要援護者について、発災前から避難後の生活までの段階に区分し、時間軸に沿って以下のように整理された。

❶　発災前から要介護状態や障害等の理由により、発災時の避難行動に支援が必要な者（避難行動要支援者）
❷　避難途中に障害等を負い、避難支援が必要となった者
❸　避難後に避難所等での生活に支援が必要となった者
　これ以降、災害対策基本法の一部改正により、要配慮者は、「災害時に

図1-18　要配慮者と避難行動要支援者の概念整理

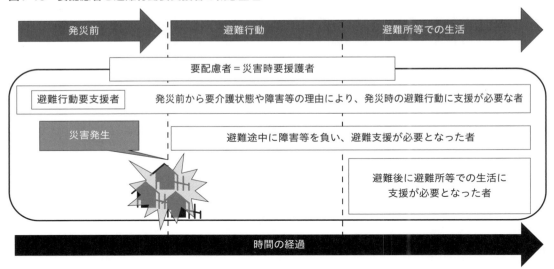

発災前　　避難行動　　避難所等での生活

要配慮者＝災害時要援護者

避難行動要支援者　　発災前から要介護状態や障害等の理由により、発災時の避難行動に支援が必要な者

災害発生

避難途中に障害等を負い、避難支援が必要となった者

避難後に避難所等での生活に
支援が必要となった者

時間の経過

出典：内閣府「災害時要援護者の避難支援に関する検討会報告書」p.16, 2013. をもとに作成

おいて、高齢者、障害者、乳幼児その他の特に配慮を要する者」（災害対策基本法第 8 条第 2 項第 15 号）と定義されている。要配慮者と避難行動要支援者の概念整理をしたものが**図 1-18** である。

2 被災者の居所に合わせた支援

　被災者の住家について、現行の法制度においては、災害発生後、自宅が全壊した被災者は、避難所等における避難生活を経て、仮住まいへ入居することが多い。その後、被災者それぞれの事情において、自宅の再建・購入、民間賃貸住宅、災害公営住宅等への入居等により必要な住家を確保する。

　一方、一時的とはいえ、避難所での共同生活を送ることをためらう被災者や既往症や障害によって避難所での生活が困難な被災者、さらには盗難や二次被害を恐れる被災者は、ライフラインの確保ができないままの住家や自宅軒先での生活、車中泊を続ける場合も多く、被災者の居所はさまざまとなる。

　災害時には、こうした被災者の居所に合わせ、アウトリーチ型のニーズキャッチを徹底し、具体的なソーシャルワークを行うことが重要となる。

　以下に、主な被災者の居所に合わせた具体的なソーシャルワーク実践について紹介する。

❶ 避難所

　災害が予測される場合や災害発生時に一定期間開設されるのが避難所である。小中学校など、自治体内の公共施設等が地域防災計画★によって指定されており、災害の危険がなくなるまで一定期間滞在し、または災害により自宅へ戻れなくなった被災者等が一時的に滞在させる機能をもっている。

　大規模災害発生時においては、長期避難者の生活機能の低下や要介護度の重度化などに伴う二次被害防止のため、災害時要配慮者（高齢者や障害者、乳幼児等）に対する福祉専門職による支援を実施する「災害派遣福祉チーム（DWAT）」が活動する場合が多い。

事例 1

平成 30 年 7 月豪雨における DWAT の活動例

　平成 30 年 7 月豪雨において甚大な被害が発生した岡山県では、避難所で過ごす被災者に対する福祉支援を講じるため、災害派遣福祉チーム（DWAT）が派遣された。

❶　視覚障害者への寄り添い支援

　避難所に避難してきた人で、白杖を持った人がおり、行政や関係者と協議し、学校内の教室を生活スペースとして提供いただくことができた。しかし、初めて生活する環境であるため、トイレの位置、階段の段数、行政等の相談窓口までの移動経路等がわからない。このことから、災害派遣福祉チーム員が介助者となり、一緒に避難所内、学校内を歩くことにより、視覚障害をもった人が避難所の空間を把握できるように努めた。

❷　高齢者への配慮

　避難所となっている体育館の入口にある傘立てを手すり代わりに使用して、下足に履き替える人がいた。傘立てでは高さも足りず、古くて安定せず、転倒の危険性があった。このことから、行政や保健師、JRAT★等の関係者と協議し、体育館の入口付近に、手すりを設置。転倒のリスクを減らし、生活上のバリアも減らすことができた。

❸　子どもの遊び場づくり

　発災以後、子どもへの支援プログラムとして、学習支援は固定して実施されていたが、遊べるスペースがなかったためか、スト

★地域防災計画
地域防災計画とは、災害対策基本法第 42 条の規定に基づき、市民の生命、財産を災害から守るための対策を実施することを目的とし、災害にかかわる事務または業務に関し、関係機関および他の地方公共団体の協力を得て、総合的かつ計画的な対策を定めた計画である。都道府県あるいは市町村長を会長とする地方防災会議で決定する。

★ JRAT
JRAT は、大規模災害リハビリテーション支援関連団体協議会（Japan Disaster Rehabilitation Assistance Team）の略である。

レスを抱えた子どもたちが避難所内を走り回る行為により、ほかの避難者が迷惑と感じたり、子ども同士での喧嘩も発生した。こうしたことから、避難所支援にかかわっていた子どもへの虐待防止や女性への暴力を防ぐ活動をしていた団体やスクールソーシャルワーカー等と連携し、「子どもの遊び場」をつくり、子どものストレス軽減に努めた。

❷在宅避難・軒先避難

　在宅避難者は、災害により避難所が開設されている場合であっても、避難所の生活環境が合わない場合、ライフラインが途絶している住家や補修・修繕が未完了の住家に戻って生活を送る被災者である。このうち、軒先でテント生活を送る人や敷地内の倉庫などで避難生活を送る人を軒先避難者と呼ぶが、熊本地震（2018年）では震度7の揺れを2度観測した熊本県益城町で1年8か月後にも軒先避難を続けている世帯が45世帯という報告もある。

　地域コミュニティが被害を受けている場合、平常時から用いられている情報伝達手段や近隣住民相互の情報交換などが行われにくいことから、在宅避難者に対しては、アウトリーチ型のニーズキャッチが不可欠である。また、被災世帯の状況やニーズは発災からの月日で移り変わるため、複数回にわたるニーズキャッチが求められる。

事例2

在宅避難者に対するアウトリーチ型のニーズキャッチ

　2018（平成30）年9月6日に発生した平成30年北海道胆振東部地震において、震度6強を観測したむかわ町では、約7割の住家に被害（全壊32棟、半壊147棟、一部損壊2809棟）が発生した。

　公的制度に恵まれない一部損壊世帯が多く、ライフラインや住宅に損傷を抱えながらも在宅生活を余儀なくされている住民の実態を把握すべく、2019（平成31）年3月から11月までの間、町内3130世帯を対象とした訪問活動を実施した。

　訪問活動では、長期不在等の世帯を除く2317世帯の生活実態をボランティアの協力を得て把握した。同一世帯で複数の課題を抱える状態も含め、約3割の世帯において何らかの課題があることが明

らかとなった。これらの課題は、行政、社会福祉協議会、NPO 等が連携し対応にあたった。

訪問対象世帯数	3,130
生活実態把握世帯数	2,317
課題のあった世帯数	660

課題の種類	世帯数・人数	課題のある世帯の割合	把握した世帯に占める割合
精神的な課題	241世帯263人	36.5%	10.4%
身体的な課題	35世帯36人	5.3%	1.5%
住家の課題	286世帯	43.3%	12.3%
生活上の課題	49世帯	7.4%	2.1%
申請等の課題	85世帯	12.9%	3.7%
その他の課題	73世帯	11.1%	3.2%

❸応急仮設住宅・災害公営住宅

　応急仮設住宅には、災害発生後に緊急に建設して供与する「応急建設住宅」と、民間賃貸住宅等を借り上げて供与する「応急借上住宅（みなし仮設）」がある。住家が滅失していない場合は避難所、車中避難、軒先避難の状態から、状況によって帰宅が可能である。住家が滅失した被災者等のうち、自らの資力では住宅確保ができない者に対し、応急仮設住宅の供与（災害救助法第4条第1項第1号）がなされる。

　近年の大規模災害においては、応急仮設住宅の建設戸数等の状況に応じ、仮設住宅等で暮らす被災者を中心とした支援を行うため、国は「被災者見守り・相談支援事業」を創設し、被災自治体において「地域支え合いセンター」の設置や「生活支援相談員」の配置を行っている。

　なお、災害により滅失した住宅戸数が国の基準に該当する場合は、災害公営住宅制度により、自治体内に被災者向けの公営住宅の建設が行われ、仮設住宅から公営住宅へ入居した場合においても、見守り・相談支援やコミュニティ形成に向けた支援が必要とされる。

事例3

平成 28 年（2016 年）熊本地震における被災者見守り・相談支援

　2016（平成 28）年 4 月 14 日に発生した熊本地震では長期化する避難生活と仮設住宅への転居等、生活環境の変化に対しても、被

災者がそれぞれの環境のなかで安心した日常生活を営むことができるよう、孤立防止等のための見守りや、日常生活上の相談支援、生活支援、住民同士の交流の機会の提供等を行い、被災者に対する総合的な支援体制を構築する被災者見守り・相談支援等事業を実施した。

　同事業では、熊本県内18市町村に「地域支え合いセンター」を設置するとともに、「生活支援相談員」などを配置して、応急仮設住宅（建設型・借上型）に住む人、在宅の被災者の人々などを巡回訪問し、専門機関などと連携してさまざまな相談や困りごとへの対応を行うほか、集会所でのサロン活動などのコミュニティ・交流の場づくりの支援を行っている。

```
┌─────────────────────────────────────────────────────────┐
│ 熊本県地域支え合いセンター支援事務所（運営：熊本県社会福祉協議会）│
└─────────────────────────────────────────────────────────┘
                         ↓ 運営支援
```

市町村地域支え合いセンター（運営・市町村社会福祉協議会等）	各種専門機関等
生活支援相談員による被災者の見守り・巡回訪問などを通じて、各種専門機関等と連携して、生活再建を総合的に支援する。 ・総合相談受付 ・訪問等による見守り・生活状況の確認 ・課題の把握と専門機関へのつなぎ ・コミュニティづくりのコーディネート ・健康づくり支援、健康相談対応 ・サロン活動等の実施、住民主体の取組み支援　等	・地域リハビリテーション広域支援センター（生活不活発病防止等のための専門職派遣） ・こころのケアセンター（被災者の心のケアのための専門職派遣） ・地域包括支援センター ・民生委員・児童委員 ・社会福祉法人 　NPO法人 　ボランティア団体　等 ・在宅再建の相談窓口 ・ハローワーク　等

（連携・協力）

　　　　　　　　　　　　↓ 総合的な支援

被災者	高齢者、障がい者、生活困窮者、子育て世帯等
	建設型仮設住宅　　借上型仮設住宅　　在宅

資料：熊本県ホームページ「「地域支え合いセンター」の活動について」

事例4

東日本大震災における総合的な被災者支援

　2011（平成23）年3月11日に発生した東日本大震災では、岩手県・宮城県・福島県を中心に、全国で約47万人の避難者が発生し、応急仮設住宅等には最大で約32万人（12.3万戸）が入居した。

　災害発生年より、被災者に対する見守り・相談支援等は行われているが、避難生活の長期化、災害公営住宅等への移転など、被災者を取り巻く環境が変化するなかで、被災者が安定した日常生活を営

むことができるよう、2016（平成28）年に国は「被災者支援総合交付金」を創設し、被災者支援を実施している。

Ⅰ．各地域の被災者支援の重要課題への対応支援
①被災者支援総合事業 ・住宅・生活再建支援　　　　　・コミュニティ形成支援 ・「心の復興」　　　　　　　　・県外避難者支援 ・高齢者等日常生活サポート　　・被災者支援コーディネート
Ⅱ．被災者の日常的な見守り・相談支援
②被災者見守り・相談支援事業
Ⅲ．仮設住宅での総合相談・介護等のサポート拠点の運営
③仮設住宅サポート拠点運営事業
Ⅳ．被災地における健康支援
④被災地健康支援事業
Ⅴ．被災者の心のケア支援
⑤被災者の心のケア支援事業
Ⅵ．子どもに対する支援
⑥被災した子どもの健康・生活対策等総合支援事業
⑦福島県の子供たちを対象とする自然体験・交流活動支援事業
⑧仮設住宅の再編等に係る子供の学習支援によるコミュニティ復興支援事業

資料：復興庁ホームページ「被災者支援」をもとに作成

3 感染症の大規模流行下における被災者支援

2020年に世界的に感染が拡大した新型コロナウイルス感染症（COVID-19）の影響は災害時における支援活動にも大きな影響をもたらした。感染予防を徹底するため、避難所の収容人員を大きく制限したことにより、身近な避難所での受入れを断られ、遠方の避難所まで移動を余儀なくされる住民も発生した。また、災害が発生した地域では他地域からの人の往来を制限せざるを得ない状況が発生し、限られた人的資源による支援活動が展開された。

一方、内閣府においては「新型コロナウイルス感染症対策に配慮した避難所運営のポイント」（2020（令和2）年6月15日）や「新型コロナウイルス感染症を踏まえた災害対応のポイント」（2020（令和2）年6月16日）をまとめたほか、全国社会福祉協議会においては「新型コロナウイルス感染拡大下における災害ボランティアセンターの設置・運営等について～全社協VCの考え方～」（2020（令和2）年6月1日）が、災害時の支援活動を担う民間団体等で構成される、特定非営利活動法人

全国災害ボランティア支援団体ネットワーク（JVOAD）においては、「新型コロナウイルスの感染が懸念される状況におけるボランティア・NPO 等の災害対応ガイドライン」（2020（令和２）年６月１日）がまとめられるなど、災害発生時における支援活動のあり方などが整理されるなど、事前対策が講じられてきた。

　熊本県を中心に大きな被害が発生した令和２年７月豪雨においては、こうした事前対策を踏まえた災害支援活動が展開されたが、感染症対策を重視することは一方で多様なリソースの活用を妨げることにもつながり、被災者の生活再建の遅滞などの課題も発生している。

4 平常時における災害ソーシャルワーク

❶防災と要配慮者支援

　1995（平成７）年１月に発生した阪神・淡路大震災では、地域住民が協力しながら消火活動や人命救助が行われた。これを機に、突発的に発生する自然災害に備え、安全で住みよい地域を自治会・町内会等の自治組織が「自主防災組織」を組織化する動きが活発化し、組織率（世帯カバー率）は全国で 80％を超えている。

　また、阪神・淡路大震災を機に創設された特定非営利活動促進法においては、災害救援活動を目的とした団体も法人格を有することができる対象とされ、4000 を超える NPO 法人が災害救援活動を行っている。

　さらに、2004（平成 16）年に相次いだ台風等による被害を踏まえ、我が国では、避難行動に支援を要する人々や避難行動のみならず避難所での生活に特に配慮が必要な人々を平時から把握し、必要な支援を行う体制が整えられ、2013（平成 25）年の災害対策基本法の改正により各自治体において災害時における要配慮者支援を日常的に実施することとなった。

❷多職種連携

　2011（平成 23）年の東日本大震災や 2016（平成 28）年の熊本地震では、福祉支援に係る早期対応の遅れや避難生活の長期化により、要配慮者の心身の状態が悪化し、災害関連死や介護需要の前倒しなど、二次被害が顕著となった。こうしたことを受け、厚生労働省は「災害時における福祉支援体制の整備に向けたガイドライン」を発出し（2018（平成 30）年５月）、各都道府県に対し、平常時から官民協働の「災害福祉支援ネットワーク」を構築するとともに、災害発生時に具体的な福祉支援を担う「災害派遣福祉チーム（DWAT）」の組成を求めた。

★災害関連死
災害の直接の被害によって亡くなるのではなく、災害による負傷の悪化、避難途中や避難後の生活における身体的負担による疾病などで亡くなること。

　災害福祉支援ネットワークは、災害時の福祉的支援体制を協議するとともに、平常時から訓練や研修を積み重ねており、都道府県内の職能団体のほか、種別ごとの施設協議会等が参画している。

事例5

群馬県災害福祉支援ネットワーク

　群馬県では、厚生労働省がガイドラインを発出する以前の 2016（平成 28）年より、災害時の福祉支援体制を構築・協議するための組織として「群馬県災害福祉支援ネットワーク」を組織している。

　同ネットワークは、群馬県、福祉関係団体のほか、市長会・町村会を含む全 23 団体で構成しており、群馬県社会福祉協議会が事務局を担っている。

群馬県災害福祉支援ネットワーク構成団体		
災害派遣福祉チーム派遣協定締結団体		
施設間相互応援協定締結団体		
○群馬県社会福祉法人経営者協議会	○群馬県社会福祉士会	○群馬県市長会
○群馬県老人福祉施設協議会	○群馬県介護福祉士会	○群馬県町村会
○群馬県身体障害者施設協議会	○群馬県精神保健福祉士会	○群馬県地域包括・住宅支援センター協議会
○群馬県知的障害者施設協議会	○群馬県介護支援専門員協会	
○群馬県精神障害者社会復帰協議会	○群馬県ホームヘルパー協議会	
○群馬県社会就労センター協議会	○ぐんま子育て支援センター連絡会	
○群馬県救護協議会	○群馬県医療ソーシャルワーカー協会	
○群馬県保育協議会		
○群馬県児童養護施設連絡協議会		
○群馬県乳児福祉協議会		
○群馬県母子生活支援施設協議会		
○群馬県	（H29.3.29付協定締結　19団体）	
○群馬県社会福祉協議会		
（H28.3.29付協定締結　13団体）	（H30.4.24付協定締結　1団体）	（23団体）

資料：群馬県災害派遣福祉チーム登録研修資料

4　ジェネラルな視点をもった災害ソーシャルワーク

　本節では非常時や災害時において影響を受ける人々が抱えるニーズが

Active Learning

各事例を読み、ソーシャルワーカーに求められる役割、活用する知識とスキルを考えてみましょう。

時間とともに変化する様子に加え、けがや病気といった身体的な被害にとどまらず、心理的・精神的な側面への影響や住まいや暮らし、コミュニティの変化によって社会とのかかわりにも影響が与えられることを取り上げてきた。これらの影響は相互に関係しあい、人々や地域に対し長期にわたり影響をもたらすことから、常にその状況を見極めながらソーシャルワークを展開することが求められる。

　災害時におけるソーシャルワークの展開は、発災前・発災時・復興後を見据えた取り組みを重視し、影響を受けた被災者（個人）とその環境（社会）の状態を踏まえた、ジェネラルな視点をもって行われるものであり、状況に応じた支援の組み立てや支援の獲得（ソーシャルアクション）など、多様な手法によるソーシャルワーク実践が影響を受けた人々や地域の再建につながる一手となる。

◇引用文献
　1）岩間文雄「ソーシャルワークの展開過程についての検討」関西福祉大学社会福祉学部研究紀要第18巻第2号，pp. 11-18, 2015.

◇参考文献
　・三菱財団　平成25年度社会福祉事業・研究助成事業「災害ソーシャルワークの理論化と教材開発・教育方法の体系化に関する研究報告書」2013.
　・日本社会福祉士会編『改訂　社会福祉士の倫理──倫理綱領実践ガイドブック』中央法規出版，2009.
　・上野谷加代子監，日本社会福祉士養成校協議会編『災害ソーシャルワーク入門──被災地の実践知から学ぶ』中央法規出版，2013.
　・小井土雄一・石井美恵子編『災害看護学』メヂカルフレンド社，2020.

●おすすめ
　・原田勉『OODA Management（ウーダ・マネジメント）──現場判断で成果をあげる次世代型組織のつくり方』東洋経済新報社，2020.
　・福祉系大学経営者協議会監，遠藤洋二・中島修・家高将明編著『災害ソーシャルワークの可能性──学生と教師が被災地でみつけたソーシャルワークの魅力』中央法規出版，2017.

第2章

ソーシャルワークにおける援助関係の形成

　ソーシャルワークにおける援助関係とは、クライエントとソーシャルワーカーが互いにかかわりあうこと、またそのかかわり合いといえる。ソーシャルワークにおいては、人間同士の関係を表すものはさまざまあるが、専門職であるクライエントとソーシャルワーカーとの間に形成される援助関係との違いを理解することが重要である。そして、ソーシャルワークは、ソーシャルワーカーとマルチパーソンクライエントシステムとの関係における相互作用過程のなかで実践されるものであり、相互作用はソーシャルワークや援助の効果を高めるうえで必要不可欠な要素となっている。

　本章では、援助関係の意義を踏まえ、援助関係の形成方法や留意点について学習する。

学習のポイント

● 人間関係と援助関係の違いを理解し、ソーシャルワークにおける援助関係の重要性と意義を理解する
● ソーシャルワークの定義および構成要素からみた援助関係の意義および留意点を理解する
● クライエントシステムおよび実践レベルにおける援助関係の意義を理解する

1 ソーシャルワークの対象と援助関係

　関係とは、「二つ以上の物事が互いにかかわりあうこと。ある物事が、他の物事に影響すること」という意味がある。ソーシャルワークにおいては、人間対人間の関係のなかで行われるものであるため、クライエントとソーシャルワーカーが互いにかかわりあうこと、またそのかかわり合いといえる。人間同士の関係を表すものには、友人関係、親子関係、恋人関係、職場や学校での人間関係などさまざまあるが、専門職であるクライエントとソーシャルワーカーとの間に形成される援助関係との違いは何であろうか。

　ソーシャルワークは、クライエントとソーシャルワーカーとの関係における相互作用の過程のなかで実践される。システム理論に基づくと、クライエントと総称される人はクライエントシステムとされ、その単位には個人、家族、小集団、組織、地域社会が含まれる。ソーシャルワークは、クライエントシステムと環境の間で起きている、または起ころうとしている対人関係の状況を理解し、問題の解決に向けた実践を展開し、研究することが目的の一つといえる。クライエントが出来事、問題、悩み、不安、関係、ジレンマなどを語り、ソーシャルワーカーはその状況のなかで起きたことを分析・理解し、研究を行い、実践の向上を図っていくのである。

　クライエントとソーシャルワーカーとの間で形成される関係のあり方が重要な意味をもつことが理解されている。歴史的にみると、たとえば、友愛（friendship）、接触（contact）、共感（sympathy）、感情移入

（empathy）、ラポール（rapport）、転移（transference）、相互作用（interaction）などの用語を用いて、ケースワーカーまたはソーシャルワーカーの態度や姿勢、かかわり方について説明されてきた。このように、援助関係もしくはクライエントとの間で生じる相互作用は、その名称や形を変えながらソーシャルワークや援助の効果を高めるうえで必要不可欠な要素となってきたといえる。

　『ケースワークの原則』の著者であるバイステック（Biestek, F. P.）は、「援助関係とは、ケースワーカーとクライエントとの間で生まれる態度と情緒による力動的な相互作用である。そして、この援助関係は、クライエントが彼と環境との間により良い適応を実現していく過程を援助する目的をもっている」[1]と述べている。バイステックは、援助関係はケースワークの魂であり、「ケースワーク・サービスを提供するあらゆる場面において、良好な援助関係は、完璧な援助を目指すために必要であるばかりでなく、援助というサービスの本質を維持するためにも不可欠なのである」[2]とした。そして、クライエントの人間としての基本的な七つのニーズに対応する**七つの援助関係形成の原則**（principle）を示した。

　岡村は、社会福祉の機能を効果的に発揮するための方法ないし手続き（社会福祉の方法）の成功の条件の一つとして「**援助関係**★」を提示し、「援助者と対象者との間に特別に専門的に工夫された人間的な交渉関係がなくてはならない。その１つは特別な援助関係であり、他は両者間のコミュニケーションである」[3]とした。そして、援助関係は、「個人的な愛憎を超えて専門的援助の必要性によって意図的に作らねばならない関係」[4]であり、「援助の目標達成という一定の目的と範囲に従って取りむすぶべき関係」[5]としている。さらに、関係の深さは、「サービスの目的によって調整すべきであって、個人的な利害関係や対象者に対する好悪の感情や先入観がはいりこんではならない。従って援助関係は、サービスの提供に始まり、サービスの終結とともに終わるべきものである」[6]とした。

　そして、ソーシャルワーク専門職である社会福祉士の**倫理綱領**★においては、「専門的援助関係」が利用者への倫理責任の筆頭に据えられている。公益社団法人日本社会福祉士会の倫理綱領の「倫理基準」の「Ⅰ．クライエントに対する倫理責任」の筆頭の項目として「１．クライエントとの関係」が規定されており、「社会福祉士は、クライエントとの専門的援助関係を最も大切にし、それを自己の利益のために利用しない」とされている。

　また、専門職の概念の観点からいえば、フレックスナー（Flexner, A.）、

★**援助関係**
岡村は、信頼関係は社会福祉的援助の第一の条件としつつも、個人的な友人関係と誤られやすいため、専門的援助関係やソーシャルワーク関係という用語のほうが望ましく、友情とか信頼関係と区別する意味で援助関係と呼んだ。しかし、援助者への信頼感が問題解決に意味があるとした。

★**社会福祉士の倫理綱領**
「前文」「原理」「倫理基準」で構成されている。2020（令和2）年6月30日に採択された。

グリーンウッド（Greenwood, E.）、ミラーソン（Millerson, G.）、石村善助などが代表的な論者として認識されている。秋山は、社会福祉専門職の条件として、❶体系的な理論、❷伝達可能な技術、❸公共の関心と福祉という目的、❹専門職の組織化（専門職団体）、❺倫理綱領、❻テストか学歴に基づく社会的承認の6点を挙げている[7]。❸は目的や理念といった価値観に該当するものであり、援助関係の形成において特に重要な項目といえる。このように、援助関係とは、ソーシャルワークの専門職による実践の過程において形成される関係という特徴がある。

　以上を踏まえると、ソーシャルワークにおける援助関係の形成にあたっては、専門職の概念やソーシャルワークの定義ならびに構成要素などが前提条件または基盤となるといえる。次項において、ソーシャルワークの定義や構成要素を概観し、援助関係形成の意義や必要性について詳しく述べることとする。

Active Learning

援助関係と親子関係・友人関係など一般的な人間関係との違いを考えてみましょう。

2 ソーシャルワークの定義および構成要素からみた援助関係形成の意義と留意点

1 ソーシャルワーク専門職のグローバル定義

　ソーシャルワークの定義についてはいくつかの団体や組織が示しているが、国際的な合意に基づく標準的といえる定義は、2014年に国際ソーシャルワーカー連盟*（IFSW）と国際ソーシャルワーク学校連盟*（IASSW）の総会・合同会議で採択された「ソーシャルワーク専門職のグローバル定義（以下、グローバル定義）」である。グローバル定義は、ソーシャルワーク専門職としての実践の基盤やよりどころとなるものであり、進むべき道を示している。

★国際ソーシャルワーカー連盟
IFSW：International Federation of Social Workers

★国際ソーシャルワーク学校連盟
IASSW：International Association of Schools of Social Work

> **ソーシャルワーク専門職のグローバル定義**
> **（Global Definition of The Social Work Profession）**
> 　ソーシャルワークは、社会変革と社会開発、社会的結束、および人々のエンパワメントと解放を促進する、実践に基づいた専門職であり学問である。社会正義、人権、集団的責任、および多様性尊重の諸原理は、ソーシャルワークの中核をなす。ソーシャルワークの理論、社会科学、人文学および地域・民族固有の知を基盤として、ソーシャルワークは、生活課題に取り組みウェルビーイングを高めるよう、人々やさまざまな構造に働きかける。
> 　この定義は、各国および世界の各地域で展開してもよい。

表2-1　ソーシャルワーク専門職のグローバル定義の主要な要素

①任務	②原則（原理）	③知	④実践
・社会変革 ・社会開発 ・社会的結束 ・エンパワメントと解放	・社会正義 ・人権 ・集団的責任 ・多様性尊重	・ソーシャルワークの理論 ・社会科学 ・人文学 ・地域・民族固有の知	生活課題に取り組みウェルビーイングを高めるよう人々やさまざまな構造に働きかける

　グローバル定義には、IFSW と IASSW による「注釈」が付され、ソーシャルワーク専門職の中核となる、❶任務、❷原則、❸知、❹実践について詳述されている。なお、❷原則（principle）の用語については、社団法人日本社会福祉教育学校連盟（学校連盟）と社会福祉専門職団体協議会（社専協）との共同日本語訳では「原理」とされているが、注釈では「原則」と訳されているため、混乱を避ける意味で表 2-1 では「原則（原理）」と表記する。

2　全米ソーシャルワーカー協会による定義

　全米ソーシャルワーカー協会（NASW）では、1958 年に『ソーシャルワークの実用的定義（Working Definition of Social Work Practice)』を次のように示した。「ソーシャルワーク実践は、すべての専門職の実践と同じように、価値 value、目的 purpose、社会的承認 sanction、知識 knowledge、および方法 method という諸要素から構成されているとみなされる。その 1 つの要素だけではソーシャルワーク実践の特性が示されないし、また、それぞれの要素はいずれもソーシャルワークだけに固有なものでもない。これらの諸要素がどのような特有な内容をもち、そして全体としてどのように配列されるかによって、ソーシャルワーク実践が形成され、他の専門職の実践との相違が示されることになる[8]」。

　なお、本節では、価値という用語が一般的な望ましさの基準といった抽象度の高いものを表すことから、ソーシャルワーカーという特定の専門職の行為の基準を示すため、価値（価値規範）と表記する。

3　ソーシャルワークの定義および構成要素を踏まえた　援助関係形成の留意点

　ソーシャルワークにおける援助関係形成の留意点について、ソーシャルワークの定義、ソーシャルワークの構成要素、ならびに社会福祉専門

職の条件を踏まえ、目的、原理・原則、価値（価値規範）、倫理（倫理綱領）、理念に焦点を当て、クライエントとの援助関係の形成の意義および留意点について述べることとする。

❶目的

一般的な人間関係の形成においては、目的がない場合もあれば、その内容もさまざまである。しかしながら、ソーシャルワークの場合は、ソーシャルワークの定義に明記されているとおり、その目的が明確である。

たとえば、グローバル定義においては、「生活課題に取り組みウェルビーイングを高めるよう、人々やさまざまな構造に働きかける」とされている。また、2000年に採択された国際ソーシャルワーカー連盟（IFSW）によるグローバル定義（旧定義）においては、「人間の福利（ウェルビーイング）の増進を目指して、社会の変革を進め、人間関係における問題解決を図り、人びとのエンパワメントと解放を促していく」とされていたように、ウェルビーイングの増進ならびにエンパワメントは引き続き重要な概念として扱い、クライエントとの援助関係を形成する必要がある。

また、ヘップワース（Hepworth, D. H.）とラーセン（Larsen, J. A.）は、ソーシャルワークの構成要素として「目的」を挙げ、以下の6点を示している。[9]

1．人が自分の能力を拡大し、問題解決と対処能力をつけていくことを援助する。
2．人が資源を得ることを援助する。
3．組織が人に対する責任をとるようにする。政策や組織の運営のなされ方を詳細に調べ、クライエントが資源を手に入れることができるようにする。
4．環境における個人と他の人々との相互関係を促進する。
5．組織と制度間の交流に影響を与える。コーディネーター、メディエーター、情報の普及者となる。
6．社会と環境の政策に影響を与える。

---

❷原理・原則

グローバル定義によれば、❶社会正義（social justice）、❷人権（human rights）、❸集団的責任（collective responsibility）、❹多様性尊重（respect for diversities）、の四つがソーシャルワークの中核となる原理として定められている。

Active Learning

クライエントの多様性を尊重することが、信頼関係の形成にどのような影響があるかを考えてみましょう。

原理とは、「❶ものの拠って立つ根本法則。認識または行為の根本にあるきまり、❷他のものがそれに依存する本源的なもの」という意味がある。法則とは、必ず守らなければならない規範とされている。つまり、「四つの原理はソーシャルワーク実践を展開するにあたり、よって立つ根本的に守らなければならない規範」となる。

また、原則とは、人間の活動の根本的な規則のことであり、人間がどのように活動すべきかを指し示すものである。したがって、原則を遵守することがクライエントとの援助関係の形成につながっていく。原則として代表的な枠組みとして、たとえば、バイステックによるケースワーク関係における7原則がある。尾崎らは、社会福祉の臨床で日常的に使われている用語に近い日本語にすることから、ケースワーク関係を援助関係と訳している[10]。ソーシャルワーカーは、理念の実現に向け、原則に則って実践することが求められる。

1．クライエントを個人として捉える（個別化）
2．クライエントの感情表現を大切にする（意図的な感情の表出）
3．援助者は自分の感情を自覚して吟味する（統制された情緒的関与）
4．受け止める（受容）
5．クライエントを一方的に非難しない（非審判的態度）
6．クライエントの自己決定を促して尊重する（クライエントの自己決定）
7．秘密を保持して信頼感を醸成する（秘密保持）

以上を踏まえると、クライエントとの援助関係の形成においては、特に行動の根拠とすべき原理を重視し、専門職としてクライエントの生活課題に取り組み、ウェルビーイングを高めるような実践を行う必要がある（図2-1）。

なお、グローバル定義の見直しにあたっては、特に日本において強調すべき点として、日本ソーシャルワーカー連盟（JASW）が「ソーシャルワーク専門職のグローバル定義の日本における展開」を採択した。そのなかで、「ソーシャルワークは、差別や抑圧の歴史を認識し、多様な文化を尊重した実践を展開しながら、平和を希求する」「ソーシャルワークは、人権を尊重し、年齢、性、障がいの有無、宗教、国籍等にかかわらず、生活課題を有する人々がつながりを実感できる社会への変革と社会的包摂の実現に向けて関連する人々や組織と協働する」などとしていることから、これらの姿勢や考え方も援助関係の形成の前提条件または背景と

図2-1 ソーシャルワーク専門職のグローバル定義の主要な要素

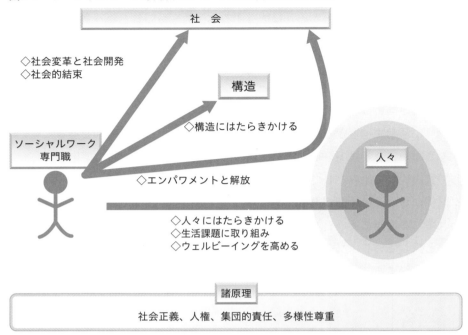

出典：社会福祉士養成講座編集委員会編『新・社会福祉士養成講座⑥ 相談援助の基盤と専門職 第3版』中央法規出版, p. 25, 2015.

して考慮する必要がある。

❸価値（価値規範）

　価値とは、目的に向かって考え、判断し、行動する際のよりどころを意味している。そして、何がよいか、何が望ましいかを指すとされている。たとえば、住宅や構造物の安定のためには地盤や土台となる「基礎」が重要とされているが、実践の基礎となるのが価値（価値規範）である。それと同様にソーシャルワークの実践においても基礎が重要となる。

　人は、一人ひとりが異なる人格をもったかけがえのない個人であり尊厳のある存在である。いかなるときも個人の尊厳は尊重されなければならず、人権が保障される必要がある。

　日本国憲法には、第11条（基本的人権）において「国民は、すべての基本的人権の享有を妨げられない。この憲法が国民に保障する基本的人権は、侵すことのできない永久の権利として、現在及び将来の国民に与へられる」とある。また、第12条（自由及び権利の保持義務と公共福祉性）において「この憲法が国民に保障する自由及び権利は、国民の不断の努力によって、これを保持しなければならない。又、国民は、これを濫用してはならないのであって、常に公共の福祉のためにこれを利用す

る責任を負ふ」とある。そして、第13条（個人の尊重と公共の福祉）に
おいて「すべて国民は、個人として尊重される。生命、自由及び幸福追
求に対する国民の権利については、公共の福祉に反しない限り、立法そ
の他の国政の上で、最大の尊重を必要とする」とされている。ソーシャ
ルワーカーは、これらの人権を守ることを意識し、実践しなければなら
ない。

　ソーシャルワーク専門職としての価値規範は、「ソーシャルワーク専
門職のグローバル定義」や「社会福祉士の倫理綱領」に規定された内容
が該当する。

社会福祉士の倫理綱領（2020（令和2）年6月30日採択）

原理

Ⅰ　（人間の尊厳）社会福祉士は、すべての人々を、出自、人種、性別、
　性自認、性的指向、年齢、身体的精神的状況、宗教的文化的背景、社
　会的地位、経済状況などの違いにかかわらず、かけがえのない存在と
　して尊重する。

Ⅱ　（人格）社会福祉士は、すべての人々を生まれながらにして侵すこと
　のできない権利を有する存在であることを認識し、いかなる理由に
　よってもその権利の抑圧・侵害・略奪を容認しない。

Ⅲ　（社会正義）社会福祉士は、差別、貧困、抑圧、排除、無関心、暴力、環
　境破壊などの無い、自由、平等、共生に基づく社会正義の実現をめざす。

Ⅳ　（集団的責任）社会福祉士は、集団の有する力と責任を認識し、人と
　環境の双方に働きかけて、互恵的な社会の実現に貢献する。

Ⅴ　（多様性の尊重）社会福祉士は、個人、家族、集団、地域社会に存在
　する多様性を認識し、それらを尊重する社会の実現をめざす。

Ⅵ　（全人的存在）社会福祉士は、すべての人々を生物的、心理的、社会的、
　文化的、スピリチュアルな側面からなる全人的な存在として認識する。

　ソーシャルワーカーは、専門職として共有するこれらの価値規範に基
づき、個々の実践の判断を行っている。具体的にソーシャルワーカーの
判断に影響を与える場面とは、たとえば、ニーズ発見、クライエントの
選定、クライエントの支援の方向性、ソーシャルワーカーの時間の費や
し方、社会資源の配分の仕方、クライエントを支援するアプローチや方
法の選択、瞬時の判断などがある。このように、判断に迷うような特別
な状況に直面したときの基準またはよりどころとするだけではなく、
日々の実践のなかで常に意識しておかなければならない基盤といえる。

　ソーシャルワーカーは、ソーシャルワークの価値規範を踏まえ専門知

識と技術を活用し、個人や社会のウェルビーイングの増進を図っていく専門職である。島田は「価値は社会福祉活動の全過程を貫徹する実践行動の動因であり、常に社会科学的知識をその実践行動の正確さを保障する必須の手段として、基本的人権の疎外要因と戦う活動力の源泉にほかならない[11]」と述べている。つまり、価値規範はソーシャルワーカーの言葉や行動が生み出される源であり、判断の根拠となる。

　ソーシャルワークにおいては、実践分野や領域、対象者が異なったとしてもゆらぐことがない人間の尊厳や社会正義など、専門職として共通する価値規範を有している。ソーシャルワーカーは、これらの価値規範に則り、クライエントとの援助関係を形成することが求められる。

ソーシャルワーク専門職の主な価値規範
・　人間の尊厳
・　社会正義
・　人権尊重
・　利用者中心
・　利用者の利益の最優先

　なお、何らかの組織や団体に所属・勤務している場合、勤務先の就業規則や職務規定等に則った業務遂行が求められる。専門職にとって行動の判断材料となるのは、グローバル定義や倫理綱領ということになる。

❹倫理（倫理綱領）

　倫理とは、「社会生活で人の守るべき道理。人が行動する際、規範となるもの」という意味がある。倫理は価値と密接にかかわっており、価値とは何がよいか、望ましいかを表し、倫理は何が正しいかを示すものである。ソーシャルワーク専門職の観点からみると、社会福祉士の倫理綱領が定められている。また、この倫理綱領に基づいて「行動規範」がつくられ、社会福祉士が社会福祉実践において従うべき行動が示されている。援助関係の形成においては、個人的な思いつきや経験を行動の基準とするのではなく、専門職として倫理綱領に則って行動することが求められる。

　ソーシャルワーク実践の場面では、クライエントの利益を守るための判断を行うにあたり、法令やサービスの基準、組織の規則、当事者の家族の意見、社会的な風潮などとの間で板挟み（ジレンマ）状態に陥る場合がある。さらに、ソーシャルワーカー自身の個人的な価値観や思想、思い込みなどが、専門職としての判断を誤らせる原因となる場合もある。

★行動の判断材料
①法律、通知、指針等
②職能団体の倫理綱領
③就業規則、職務規定
④実践ガイドライン、
　マニュアル等
⑤科学的根拠のあるア
　プローチや支援方法
⑥スーパーバイザーな
　どから示される方向
　性

「原理」とは、そのような状況に直面した際のよりどころまたは基準となり、ソーシャルワーカーは例外なく守る必要がある。

社会福祉士の倫理綱領（2020（令和2）年6月30日採択）

倫理基準

Ⅰ クライエントに対する倫理責任

1．（クライエントとの関係）社会福祉士は、クライエントとの専門的援助関係を最も大切にし、それを自己の利益のために利用しない。

2．（クライエントの利益の最優先）社会福祉士は、業務の遂行に際して、クライエントの利益を最優先に考える。

3．（受容）社会福祉士は、自らの先入観や偏見を排し、クライエントをあるがままに受容する。

4．（説明責任）社会福祉士は、クライエントに必要な情報を適切な方法・わかりやすい表現を用いて提供する。

5．（クライエントの自己決定の尊重）社会福祉士は、クライエントの自己決定を尊重し、クライエントがその権利を十分に理解し、活用できるようにする。また、社会福祉士は、クライエントの自己決定が本人の生命や健康を大きく損ねる場合や、他者の権利を脅かすような場合は、人と環境の相互作用の視点からクライエントとそこに関係する人々相互のウェルビーイングの調和を図ることに努める。

6．（参加の促進）社会福祉士は、クライエントが自らの人生に影響を及ぼす決定や行動のすべての局面において、完全な関与と参加を促進する。

7．（クライエントの意思決定への対応）社会福祉士は、意思決定が困難なクライエントに対して、常に最善の方法を用いて利益と権利を擁護する。

8．（プライバシーの尊重と秘密の保持）社会福祉士は、クライエントのプライバシーを尊重し秘密を保持する。

9．（記録の開示）社会福祉士は、クライエントから記録の開示の要求があった場合、非開示とすべき正当な事由がない限り、クライエントに記録を開示する。

10．（差別や虐待の禁止）社会福祉士は、クライエントに対していかなる差別・虐待もしない。

11．（権利擁護）社会福祉士は、クライエントの権利を擁護し、その権利の行使を促進する。

12．（情報処理技術の適切な使用）社会福祉士は、情報処理技術の利用がクライエントの権利を侵害する危険性があることを認識し、その適切な使用に努める。

---

❺理念

ソーシャルワークにおいては、理念の重要性も指摘されている。理念とは、「理性によって得られる最高の概念。ある物事があるべき最高のすがた」という意味があり、人々や事業者等の決断や解釈の目的とされるものである。また、法人や施設などの事業や計画などの根底にある根本的な考え方を周知する際に理念という用語を使用している。

ソーシャルワーカーが目指しているのは、個人および社会のウェルビーイングの実現である。これがソーシャルワークの理念であり、それを実現するための実践をさまざまな分野や領域において、ミクロ・メゾ・マクロレベルにわたって行っている。このほか、ソーシャルワークの理念には、たとえば、自己決定、エンパワメント、ストレングスなどがある。ソーシャルワークの理念には、ソーシャルワークの価値が反映されているため、両者を結びつけて理解することが重要である。ソーシャルワーカーは、これらの理念の実現に向けて援助関係を形成し、実践を展開する必要がある。

3 クライエントシステムならびにソーシャルワークの実践レベルと援助関係

1 ソーシャルワークの対象と援助関係

ソーシャルワークは、その対象について人と環境の交互作用（もしくは相互作用）の視点から把握し、援助を展開するものである。ソーシャルワークの特徴の一つとして、人と環境の交互作用に焦点を当てて理論化が進められるとともに、実践が積み重ねられてきた。

ピンカス（Pincus, A.）とミナハン（Minahan, A.）は、システム理論を積極的に取り入れ、ソーシャルワークの下位システムとして、❶クライエントシステム、❷チェンジ・エージェント・システム、❸ターゲット・システム、❹アクション・システムの四つを提唱し、ソーシャルワークが対象としている人と環境の関係について、人々と資源システムとの連結や相互作用として捉えた。

ソーシャルワークの対象としてクライエントと総称される人は、クライエントシステムとされ、個人だけではなく、家族、小集団、組織、地域社会が相当する。クライエントシステムは、クライエントを取り巻く環境のなかでも、特にクライエントの生活課題の解決や軽減に影響を与え得る人や機関を含むシステムのことである。

ソーシャルワーカーがクライエントシステムに介入するということは、クライエントの支援システムに新しく加わること（または、その逆の効果が生じる場合も考えられる）を意味しており、援助の対象となる本人のなかでのバランスやシステムの**ダイナミクス（集団力学）**に変化が生じることになる。したがって、ソーシャルワーカーがシステムにどのような影響を与えるのかを十分に検討し介入することが求められる。そして、クライエントシステムを構成する単位、すなわち個人、家族、小集団・組織、地域社会といった対象を明確にし、互いに協同関係をつくり上げ、援助活動を展開する。

なお、クライエントシステムの対象（個人、家族、小集団、組織、地域社会）が誰であってもソーシャルワークの目的、原理・原則、価値（価値規範）、倫理は共通基盤であり、援助関係の形成や実践のよりどころとして基本的に変わるものではない。しかしながら、ソーシャルワーカーが所属する組織や独立開業した際の事業内容などの条件によっては発揮できる機能や果たすことができる役割に違いが生じることになる。また、対象個々の特性や状況に合わせて、活用する理論やモデル、アプローチ、技術、方法、社会資源などを選択することになる。このような点をあらかじめ理解しておく必要がある。

■2 マルチパーソン援助システムとマルチパーソンクライエントシステム

ソーシャルワークとは、人間のニーズを充足する際の人と社会システムの相互作用に焦点を当てた実践を行う。そのため、ソーシャルワーカーは、個人と社会システムとの間の相互作用を促進する必要がある。

『ジェネラリスト・ソーシャルワーク』を著したジョンソン（Johnson, L. C.）らによれば、最も単純な相互作用プロセスの構成要素は、「環境のなかにおけるソーシャルワーカーとクライエントの相互作用[12]」であるとし、多様なサービスの提供者であるジェネラリスト・ソーシャルワーカーは、「人間のニーズを満たす際の人と社会システムの相互作用に焦点を当てたサービスを提供するため、個人と社会システムとの間の相互作用を促進しなければならない[13]」とした。

しかしながら、複雑な社会問題と多様な人間のニーズをもつ複雑な社会においては、ソーシャルワーカー自身が**マルチパーソン援助システム**の一部となり、チームでサービスを提供することがある。したがって、ソーシャルワーカーは、「自分の価値観、生活様式、ルーツ、個人的ニー

Active Learning

> ソーシャルワーカーがシステムに介入することによる影響について考えてみましょう。

表2-2 ソーシャルワーク実践における四つのサブシステム

①クライエントシステム	契約のもと、ソーシャルワーカーの努力によって利益を受ける人々を指す。クライエントとクライエントを取り巻くすべての環境（個人、家族、組織など）を指す。
②チェンジ・エージェント・システム	ソーシャルワーカーとワーカーが所属する施設や機関のことを指す。クライエントとシステムとの相互作用を通して情報や資源等をインプットし、環境に働きかけて変化を引き起こそうとするシステムを指す。
③ターゲット・システム	変革努力の目標達成のためにソーシャルワーカーが影響を及ぼす必要のある人々を指す。
④アクション・システム	ソーシャルワーカーが変革や目標を達成するために、ソーシャルワーカーと協力していく人々を指す。

ズ、文化の評価を含んだ自己理解を深める取り組み」が必要であるとした。また、援助のための相互作用を最大限に活用するため、自己理解と自己評価を高いレベルにする必要とともに、マルチパーソンクライエントシステム（家族、小集団、組織、施設、機関、近隣、コミュニティなど）と一緒に取り組むこともあるため、ソーシャルワーカーはこれらの相互作用の種類について理解を深める必要がある。

▍3 実践のレベル（ミクロ・メゾ・マクロ）と援助関係

　ソーシャルワークを説明するための有効な方法として、クライエントシステムの大きさによって、ミクロ・メゾ・マクロまでのレベルで分類するものである。

　ヘップワース、ルーニー（Rooney, R. H.）、ラーセンは、ミクロレベル実践、メゾレベル実践、マクロレベル実践を表2-3のように定義して

表2-3 ミクロレベル実践、メゾレベル実践、マクロレベル実践の定義

実践レベル	概　要
ミクロレベル実践	このレベルの対象は、個人、カップル、家族を含む多様なクライエントシステムである。このレベルの実践は直接実践あるいは臨床実践と呼ばれる。
メゾレベル実践	家族生活に関連するものよりは親密ではない対人関係。組織や施設の代表者間よりは意味のある対人関係。セルフヘルプグループや治療グループに属する個人間、学校や職場の仲間、臨間の関係。クライエントに直接影響しているシステムを変化させるためにデザインされる。
マクロレベル実践	社会計画やコミュニティオーガニゼーションの過程を含む。ソーシャルワーカーは、個人、グループ、組織からなるコミュニティのアクション・システムが社会問題に対処することを支援する専門的チェンジ・エージェント・システムとして機能する。

いる。[14]

　また、『人間発達の生態学』の著者であるブロンフェンブレナー
（Bronfenbrenner, U.）は、生態学的環境の構造としてマイクロ、メゾ、
エクソ、マクロシステムを**表 2-4** のように定義している。[15]

　ソーシャルワーク実践においては、それぞれのレベルの実践が一つの
レベルやシステムのまま終始するとは限らない。実際は、マイクロから
メゾ、エクソ、マクロへ、またはマクロから、メゾ、エクソ、マイクロ
へとらせんを描くように循環が行われると考えられる。ソーシャルワー
クは人と環境の交互作用に働きかけることを専門職の特徴の一つとして
いることから、マイクロ・メゾ・エクソ・マクロレベルにおけるさまざ
まな知識や技術が必要となる。

**表2-4　マイクロシステム、メゾシステム、エクソシステム、マクロシステムの
　　　　　定義**

システム	概　　　要
マイクロシステム	マイクロシステムとは、特有の物理的、実質的特徴をもっている具体的行動場面において、発達しつつある人が経験する活動、役割、対人関係のパターン。
メゾシステム	メゾシステムは、発達しつつある人が積極的に参加している二つ以上の行動場面間の相互関係からなる。
エクソシステム	エクソシステムとは、発達しつつある人を積極的な参加者として含めていないが、発達しつつある人を含む行動場面で生起する事に影響を及ぼしたり、あるいは影響されたりするような事柄が生ずるような一つまたはそれ以上の行動場面である。
マクロシステム	マクロシステムとは、下位文化や文化全体のレベルで存在している、あるいは存在しうるような、下位システム（マイクロ、メゾ、エクソ）の形態や内容における一貫性をいい、こうした一貫性の背景にある信念体系やイデオロギーに対応するものである。

◇**引用文献**

1）F. P. バイステック，尾崎新・福田俊子・原田和幸訳『ケースワークの原則』誠信書房，p. 17，2007.
2）同上，p. 30
3）岡村重夫『社会福祉原論』全国社会福祉協議会，p. 141，1983.
4）同上，p. 142
5）前出3），p. 142
6）同上，p. 142
7）秋山智久『社会福祉専門職の研究』ミネルヴァ書房，p. 89，2007.
8）Bartlett, H. M., 'Toward Clarification and Implication of Social Work', Social Work, 3（2），Oxford University Press, pp. 3-9, 1958.（小松源助訳『社会福祉実践の共通基盤』ミネルヴァ書房，1970年.）
9）髙橋重宏・山形文治・才村純編『子ども家庭福祉とソーシャルワーク 第2版』有斐閣，p. 124，2005.
10）前出1），p. 236
11）野坂勉・秋山智久編『社会福祉方法論講座1 基本的枠組』誠信書房，p. 44，1981.
12）L. C. ジョンソン・S. J. ヤンカ，山辺朗子・岩間伸之訳『ジェネラリスト・ソーシャルワーク』ミネルヴァ書房，p. 126，2004.
13）同上，p. 125
14）岡本民夫・平塚良子編『ソーシャルワークの技能』ミネルヴァ書房，pp. 88-89，2004.
15）U. ブロンフェンブレナー，磯貝芳郎・福富護訳『人間発達の生態学――発達心理学への挑戦』川島書店，pp. 27-28，1996.

◇**参考文献**

・岩間伸之・白澤政和・福山和女編『MINERVA 社会福祉士養成テキストブック3 ソーシャルワークの理論と方法I』ミネルヴァ書房，2010.
・社会福祉士養成講座編集委員会編『新・社会福祉士養成講座⑥ 相談援助の基盤と専門職』中央法規出版，2015.
・社会福祉士養成講座編集委員会編『新・社会福祉士養成講座⑦ 相談援助の理論と方法I』中央法規出版，2019.
・社会福祉士養成講座編集委員会編『新・社会福祉士養成講座⑧ 相談援助の理論と方法II』中央法規出版，2009.
・日本社会福祉士会編『改訂社会福祉士の倫理――倫理綱領実践ガイドブック』中央法規出版，2009.

第2節 援助関係の形成方法と留意点

学習のポイント

● 援助関係の形成方法と留意点を理解する

● 援助関係の形成におけるコミュニケーションとラポールの意義と方法を理解する

1 社会福祉士の倫理綱領を踏まえた 援助関係の形成方法と留意点

　倫理基準のうち、特にクライエントとの援助関係の形成のための具体的方法・行為の基準となるのは、倫理基準の「利用者に対する倫理責任」に対応する項目である。詳細は公益社団法人日本社会福祉士会のホームページを参照されたい。

　まず、「利用者との関係」を踏まえ、クライエントとの援助関係の形成において留意すべき点は、専門的援助関係に関する説明責任を果たす、私的な関係にならない、性的接触・行動をしない、援助者自身の個人の利益のために援助関係を利用しない、利益相反行為への手段を講じる、パートナーシップを尊重する、ということである。

　倫理綱領に明記された行動をソーシャルワーク専門職である社会福祉士が徹底することにより、クライエントの信頼や安心を得ることにつながり、援助関係の形成ならびに相互作用の促進の基礎となる。

2 援助関係の形成における 自己覚知・自己理解と他者理解の意義

1 自己覚知・自己理解

　覚知とは、悟り知ることという意味がある。ソーシャルワーカーは自らがマルチパーソン援助システムの一部となるため、自分自身を支援の道具として活用し、その機能を十分に発揮することが求められる。したがって、ソーシャルワーカーは道具となる自分を悟り知り（自己覚知）、深く理解することが大変重要となる。ジョンソン（Johnson, L. C.）らは、ソーシャルワーカーの概念を考察するにあたり、❶自分についての知識、❷援助者、❸マルチパーソン援助システム、の３点を挙げ[1]、ソー

Active Learning

自己覚知（自己理解）における「自分についての知識」について確認してみましょう。❶現在の自分の考え方や価値観の形成に影響を与えた人や出来事を振り返り、意見交換してみましょう。❷「自分の生活様式（ライフスタイル）」を振り返り、その生活様式になった理由やきっかけなどを考えてみましょう。

シャルワーカー自身の理解の重要性および内容を示している。❶自分についての知識としては、「生活様式、人生観、道徳律、価値体系、ルーツ、生活経験、個人的ニーズ、個人の機能」が示され、これらについて自己に関する幅広い考察と体系化された自己探求に取り組むことが求められている。❷援助者については、「援助者の特質、責任と権威、援助技術」が含まれている。ジョンソンらは、「ジェネラリスト・ソーシャルワーカーは、被援助者がより適切にニーズを満たし、問題を解決できるように自分自身を効果的に活用できる援助者のこと[2]」としており、援助は、「ソーシャルワーク専門職の知識と価値と技術を活用するという文脈のなかで遂行される」ことを強調している。❸マルチパーソン援助システムについては、ソーシャルワーカーは多様なクライエントや専門職・機関などとチームを組み、協力して実践することになるため、自身の機能を発揮するための価値、知識、技術を発達させ、「コンサルテーション、協働（コラボレーション）、送致」の活用も想定される。

2 他者理解

　ソーシャルワーカーは、支援を開始する前にクライエント自身とその状況を理解することが不可欠である。ソーシャルワークの対象となるマルチパーソンクライエントシステムとしては、家族、小集団、組織、機関、近隣、コミュニティなどが挙げられるが、個人および家族の理解についていえば、ソーシャルワーカーの自己理解の「❶自分についての知識」で述べた項目と方法が役立つ。クライエントのニーズとストレングスを理解するために活用される方法の一つが社会生活歴の把握である。

　また、「人間の多様性（ヒューマン・ダイバーシティ）」を尊重するという観点から理解の範囲を認識しておくことが必要である。たとえば、ソーシャルワーク専門職のグローバル定義では、ソーシャルワークの原理の一つに「多様性尊重（respect for diversities）」が規定されている。全米ソーシャルワーカー協会の倫理綱領では、倫理基準のクライエントに対する責任として「文化的コンピテンスと社会的多様性」の項目が規定されている。また、国際ソーシャルワーク学校連盟と国際ソーシャルワーカー連盟の総会で採択された「ソーシャルワークの教育および養成のためのグローバルスタンダード」では、文化的および民族の多様性を包含した教育カリキュラムと実践モデルの統合化に向け、「文化的および民族的多様性ならびにジェンダー包括性に関する基準」を設定している。ソーシャルワーカーは、人間の多様性や文化的多様性を尊重し、理

解し、実践する能力（コンピテンシー）が求められていることから、実践の前提となる他者理解が非常に重要となる。

3 ソーシャルワーカーの役割からみた援助関係の形成方法

　ソーシャルワーカーは、目標達成のために役割を果たすことが期待される。ソーシャルワーカーの役割について整理されたものはいくつかあるが、ここでは、北島らによる支援役割[3]を参考に、援助関係の形成方法について述べる。

　支援役割は、クライエントの問題改善、ニーズ充足に関する意欲、能力、技術の回復と強化を促進する目標を達成するため、ソーシャルワーカーに期待される役割である。支援役割としての具体的な活動は以下のとおりである。

1．受容
　クライエントの感情を共有する。クライエントの置かれた状況についての理解を示すなど
2．勇気づけ
　クライエントの強みや長所（ストレングス）を見出しフィードバックする。これまでの問題対処努力を評価するなど
3．助言
　同じような状況に置かれた人はクライエントと同じような状態になることが多いと説明する。問題を細分化して対処することを提案するなど

　これらの活動において活用する具体的な技法は、ラポール形成のための技法やコミュニケーション技法である。援助関係の形成という観点からいえば、援助の初期段階において支援役割を果たすことが重要となる。

　コミュニケーションは、ラテン語の「分かちあう」「共有する」という意味の用語に由来している。援助関係においては、送り手であるソーシャルワーカーが情報を一方的に説明するのではなく、受け手であるクライエントが理解することができる伝達方法を選択する必要がある。受け手と送り手は入れ替わることはあるが、一般的にはクライエントとソーシャルワーカーとの間には情報量に差があるためコミュニケーションの場面では特に注意が必要である。

　コミュニケーションの手段は、言語的コミュニケーションと非言語的

コミュニケーションに分類される。言語コミュニケーションには、たとえば、話す言葉の内容、手話、筆談などがある。そして、非言語的コミュニケーションには、身振り、手振り、体の姿勢、表情、視線、相手との距離、服装、髪型、声のトーンや声質などがある。他人から受け取る情報の多くが非言語的内容といわれているため、表現されていないメッセージなどを把握するうえで重要な働きをしている。個別性の尊重や人間の多様性の理解など、ソーシャルワークにおいてはクライエントの一人ひとりの特徴や違いなどを踏まえたコミュニケーションが求められる。

　また、イネイブラーとしての役割も、ストレングスやエンパワメントの観点から重要である。具体的な活動は以下のとおりである。

　１．能力活用範囲の拡大
　　クライエントのもっている能力・長所をアセスメントし、それらが活かせる機会をクライエントとともに検討し提供する。
　２．刺激の提供
　　新しい活動の取り組みや技術の獲得に対する積極的な気持ちや意欲がもてるよう励ます。
　３．方向づけ
　　簡単なことから始めて必要な望ましいことに取り組んでいけるよう援助する　など

　イネイブラーは、気持ちの落ち込みや不安等によって問題改善の意欲や能力が低下しているクライエント、また、新たな生活課題に挑戦し可能性を広げていこうとする人々に対して、もっている力を活用できるよう援助し、促す役割である[4]。イネイブラーとしての役割は、支援役割と重なることが多いとされていることから、援助関係の形成においても意義がある。

4 ▶ 岡村による援助関係成立のための方法

　岡村は、援助関係を成立させるために援助者に求められることとして、「対象者の求めているもの、感じていることを、是非善悪の判断は別として、事実としてありのままに理解する能力が援助者の側にあることや、対象者をひとりの人格として尊重し、生活者としての立場を理解するこ

と」と述べている。[5]

　そして、援助者側が以下の取り組みを行うことにより、クライエントは援助者に対する信頼感をもち、援助関係が成立するとしている。

- ・クライエントの生活困難の実態を把握する。
- ・それに対する本人および家族やその他の関係者の態度、感情を正しく把握し、理解する。
- ・同時に援助目的について同意を得る。
- ・クライエントの参加を励まし、具体的な対策行動に一歩踏み出すように援助する。
- ・必要な情報や注意を与えながら行動を見守り、対象者の自主性を損なわないように援助する。

　また、社会福祉の方法を進めていくうえでの必要条件として、援助者とクライエントとの間の正しい意見、感情の交流、伝達すなわちよいコミュニケーションを挙げている。そのなかでも「面接」は当事者自身によって問題が語られるという点において特別重要な意味をもつコミュニケーションとして、クライエントとの援助関係をつくり、またこれを深めるための重要な機会であるとした。[6]

5 対人関係の理論や方法から導かれる援助関係の形成方法

1 バイステックの原則を踏まえた援助関係の形成方法

　バイステック（Biestek, F. P.）による関係形成の原則における相互作用を参考に、**表2-5**に示した援助関係の三つの方向に着目して実践することにより、自身の行動の評価をすることができる。自分自身がどのような意図でクライエントを受けとめ、言葉を発し、行動に移したのかを説明できるようにすることも、専門職として重要なスキルとなる。バイステックは、援助関係が続く限り、❶クライエントのニード、❷ケースワーカーの反応、❸クライエントの気づきといった三つの方向をもつ相互作用の働きかけが中断されることはないとしている。これら三つの方向を含んだものが援助関係における行動原則となる。

　特に、第一の方向としてのクライエントのニーズに対して、第二の方向のワーカーの反応である「ニーズを感知する」「理解する」「反応する」の三つが実際にどのような形で起きているかを記録し、省察することが

表2-5　援助関係における相互作用

第1の方向：クライエントのニード	第2の方向：具体的なワーカーの反応 クライエントのニーズを感知し理解してそれらに適切に反応する			第3の方向：クライエントの気づき	原則
	感知	理解	反応		
①一人の個人として迎えられたい				クライエントはケースワーカーの感受性を理解し、ワーカーの反応に少しずつ気づきはじめる	1．個別化
②感情を表現し解放したい					2．意図的な感情の表出
③共感的な反応を得たい					3．統制された情緒的関与
④価値ある人間として受け止められたい					4．受容
⑤一方的に非難されたくない					5．非審判的態度
⑥問題解決を自分で選択し、決定したい					6．クライエントの自己決定
⑦自分の秘密をきちんと守りたい					7．秘密保持

注：第1の方向の①～⑦の番号は原則の名称と対応関係を示すため筆者が加筆
出典：F. P. バイステック，尾崎新ほか訳『ケースワークの原則』誠信書房，p. 27，2007. を一部改変

重要である。場合によっては、実際の支援場面において、第三者による観察やスーパーバイザーによる助言指導を受けることも効果的である。具体的には、クライエントの七つのニードをどのような言動や表現から感知したかを確認し、感知した内容をどのように理解・解釈したのか、理解した内容をどのような言葉や行動を用いてクライエントに対して反応したのかという相互作用の一連の流れをスーパーバイザーから丁寧に観察・評価を受け、分析することが求められる。

2 エンパワメント

　エンパワメントの視点から引き出される人―環境の実践の核となる次元の一つに「参加」が示されている。ケンプ（Kemp, S.）は、参加を「クライエントと消費者が変化の過程へ積極的に参加することは、効果的な実践にとって本質的な構成要素である。参加の重要な要素は、クライエントとワーカーの協働関係の形成、クライエントと消費者のあいだでの相互的、互酬的な協力関係の発展である[7]」と述べている。

　ソロモン（Solomon, B.）は著書『Black Empowerment ; Social Work in Oppressed Communities』（1976 年）において、エンパワメ

表2-6　エンパワメントの四つのステージ

	①個人のステージ（自己信頼）	②対人関係のステージ（相互支援）	③環境・組織のステージ（権利の発見と主張）	④社会のステージ（社会への働きかけ）
支援の方向	クライエントが、自己信頼、自己尊重の獲得を通して、自分自身を正しくとらえ、自己のニーズを適切に表現できるように内面を強める。	クライエントが、友人や家族、同じ問題を抱える人々との相互支援を通して、自己と他者の存在価値を学び連帯意識を経験できるように支援する。	クライエントが、生活する環境や組織と自分との関係を見直し、そこから生まれる自己の権利を発見し、適切に主張できるように支援する。	クライエントが、自己や他者の権利の実現を社会というレベルで達成するために、地域（住民）を組織化し、住民運動への参加等を通して、新たな社会資源の開拓や制度・政策の変革に取り組めるよう支援する。
ソーシャルワーク技法	カウンセリング、セルフエスティーム・アプローチ他	グループワーク（セルフヘルプグループ、ピアグループ他）	アカウンタビリティ、アドボカシー、オンブズパーソン等	コミュニティワーク、ソーシャルアクション等

ントを以下のように定義している。

> スティグマ化されている集団の構成メンバーであることに基づいて加えられた否定的な評価によって引き起こされたパワーの欠如状態を減らすことを目指して、クライエントもしくはクライエントシステムに対応する一連の諸活動にソーシャルワーカーがかかわっていく過程。

　人は、偏見や差別、権利侵害など、否定的な環境に取り巻かれたり、加齢や病気、障害を負ったりすると、自立した主体的な生活をあきらめてしまうことがある。エンパワメントは、こうした人々がもっていた"生きる力"を取り戻すための支援といえる。

3 ストレングス

　クライエントシステムはさまざまな強さや能力（ストレングス）を潜在的に有しているものの、困難な状況に置かれることにより、そのストレングスを十分に発揮したり活用したりすることができていないとされている。ソーシャルワーカーはクライエントシステムのストレングスに注目し、それをクライエント自身が問題を解決していくために十分に活用できるように支援する。

　たとえば、ラップ（Rapp, C. A.）は、リカバリー志向型の精神保健福祉サービスにおけるストレングス・モデルにおいて、その目的の一つに「クライエントとワーカーの間に協働の基礎となる信頼関係と相互関係を築く[8]」ことを位置づけ、関係とその結び方について以下のように述べている。

Active Learning

自分のストレングスを五つ挙げてみましょう。また、クラス内の友人や周囲の人のストレングスを見つけて、伝えてみましょう。それにより、ストレングスの意義を考えてみましょう。

・**目的意識**

　関係の構築は、達成への手段として最良のものと考えられている。関係は目的志向であるべきであり、成長志向であるべきである。

・**相互性**

　ワーカーは、リカバリーの旅を斡旋する旅行会社より、クライエントと旅をする旅行仲間のような役割をとるべき。さもなければ、一方的な関係や上下のある関係となる。

・**心から親身になること**

　ワーカーはクライエントが本当の友好関係を築くためにかなりの努力をすべきであり、この関係は、温かさ、受容、気遣い、尊重、そして楽しさという特徴をもつべきであり、双方を高めるものであるべきである。

・**信頼すること**

　信頼とは正直さを意味しており、ストレングスモデルの実践は、援助関係のすべての側面において嘘や隠しごとがなく、公明正大でなければならず、自分たちの仕事、役割、援助の仕方の性質の説明も含まれる。信頼とは約束が守られることを意味している。信頼を築くための有効なアプローチは、提案のかたちで要求すること。

・**エンパワーすること**

　クライエントとワーカーの関係は、力を与えるものであるべき。力づける関係とは、クライエントが援助関係のなかで自分自身を監督として見る関係である。

・**希望を引き出す行動**

　すべてのストレングスモデル実践者の目標は、希望を引き出す行動を増やし、やる気を失わせる行動を減らすか、可能ならなくすこと。ワーカーは、自分の言葉遣いや仕草・行動がクライエントにどのような影響を与えるかを客観的にわかっていなくてはならない。

■ 4 面接場面における援助関係の形成

　面接はクライエントとの援助関係をつくり、またこれを深めるための重要な機会である。アイビィ（Ivey, A. E.）によれば、**マイクロ技法**（microskills）とは、面接のときのコミュニケーション技法の単位のことであり、クライエントの相互交流を深め、さらに意図的で円熟した能力を開発する助けになるとしている[9]。マイクロ技法は階層表で示されており、面接技法はその文化に適合した「かかわり行動」の基盤の上に乗っている。援助者が最初に学ばなければならないことは、援助法の最も基

本的な技法である傾聴するということとしている。また、ラポール形成
のための最も重要なマイクロ技法は、「基本的かかわり行動」と「クライ
エント観察技法」とし、基本的かかわりは、ソーシャルワーカーがクラ
イエントを理解し、関心を抱いていることを態度で表現するために使用
される[10]。

5 グループワークにおける援助関係の構築

グループワークにおいては、たとえば、コノプカ（Konopka, G.）に
よるグループワークの 14 の原則の一つに援助関係が挙げられており、
グループワーカーとグループメンバーとの間に意図的な援助関係を樹立
することとされている。ソーシャルワーカーには、援助過程の開始期に
おいて、グループメンバーとの援助関係を形成するための知識やスキル
が求められる。

6 クライエントシステム（家族・友人、地域住民）との援助関係の形成

ソーシャルワークはクライエントシステムを対象とし、ミクロ・メゾ・
マクロレベルにわたって展開される実践である。さらに、マルチパーソ
ンクライエントシステムを踏まえると、実践の対象は個人だけではなく、
家族、友人、地域住民、団体、組織・機関、コミュニティなど多岐にわ
たっている。ここでは、ピンカス（Pincus, A.）とミナハン（Minahan,
A.）によるソーシャルワークの四つの基本的なシステムを踏まえ、援助
関係形成の実際について整理する。

1 クライエントシステム（家族・友人、組織等）との援助関係の形成

❶家族や友人等との援助関係の形成

クライエントへの援助は、その家族や友人などの関係者から相談され
たり、介入を求められたりすることから始まることがある。

ソーシャルワークの対象としての家族をいかに理解し、関係を築いて
いくか、かかわっていくかにあたっては、家族システムとしての基本的
な視点[11]が必要となる。以下の視点を意識して、クライエントと家族、家
族間の関係性の理解につなげる。

①システムとしての自動制御性（自動性）

　家族内には一定の力関係が働いており、日常生活の習慣や役割関係ができているとされる。習慣や役割関係が崩れるようなことが起きた場合、家族システムとして通常が保たれるように調整される性質をもっている。

②閉鎖性と開放性

　家族システムは、家族内だけで一定の自己完結しようとする働きと家族外の情報や刺激を受け入れるという働きの二つの側面がある。

③秩序（安定性）

　家族システムには一定のルールとパターンがあり、それによって一定の秩序（安定性）が保たれているとされる。

④複雑性

　問題と課題の理解やその対処には家族員それぞれが関与することになるため、問題や課題の原因と結果を単純に理解することは困難である。原因と結果が円環的に循環しているという視点が求められる。

⑤適応性（均衡性、バランス）

　家族のなかで生活問題などが生じた場合、それを緩和するために家族全体として適応を図ろうとする。

　クライエントと家族の関係を説明するためには、多面的なアセスメントを実施し、クライエントが直面している状況やクライエントを取り巻く社会資源の状況を理解する必要がある。

【多面的アセスメントの例】
①クライエントの基本情報の収集とアセスメントの実施
②クライエントへのインタビュー
③職員へのインタビュー
④関係の視覚化
⑤事例研究

❷住民との援助関係の形成

① 住民との関係は「援助関係」であることを意識する

　住民との関係とは、住民が地域で安心して生活することができるよう、ソーシャルワーカーとして効果的な支援を行うために結ぶ「援助関係」である。住民と仲良くなることを意味しているのではない。信頼関係（ラポール）は専門的援助関係の基本であり、クライエントとソーシャルワーカー相互が信頼感をもった関係を指す。ラポールを成立させるた

めには、ソーシャルワーカーはクライエントの話を一方的に聞き出すのではなく、クライエントの話を傾聴する姿勢とスキルが求められる。

② 住民の状況を把握し、最適な対応方法（技術）やコミュニケーションを選択できるようにする

「住民」と一言でいってもそれぞれ個性や特徴の違いが存在している。したがって、住民と関係を築く方法も一人ひとり異なってくるため、まずは援助関係を結ぶ住民の状況を把握することが重要となる。一人ひとりの状況に合わせた質の高いサービスを提供するための知識と技術を身につけなければならない。適切なアセスメントを踏まえることで、相手が理解できる言葉を使用し、言語・非言語コミュニケーションを活用することができる。また、住民が自分の力に気づき、希望する状態に移行できるように支え、環境との調整を行うのがソーシャルワーカーの役割である。コミュニケーションは住民との関係を結ぶ架け橋となるのである。

③ お互いを大切に思い、かかわりあうことや支えあうことの意味を共有する

相手に感謝の気持ちを伝える、あいさつをする、日々の小さな心遣いや思いやりが相手の心を開き、ソーシャルワーカーの投げかけに返してくれる。これを、好意の返報性という。返報とは「人がしてくれたことに対して報いることや報いるための行為」という意味である。ソーシャルワークは見返りを求める行動ではないが、クライエントがよりよく生きることを支えるための専門的な実践に対して、クライエントがそれに応えたいと思う気持ちや「ありがとう」という言葉が「返報」といえる。それが、地域社会で支援を求めている者に住民が気づき、住民相互で支援活動を行うなど、地域住民のつながりや支えあうことができる「共助」の仕組みをつくることにつながる。

④ 学習の構造やプロセスを踏まえ、実践の「型」を獲得する

ソーシャルワークは、クライエントシステムが人や社会という特徴から、機械やパソコンでの作業とは異なり、マニュアルどおりにやれば正解にたどり着けるというものではない。ソーシャルワーカーが技術を習得するためには、知識を身体知化するための反復的な訓練が必要となる。能の稽古では、自分の身体を一定の型にはめこんでいく訓練を行い、その積み重ねによって芸を身につけ、身体で覚えこむといわれる。知識と技術を最も適切に組み合わせ、それを行動として表したものが技能となる。援助の型を反復して訓練し、心の動きと身体の動きとを一致させて

いくことが重要となる。

◇引用文献
1）L. C. ジョンソン・S. J. ヤンカ，山辺朗子・岩間伸之訳『ジェネラリスト・ソーシャルワーク』ミネルヴァ書房，p. 128, 2004
2）同上，p. 145
3）北島英治・副田あけみ・髙橋重宏・渡部律子編『ソーシャルワーク実践の基礎理論』有斐閣，p. 228, 2002.
4）同上，p. 228
5）岡村重夫『社会福祉原論』全国社会福祉協議会，p. 143, 1983.
6）同上，p. 144
7）S. ケンプ・J. ウィタカー・E. トレーシー，横山譲ほか訳『人―環境のソーシャルワーク実践――対人援助の社会生態学』川島書店，p. 54, 2000.
8）C. A. ラップ・R. J. ゴスチャ，田中英樹監訳『ストレングスモデル 第 3 版』金剛出版，p. 92, 2015.
9）A. E. アイビィ，福原真知子ほか訳編『マイクロカウンセリング』川島書店，p. 7, 1985.
10）同上，p. 175
11）社会福祉士養成講座編集委員会編『新・社会福祉士養成講座⑧ 相談援助の理論と方法Ⅱ』中央法規出版，pp. 10-11, 2009.

◇参考文献
・日本社会福祉士会「社会福祉士の倫理綱領」 https://www.jacsw.or.jp/01_csw/05_rinrikoryo/
・アニタ・W. オトゥールほか編，池田明子ほか訳『ペプロウ看護論――看護実践における対人関係理論』医学書院，1996.

●おすすめ
・カレル・ジャーメインほか，小島蓉子編訳『エコロジカルソーシャルワーク――カレル・ジャーメイン名論文集』学苑社，1992.
・岩間伸之『対人援助のための相談面接技術――逐語で学ぶ21の技法』中央法規出版，2008.
・日本社会福祉士会編『改訂 社会福祉士の倫理――倫理綱領実践ガイドブック』中央法規出版，2009.
・アマルティア・セン，加藤幹雄訳『グローバリゼーションと人間の安全保障』日本経団連出版，2009.

第3章

ネットワークの形成

　複雑で多様な問題を抱えたクライエントシステムを支援するとき、そのニーズに応じたさまざまな社会資源をつなぎあわせることが必要になる。そこで用いられるのがネットワーキングやコーディネーションである。

　その際、ソーシャルワーカーはそのネットワークの性質や形、特性や機能、さらにネットワーク構築のプロセスについて知っておかなければならない。

　また、こうして形成したつながりを最適化していくために、コーディネーションに関する知識・技術も欠かすことができない。異なる専門性や考え方をもった人たちが一つの目標をともに目指し、ミクロ・メゾ・マクロのそれぞれのレベルでの協働を支援することは、地域共生社会の実現に向けて、不可欠な実践である。

第 1 節 ネットワーキング

学習のポイント

● ネットワークの特性について学ぶ
● 我が国の社会福祉政策動向のなかでのネットワーキングの位置づけについて学ぶ
● ネットワーキングのプロセスとその留意点について学ぶ

1 ネットワークとは何か

1 ネットワーク研究の蓄積

今日、相談援助を行ううえで、ネットワーキングは欠かすことができないソーシャルワーク実践の方法である。公的な行政文書においても、実践報告においても、ネットワーキングという用語は、特に注釈を入れることなく、当たり前のように使われている。ネットワーキングがソーシャルワーク実践にとって欠かすことのできない方法だとすれば、その目的や構築方法を理解したうえで、ソーシャルワーカーは意図的に根拠をもってネットワーキングに取り組んでいかなければならない。そこで本項では、ネットワーキングを理解するために、まずネットワーキングと類似する概念としてネットワークについて整理をしていく。

ネットワークと一口にいっても、インターネットの情報網を思い浮かべる人もいれば、生物の神経伝達回路のことを考える人もいる。ネットワークという用語は、ありとあらゆる分野で多義的に使われている。最も単純に考えれば、ネットワークとは「結ばれる点（ノード）」と「結びつけるつながり（ライン）」の集合体として考えることができる。**図 3-1** のように点のみが存在してもネットワークとはならず、**図 3-2** のようにその間に結びつけるラインがあって初めてネットワークとして私たちは認識することができる。

しかし、このように点がバラバラではなくつながっているということだけでは、ネットワークがこれほど私たちの社会のなかで普及することはない。ネットワークに何らかの意義があり、私たちの暮らしに影響を与えているからこそ、その構造や機能、そのメカニズムについていろいろな分野での研究が発展しているのである。

図3-1　点の集合

図3-2　ネットワーク

　ネットワークの研究は、特に社会学を中心とした社会ネットワーク分析の理論・方法論が研究の成果を上げてきた。その代表的な古典として、ミルグラム（Milgram, S.）の「小さな世界問題」、グラノヴェター（Granovetter, M. S.）の「弱い紐帯の強さ」を紹介する。

　ミルグラムは社会心理学者であり、社会のなかで個人と個人がどのくらいの隔たりで結びつきあっているかについて実証研究を試みたことで知られている。具体的には、起点となる人物を複数名設定し、目標となる人物を1名設定する。起点となる人々には、以下の文書が入ったフォルダが1通送付される。

＜フォルダの内容＞

❶　目標人物の名前および一定の個人情報

❷　目標人物に到達するためのルール

　　目標人物には直接フォルダを送付しないこと、目標人物に自分より近いと思われる人にこのフォルダを送付すること、ただしフォルダを送る相手は、互いに名前で呼びあうような親しい関係にある人とする。

❸　対象者が自分の名前を記入するための名簿

　　フォルダを送付された人が名簿に自分の名前を記入して、次の対象者に送る。名簿を見ることで、誰が自分にフォルダを送付してきたのかがわかり、また今までこのフォルダを受け取ってきた人もわかるので、同じ人に再度郵送される循環を防ぐ。

❹　追跡用はがき

　　次の対象者にフォルダを送るのとは別に、はがきに必要事項を記入し、ミルグラムたち実験者に現在フォルダがどのような進行状況になっているのかを知らせる。このはがきにより、途中で連鎖が途切れたつながりについて、その連鎖の特性を実験者が把握することができる。

　ミルグラムたちが行った最初の実験は、起点をカンザス州ウィチタ（Wichita）に定め、複数の実験協力者を募集し、目標の人物はマサ

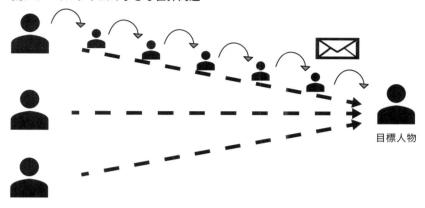

図3-3　ミルグラムの小さな世界問題

目標人物

チューセッツ州ケンブリッジ（Cambrigde）に住んでいる神学生の妻とした。もう一つの実験の目標の人物は、マサチューセッツ州のボストン（Boston）に勤務先があり、シャロン（Sharon）に住んでいる株式仲買人であった。最初の実験をカンザス実験、二つめの実験をネブラスカ実験と呼ぶ。

一つめのカンザス実験で、目標人物である神学生の妻には最短でわずか4日で郵便物が届いた。二つめのネブラスカ実験のなかで間をとりもつ媒介者となった知人の数は2～10とばらつきがあり、中央値は5だったということである。

このことから、世界中の任意の人とつながろうとするときに、平均するとわずか5人が仲介することにより目標にたどり着くことができるということを、ミルグラムの研究チームは実証してみせた（**図3-3**）。「It's a small world！（何て世間は狭いのだろう！）」ということになる。

また、ミルグラムの実験の結果には、もう一つ注目すべき点がある。それは目標人物に到達する際に、一部の限られた人に最後の経路が集中しているということである。人と人をつなぐネットワークの構造をみていくと、ネットワークを完成させていくうえでつながりをまとめ上げるような鍵を握る、**重要な人物（キーパーソン）**の存在がみえてくるということも実証されたのである。

ミルグラムがつながりの構造の「連鎖」に着目したことに対し、つながりの構造のなかでも、特につながりの「強さ」に着目したのがグラノヴェターである。グラノヴェターはつながりの強さを、「ともに過ごす時間量」「情緒的な強度」「親密さ（秘密を打ち明けあうこと）」「助け合いの程度」の組み合わせとして捉え、これら四つの要素は互いに関係し

ているとした。

　人はつながりの強い者同士で固まるような親密な関係と、共通点があまりなく親密さも薄いがつながっている関係の双方をもっている。グラノヴェターは、ボストン郊外に居住し、最近転職した専門職、技術者、管理職の人々をランダムに抽出し、そのなかで知人を通じて新しい仕事を見つけた人に、その知人とのつながりの強さを聞く調査を行った。その結果、つながりが弱い人を通して職を得た人の割合が高いということが実証された。この調査からわかることは、弱いつながりから得た情報は、ふだん親密に接している強いつながりから得ることができる情報とは性質が異なるということである。親密なつながりをもつ者同士は、行動範囲や情報源が似ていることが多いが、弱いつながりからは、自分だけでは得られないような広い範囲の情報を得ることができたからだと考えることができる。

　その後も、ネットワークの構造がもたらす社会への影響についてのさまざまな研究が展開しているが、こうしたネットワーク研究の蓄積は、私たちが社会のなかで人とどのようにつながっているのかということを、鮮やかに描き出している。ソーシャルワーク実践としてネットワーキングを実践していこうとするときに、このようなネットワーク構造の特性を理解しておくことは重要である。

２ ネットワークとネットワーキングの定義

　では、ネットワークとネットワーキングについてはどのように定義されているだろうか。ネットワークおよびネットワーキングの定義としてよく引用されている文献に、リップナック（Lipnak, J.）とスタンプス（Stamps, J.）による『ネットワーキング——ヨコ型情報社会への潮流』がある。リップナックとスタンプスは「ネットワークとは、われわれを結び付け、活動・希望・理想の分かち合いを可能にするリンクである。ネットワーキングとは、他人とのつながりを形成するプロセスである[1]」と定義している。つまり、ネットワークはあるべきものに向かって進んでいくための結びつき（リンク）という構造であり、ネットワーキングはそのリンクをつくっていく実践のプロセスであるという。

　リップナックとスタンプスは、ネットワーキングによって今までとは違うアメリカ社会のあり方——もう一つのアメリカの実現が可能であるとする。ネットワークは人がそれぞれの領域で現状を乗り越えようとするためのつながりであり、ネットワーキングを行うネットワーカーとは、

Active Learning

あなた自身の現在の生活におけるネットワークを図で表してみましょう。そこに現れているネットワークの構造やプロセスの特性について考えてみましょう。

現状の課題を打開するための方法が現時点でないときにあきらめるのではなく、それを創り出すような人であるとする。そしてネットワーカーは、まずほかの人々と話しあうことから始め、互いの間に共通点を見出し、ネットワークに参加する人々が互いに満足できるように、プランニングしていく役割だとしている。

リップナックとスタンプスは、ネットワークの構造とプロセスの特性を以下のように示している。

① **全体と部分の統合**

ネットワークはそれ自体が一つの全体であると同時に、より大きなものの一部分となっている。一人ひとりの人間からなるネットワークにおいては、一人ひとりが、独自の役割を果たすことのできる自立した部分とみなされている。同時にその個人は多くの人々の活動から生まれてくるネットワークの「全体」に参加するのである。

② **あらゆるレベルの重要性**

ネットワーカーはヒエラルキー*という考え方ではなく、レベルという考え方を用いる。「より小さな」レベルは、それ自体、「より大きな」レベルに含まれる。ヒエラルキーという関係は、上位のメンバーが下位のメンバーに対しての指示命令権限をもつ関係性にあり平等ではないが、レベルという考え方はメンバーの平等性を重視する。

③ **分権化**

ネットワークは分権化された各部分の協力のもとにこれらをまとめ、全体への従属を最小にするという傾向をもっている。官僚組織は、中央に集中され固定的に結びついているが、ネットワークにおける部分は、分散化され、柔軟に結びついている。

④ **複眼的**

ネットワークは一つのものの見方しかしないのではなく、多くの観点からものを見る。ネットワークのさまざまな考え方は、そのメンバーの自主性から創出され、メンバーは、皆それぞれ自分自身の領域と考え方をもっている。しかし同時に、メンバーは共通の価値観やビジョンをもっているため、ネットワークのなかで協力しあう。

⑤ **多頭型**

何人ものリーダーがいるネットワークにおいては、環境と必要に応じて新しいリーダーが現れる。ネットワークのリーダーシップの役割は統率ではなく、グループ内を円滑にすることである。

⑥ 種々の関係

　ネットワークは、それを構成している人たちの間に起こるダイナミックな諸関係によって成立している。

⑦ 境界の不明瞭性

　ネットワークは、参加するメンバーをそれぞれの境界線のなかに閉じ込める代わりに、価値観や関心、目標、目的の共有を通して互いに結合している。それゆえに境界線にゆらぎが生じ、境界が不明瞭になる。

⑧ 結節点（ノード）とつなぎ（リンク）

　ネットワークにおいては、主にリンクづくりをする少数の参加者と、つなぐ対象となる結節点としての多くの参加者がいるが、これらの相互関係の組み合わせは無限にある。一つのネットワークは一般的には結節点（ノード）とつなぎ（リンク）の持続的な統一体であると定義できる。

⑨ 個人と全体

　ネットワークのなかで一人ひとりが「個人」であると同時に、「全体」でもある。この個人と全体はしばしば対立したり、あいまいになったり、矛盾したりする。ネットワーカーは集団として全体を見る観点と個人を見る観点を往復しながら、個人と全体が互いに補足しあうような統一体であるネットワークづくりを行っていく。

⑩ 価値観

　ネットワークを結合させているものは価値観であり、何らかの物体ではない。ネットワークの紐帯（つながり）は、客観的というよりは主観的なものであり、物理的というよりは精神的なものである。

　このようにみてみると、リップナックとスタンプスはネットワークを固定的なものではなく常に動くダイナミックな存在と捉えていることがわかり、ネットワークの構造だけではなく、そこにつながる人々の意識や価値観を重視していることがわかる。

2 ▷ 我が国の社会福祉分野における ネットワーク

■1 ネットワーク・ネットワーキングと類似の概念

　このようにネットワークは、つながりがもたらす社会への影響を探求しながら、さまざまな分野において研究が進められてきている。それでは社会福祉の分野においてネットワークはどのように捉えられてきただろう。

我が国の社会福祉の研究において、ネットワークという用語が本格的に取り上げられるようになってきたのは1970年代の後半から1980年代に入ってからであるとされる。この時期は、日本の高齢化が急激に進み、在宅福祉が展開されてきた時期と重なる。ネットワークとともに連携という用語も、保健・医療・福祉の専門職間に望まれるつながりのありようとして使用されることが多くなった。相互作用を行い、2人以上の専門職が共通の目標達成をするために行われるプロセスである連携は、ソーシャルワーク実践として対象者を支援するために構築される支援者のつながりと理解することができるが、そのつながりのなかに専門職間の上下関係（階層）を含む可能性がある。それに対して、メンバー間の対等な関係を表す用語としてネットワークが用いられている。しかし、連携とネットワークは、政策の文書などでも明確に区別されて使用されているわけではなく、またそれぞれの用語に対しての定義があいまいなまま混同されて使用されている現状がある。また、類似した概念に、協働、共同、協同などがあり、参加する主体間の関係性によってそれぞれ意図的に使い分けられている場合もあるが、これらの使い分けについても統一された明確な定義がされているわけではない現状がある。

　ネットワークと、ネットワーキングの区別について、日本においても多様な意見がみられるが、渡邊は、ネットワークは現実的なシステムの構造であって、ネットワーキングはそれを超えて自己変革性、内発的発展性を内包することにより、コミュニティケアに寄与する新しいアプローチ理論であるとする。この整理はリップナックとスタンプスがネットワークはリンクであり、ネットワーキングは現状を越えていくプロセスであるとした定義とも重なる。

▌2 ネットワークをめぐる政策動向

❶高齢者をめぐる多機関連携・ネットワーク形成

　副田は、高齢者の医療介護ニーズの増大に伴い多機関協働が求められる背景として以下の2点について注目する。一つは医療・介護ニーズをもつ高齢者が地域に増えてきていることにより、利用者の意向に沿って、種々の医療サービスと介護サービスが切れ目なく、一体的に提供されるように、多機関の多職種が協働を図っていくことが求められるようになってきたことである。

　もう一つは分野横断的なニーズをもつ「厄介な課題（wicked problems）」が増えてきたということである。厄介な課題とは「ベスト

な対応方法は誰もわからないが、一つの機関によるアプローチでは解決できないとわかっている、複雑で分野横断的な対応を要する問題[2]」を指す。そしてこのような分野横断的ニーズをもつ事例は、家族の構造および機能の縮小化、親族や地域の相互扶助機能の衰退、貧困や経済的格差の拡大、サービス不足とサービスの分断化のまま展開される地域ケア政策などの社会的要因によって、今後も増え続けるおそれがあるとしている。

白澤は、ケアマネジメントの本質について論じるなかで、個別のケースカンファレンスと、地域で累積された支援困難事例をもとに地域の課題を明らかにし、社会資源を開発・改善し、量的確保を図るような対応（例：地域ケア推進会議）が実施されることによって地域のネットワークが強化されるとしている。ケアマネジメントを有効にするためには地域の諸団体によるネットワークのもとで支援困難事例の解決を目指すケースカンファレンスおよびケースへのかかわりが不可欠であるとしている。そして、地域のネットワークの要件として以下の4点を提示した。[3]

❶　利用者を発見し、ケアマネジメント機関へ連絡すること

❷　必要な諸サービスを円滑・即刻に提供すること

❸　フォーマルなサービスとインフォーマルなサポートの両方を提供すること

❹　新たな社会資源を開発すること

このように、高齢者をめぐる地域包括ケアの動きのなかで、高齢者を在宅で支えていくためには地域のなかで、保健・医療・福祉そのほか生活支援を担う専門職の有機的な連携・ネットワークが不可欠であるとされ、特に分野横断的な、支援困難事例を支援するためには、**図3-4** のように個別のケースカンファレンスを通して、地域の課題を見出し、社会資源開発も可能にするようなネットワークの構築が求められている。

❷生活困窮者をめぐる多機関協働・ネットワーク形成

生活困窮者自立支援をめぐる法律・制度の改正に向けた議論のなかでも、多機関協働の必要性、ネットワークによる支援システムの構築が進められてきた。2013（平成25）年に成立した生活困窮者自立支援法は2018（平成30）年に改正され、そのなかで生活困窮者の自立支援の基本理念が以下のように明確化された。

❶　生活困窮者の尊厳の保持

❷　就労の状況、心身の状況、地域社会からの孤立といった生活困窮者の状況に応じた、包括的・早期的な支援

図3-4　「地域ケア会議」を活用した個別課題解決から地域包括ケアシステム実現までのイメージ

○地域包括支援センター（又は市町村）は、多職種協働による個別ケースのケアマネジメント支援のための実務者レベルの地域ケア会議を開催するとともに、必要に応じて、そこで蓄積された最適な手法や地域課題を関係者と共有するための地域ケア会議を開催する。
○市町村は、地域包括支援センター等で把握された有効な支援方法を普遍化し、地域課題を解決していくために、代表者レベルの地域ケア会議を開催する。ここでは、需要に見合ったサービス資源の開発を行うとともに、保健・医療・福祉等の専門機関や住民組織・民間企業等によるネットワークを連結させて、地域包括ケアの社会基盤整備を行う。
○市町村は、これらを社会資源として介護保険事業計画に位置づけ、PDCAサイクルによって地域包括ケアシステムの実現へとつなげる。

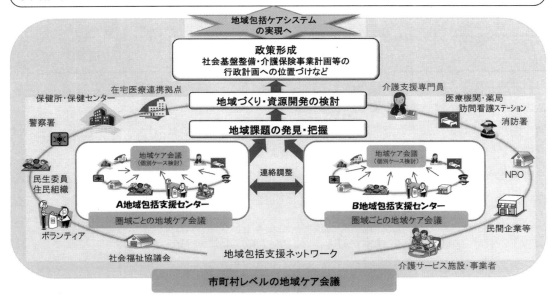

資料：厚生労働省「地域ケア会議について」

❸　地域における関係機関、民間団体との緊密な連携等支援体制の整備（生活困窮者支援を通じた地域共生社会※の実現に向けた地域づくり）

また、生活困窮者の定義規定を「現に経済的に困窮し、最低限度の生活を維持することができなくなるおそれのある者」から「就労の状況、心身の状況、地域社会との関係性その他の事情により、現に経済的に困窮し、最低限度の生活を維持することができなくなるおそれのある者」に見直している。生活に困窮しているという「状態」だけではなく、そこに至るまでのプロセスに着目し、そのなかで「地域社会との関係性」について触れているということは、裏返せば、生活に困窮する状況にある人が、地域のなかで人とのつながりから切り離されている状況にあり、その人を取り巻くネットワーク再構築への着目がより明確になったということができる。

支援体制の整備については、関係部局の連携強化が求められ、生活困窮者自立支援法に基づく事業を実施する自治体は、自治体職員（関係分野の職員を含む）、自立相談支援事業の相談員、就労準備支援事業・家計改善支援事業等、法定事業の支援員、各分野の相談機関、民生委員等を

構成員とする、生活困窮者に対する支援に関する情報の交換や支援体制に関する検討を行うための会議が設置できることとされた。

　生活困窮者を取り巻くインフォーマルな地域のネットワーク、生活困窮者支援を行うフォーマルなネットワークの双方を視野に入れたネットワーキング実践が、生活困窮者自立支援の現場で求められている。

❸多分野におけるネットワーク強化の留意点

　高齢者、生活困窮者のほかにも、災害支援、児童虐待防止、自殺予防、障害者地域生活支援など、地域のなかで多様なネットワークが幾重にも重なりあっている現状がある。2016（平成 28）年 10 月から 2017（平成 29）年 9 月まで 1 年間にわたって協議された「地域における住民主体の課題解決力強化・相談支援体制の在り方に関する検討会（地域力強化検討会）」のなかで、地域における相談支援の窓口、地域での協議の場が多様にあることに対して検討メンバーから整理が求められ、提出された資料が図 3-5 である。住民の身近な圏域である小・中学校区から、市町村全体の広域、さらに都道府県域にわたるまで、協議の場の圏域設定も多様であり、また地域のなかで開催される協議の場の目的も多様であることがわかる。

図3-5　地域力強化を取り巻く資源と協議の場

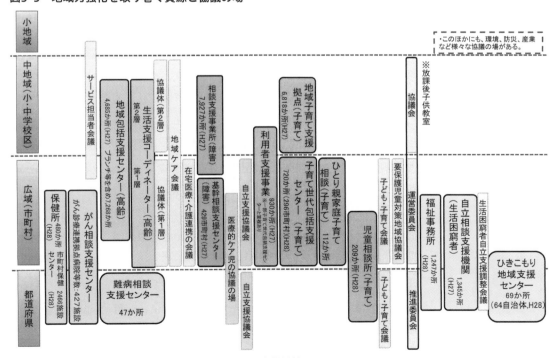

資料：厚生労働省「第 2 回地域力強化検討会平成28年10月18日会議資料」

地域のなかでのネットワーク形成には、一つの分野の視点からネットワーク形成を検討するだけではなく、多様なネットワークが地域のなかでも重層的に存在しているということを視野に入れなければならない。

　都道府県域から中地域（小・中学校区）まで、高齢、障害、子育て、生活困窮等のネットワーク、協議の場が重なりあいながら設置されていることから、一人の専門職が複数のネットワークに参加する場合も当然想定される。また、地域社会のつながりが重視される今日、地域住民としてこうしたいくつもの会議やネットワークに参加を求められる民生委員や地域組織の役員等の人材は、いわゆるネットワーク疲れを起こしている現状もある。

　多様な分野のネットワークを地域のなかに構築していくことは今後も重要な課題ではあるが、地域において重層的なネットワークの全体像を俯瞰的に捉え、地域全体のネットワークマネジメントを行っていく視点もマクロレベルのソーシャルワーク機能として求められているだろう。

3 ネットワークの性質

1 つながりの重層性

　ネットワーキングを行っていくうえで、ネットワークのもつ多様な性質について理解し、ネットワーキングの目的に沿ってどのような性質のネットワークをつくっていくべきかということを考える必要がある。

　まず、前項でも触れているがネットワークがもつ重層性について考えてみよう。前述の**図3-5**をみてもわかるように、ネットワークは身近な隣近所といった小地域から、中地域（小・中学校区）、広域（市町村）、都道府県、そして国全体と重層的にさまざまなレベルで形成されている。牧里は、地域を基盤とするネットワークのレベルについて、個人の生活ネットワークでもある「ミクロネットワーク」、当事者集団、セルフ・ヘルプグループ、実務者のサービス・チームなどの集団レベルでの「メゾネットワーク」、政策担当者の機関間ネットワークである「マクロネットワーク」というレベルにネットワークを類型化しており、ミクロレベル、メゾレベル、マクロレベルを重層的に構成する「総合ネットワーク」が地域福祉ネットワークにあたるとしている。

　大橋も同様に、パーソナルネットワーク、グループネットワーク、メタネットワークの分類を示している。このようにネットワークは、レベ

ルが重なりあうように層が形成されており、それぞれの参加者も異なっている。

　地域のなかで包括的な支援体制を構築していくうえで、ネットワークの構築を目指すソーシャルワーカーがもつべき重要な視点は、ネットワークは重層的なレベルで形成されているということだけではなく、それぞれの層を循環させることを目指すということである。山手は、クライエント・レベル（個人・家族）のネットワークとポリシー・レベル（国・都道府県・市町村）のネットワークをつなぐ役割を果たすプログラム・レベル（地域社会・施設・機関・団体）のネットワークを示し、この三つのレベルの循環が必要であるとしている（図3-6）。

　クライエント個人およびその家族にかかわるソーシャルワーカーはケースマネジメント、サポートネットワーキングを行い、クライエントとその家族に必要な支援のミクロレベルのネットワーク形成を行う。その実践のなかで、クライエントとその家族に必要なサービスが十分に届かない、あるいは支援そのものにつながらないという状況を把握した場合、クライエントやその家族の状況を代弁し、当事者の権利擁護に向けて関係施設・機関・団体と情報を共有し課題解決に向けた連携を強化し、当事者の組織化、住民の互助ネットワークの形成を行い、メゾレベルのネットワークであるプログラム・レベルのネットワーク形成を行う。個

Active Learning

何らかの生活課題を抱えた人たちを想定してください。その人たちを取り巻くネットワークについて、ミクロレベル（クライエント・レベル）、メゾレベル（プログラム・レベル）、マクロレベル（ポリシー・レベル）のそれぞれで、どういった援助者・組織が、どのようなネットワークを構成するのかを考えてみましょう。

図3-6　重層的なネットワークの循環

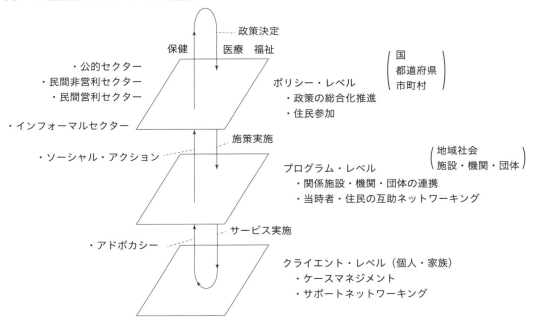

出典：山手茂「福祉社会研究の3レベル」『福祉社会学研究』第4号, p. 17, 2007. を一部改変

別の課題を地域の課題へと展開していくためのソーシャルワーク実践である。

さらに、当事者たちが制度の狭間に置かれ権利が守られていないような状況に対して、政策や社会全体に働きかけていくことも必要となる。ソーシャルアクションとして制度の狭間をなくしていくように、政策の総合化を推進し、地域社会の変革を目指して課題解決に向けた住民参加を求めていく。こうしたマクロレベルのネットワークであるポリシー・レベルへの働きかけが、ミクロレベルからのボトムアップによってソーシャルワーク実践として求められているのである。

このように、ミクロレベルでの当事者への支援実態がボトムアップで政策形成につながっていくことにより、市町村レベルで実施される施策が当事者のニーズに即したものになり、クライエントとその家族に届くサービスの内容がより豊かなものになる可能性が広がっていく。

マクロからの施策実施、サービス実施のみの方向性であれば、サービスにつながらない制度の狭間に陥っているようなクライエントの状況は変わらない。だからこそ、ミクロレベル、メゾレベル、マクロレベルそれぞれのネットワークがつながり循環することが必要であり、ソーシャルワーク実践としてのアドボカシー、ソーシャルアクションが求められる。

▌2 ネットワークの開放性

★ソーシャル・キャピタル
ネットワークという構造に人々の信頼・共通する規範意識が蓄積されることによって、ネットワークに参加するメンバーが共通する利益を得ることができるという考え方。ソーシャル・キャピタルはミクロからマクロへ広がる波及性をもつとされる。

ソーシャル・キャピタル*の論者であるパットナム（Putnum, R. D.）は、ネットワークにはボンディング（結束）型とブリッジング（橋渡し）型の二つのタイプがあり、その目的が異なっているとした（**表3-1**）。

同じような仲間同士がネットワークを形成すると、経験や考え方も同質となり、ネットワークが向かう方向性は内向きとなる。互いが知り合い同士というように関係性を表す線の数が多く、ネットワーク全体の関係性の密度が高くなり、「このメンバーたちなら全部言わなくてもわかってくれる」というように心理的サポートを得やすくなる（**図3-7**）。

一方で、多様なメンバーが参加するネットワークは、それぞれの経験や考え方も異なり、ネットワークのなかで、知らない者同士が複数存在し関係性の密度が低くなる。ネットワークの周辺にいるメンバーは、外に向かってネットワークを拡大していく可能性のあるメンバーであり、新たな資源獲得・資源開発のチャンスがボンディング型のネットワークに比べ高い（**図3-8**）。本節で紹介したグラノヴェターの「弱い紐帯の強

表3-1　ネットワークのタイプ

行動の動機	行　　動	ネットワークのタイプ
資源の維持	ほかのメンバーと思いを一つにして心理的サポートを得る	ボンディング（結束）型
資源の獲得	資源を拡大するため自分も行動し、時には他者に行動を起こさせる	ブリッジング（橋渡し）型

図3-7　ボンディング（結束）型ネットワーク

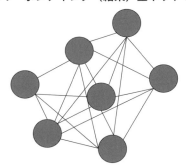

同質性の高いメンバーによるネットワーク

さ」はこのブリッジング型のネットワークの特性を実証したものである。

　このように、ネットワークが閉じているか開放されているかという性質の違いは、どちらが優れているかということではなく、それぞれのネットワークの目指す目的によって使い分けていくことが重要である。たとえば、アルコール依存症当事者のセルフヘルプグループである AA（Alcoholics Anonymous）は、アルコール依存症の当事者がそれぞれの経験を語りあい、互いにアルコールを摂取しない生き方を続けていくための自助組織であり、ネットワークの性質はボンディング型になる。同じような経験をした仲間同士だからこそ、安心して自分の経験を語ることができるのであり、仲間からの心理的なサポートが当事者の前を向

図3-8　ブリッジング（橋渡し）型ネットワーク

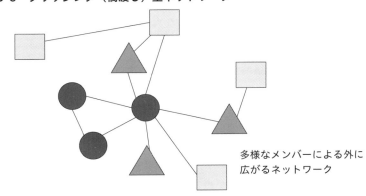

多様なメンバーによる外に広がるネットワーク

く力となる。

　またたとえば、地域のなかで障害者の就労の場を開発していくような社会資源開発を目指す場合、メンバーは地域住民、障害者の日常生活を支える専門職、地域のなかで事業を営む事業者、行政担当課職員、障害者の家族など多様な立場の人が集まり、今までなかったものをつくり出していくために外に向かって関係を広げていくことになり、ネットワークの性質はブリッジング型になる。自分だけではなく、他者に対して行動を起こさせるという外向きの力動が働くことにより、当事者の環境である社会を変えていこうとする力が生まれていく。

■3 メンバーの多様性

　ネットワークがどのようなメンバーによって構成されているのかという視点からネットワークを分類するという考え方がある。具体的な分類の方法としてソーシャルワークでよく用いられているのは、❶制度によって支援を行う専門職によるフォーマルネットワーク、❷家族、友人、地域住民等の専門職ではないインフォーマルネットワーク、❸フォーマル・インフォーマルの協働によるネットワーク、の三つに分ける考え方である。

　近年では特に❸のフォーマル・インフォーマルの協働の重要性が強調されているが、ミクロレベルのサポートネットワークであるソーシャルサポートネットワークの理論の変遷に沿ってその重要性を確認していく。

　小松はミクロレベルの、個人やその家族を取り巻く支援ネットワークにおいて「専門職でない、インフォーマルな援助者、家族、友人、隣人、地区の世話人などの素人の援助者[4]」をソーシャルサポートネットワークとして定義した。制度によって社会福祉の支援・サービスが措置された時代においては、制度によりサービスを提供するフォーマルなネットワークでの支えとは別に、フォーマルな専門職支援では届かない細やかな日常的なサポートについては、近隣や家族といったインフォーマルネットワークで支える重要性が指摘されていた。この時期はまだフォーマル・インフォーマルの役割分担が明確であったといえる。

　これに対して山手は「最近は対人サービス諸専門的職業従事者のチームワーク（フォーマル・ネットワーク）およびボランティア・友人・隣人・近親者などのインフォーマルネットワーク、それらを総合したソーシャルサポートネットワークが重視されるようになった。特に、在宅ケ

ア、コミュニティケアを目的とする新しい動きの中で、ソーシャルサポートネットワークという用語が盛んに用いられている[5]」としてフォーマル・インフォーマルの協働の必要性を強調している。

　フォーマルな社会福祉サービスが措置から契約制度に移行し、また家族介護力の低下や地域でのつながりの希薄化が課題となるなか、フォーマル・インフォーマルのどちらか一方のみで個人の生活問題を支えることはもはや現実的ではなくなり、山手が主張する総合的なソーシャルサポートネットワークがよりいっそう求められていると考えられる。

　フォーマル・インフォーマルの協働の必要性を提唱する理論のなかで、カーン（Kahn, R. L.）とアントヌッチ（Antonucci, T. C.）が提唱したコンボイモデルは、個人を取り巻くネットワークのフォーマル・インフォーマルの協働の重要性に加え、個人のライフコースに対応したネットワークの変化について、以下のように提示している[6]（図3-9）。ネットワークは個人を中心として層をなしており、個人に一番近い層には個人と安定して関係を継続しようとするインフォーマルなメンバーが取り巻き、その周囲には専門家を含め役割的に個人をサポートするメンバーが取り巻くという構図となる。コンボイモデルのコンボイは、もともとは「護送船団」という意味があり、当事者の人生の航路（ライフコース）

図3-9　コンボイモデル

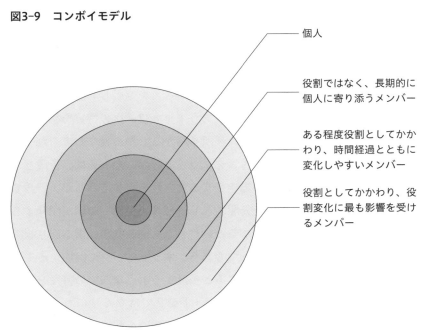

出典：Kahn, R. L. & Antonucci, T. C., 'Convoys over the Life Course : Attachment, Roles, and Social Support', *Life-span development and behavior*（3）, Academic Press, p. 273, 1980. を一部改変

の進行に寄り添うように支援のメンバーが取り囲みながら進んでいくイメージをもっている。

　中心にいる個人は、ライフコースのなかでその置かれている状況も変化する。たとえば、高齢期にさしかかっても元気に地域活動や趣味を楽しんできた人が、ある日、家の中の段差につまずき大腿骨を骨折したことにより、介護が必要な状況となることも起こり得る。家族や近隣の住民など、個人と安定した関係を継続するメンバーは、中心にいる個人の状況が変化しても比較的安定して個人を支え続けるが、その周辺に位置するメンバーは、求められる役割が変化することによってコンボイから退出し、より求められる役割を担うことが的確なメンバーと交代することとなる。専門職は一番外側の役割変化に最も影響を受けるメンバーに位置づけられる。このように個人のライフコースに寄り添いながら支え続けるソーシャルサポートネットワークのコンボイモデルは、ネットワークメンバーの多様性とネットワークの変化という視点を私たちに提供する。

　多様なメンバーが集うということは、それぞれの主体の支援の得意・不得意な分野も多様性があるということになる。**表3-2**は、行政によるフォーマル部門、企業市場部門、地域住民等によるインフォーマル部門をミックスする福祉多元主義のそれぞれの主体の長所・短所を簡潔に示したものである。

　前述したように、リップナックとスタンプスはネットワークは、人々がそれぞれの領域で現状を乗り越えようとする目的をもつことによってその構築が目指されるようになるとしてネットワークが課題解決の手段であるとした。一つの主体ではなし得ないことを協働して課題解決に向かうために、それぞれの短所を補いあうネットワークの特質を相補性と呼ぶ。また、それぞれの主体は、長所を活かしながら独立してそれぞれの固有の役割を果たす。この特質を独立性と呼ぶ。たとえば、行政と企業・市場はそれぞれが固有の働きをする独立性を有しているが、行政では考えつかないような柔軟で先駆的なサービスを企業・市場が開発することを、助成金などで後押しするというような協働実践による取り組みは相補性が発揮される事例の一つである。ネットワークに参加する主体は、相補性と独立性という一見すると相反するような二つの特性を状況に応じてうまく組み合わせながら、1＋1を2ではなく3にも4にも増幅させ、総合力によるサポート機能によって課題を解決していくのである。

表3-2　福祉多元主義の三つの主体の長所・
　　　　短所

	長　　所	短　　所
フォーマル	平等　継続	硬直　縦割り
企業・市場	柔軟　開発性	利益重視
インフォーマル	思いやりの心	不安定

4　ネットワークの機能

　原田はネットワークの機能には発見・予防と支援・対応、そして組織・地域の三つの種類があるとしている（図3-10）。この考え方は、公益社団法人日本社会福祉士会の地域包括支援センターネットワーク研究委員会のなかで整理されてきた。「発見・予防のネットワーク」「支援・対応のネットワーク」「組織・地域のネットワーク」が別々にあるのではなく、相互のネットワークが関連しあい、機能していることを機能の連続性と呼ぶ。

　個別のニーズを発見した段階で同時に近隣の支援がネットワークによって始まる場合もある。また地域のなかで見守りネットワークが組織され、そのネットワークに相談があり個別の悩みが発見される場合もある。ネットワークは単方向で順番に発見・予防→支援・対応→組織・地域へと進むということではなく同時に複数のネットワークが機能することがある。

図3-10　ネットワーク機能の連続性

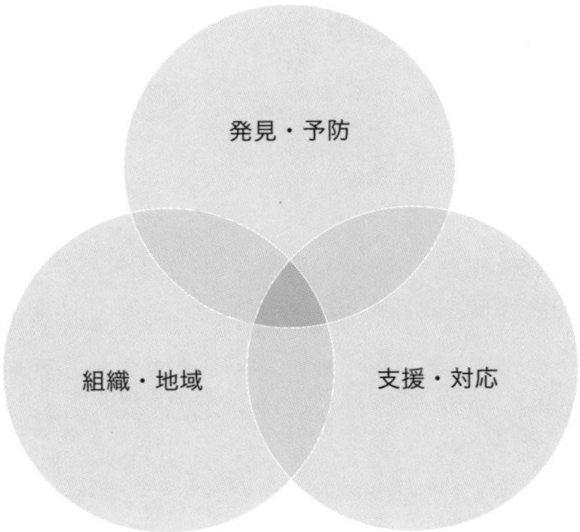

発見・予防

組織・地域

支援・対応

ネットワーキングとは、そうしたネットワークの機能の連続性を視野に入れながら、どのネットワークが今機能していて、次の段階でどのネットワーク機能を高めていくことが必要かを見極めながら、意図をもってプロセスを進めていくということになる。

5 ネットワーク構築のプロセスと手法

　ネットワーク構築のプロセスについて、前述した日本社会福祉士会の地域包括支援センターネットワーク研究委員会は二つのパターンを提起している。一つは問題解決型、もう一つは問題把握型である（図3-11）。
　問題解決型は、まず解決すべき個人や地域の問題を把握したうえで、その解決に必要な人たちに集まってもらって組織化を行い、そのメンバーによる支援計画を作成し、実施し、評価を行うというプロセスとなる。個人を対象にこのようなネットワークを形成する場合、組織化の手法としてケアマネジメントを考えることができる。
　問題共有型は、まず問題に関心のある人が集まりネットワークが形成される。そのなかで互いに情報共有を行い、問題を具体的に共有していきながらいざ問題が起こった場合に迅速に支援計画を作成し、実施し、評価を行うというプロセスとなる。きたるべき災害に向けて防災ネットワークをまず形成し、いざ災害が起こったときにどのように動くかを想定しておいていざというときに迅速に対応できるようにしておくという

図3-11　ネットワーク構築のプロセス

問題解決型の組織化

問題把握　→　計画　→　実施　→　評価

組織化

問題共有型の組織化

問題把握　→　計画　→　実施　→　評価

組織化

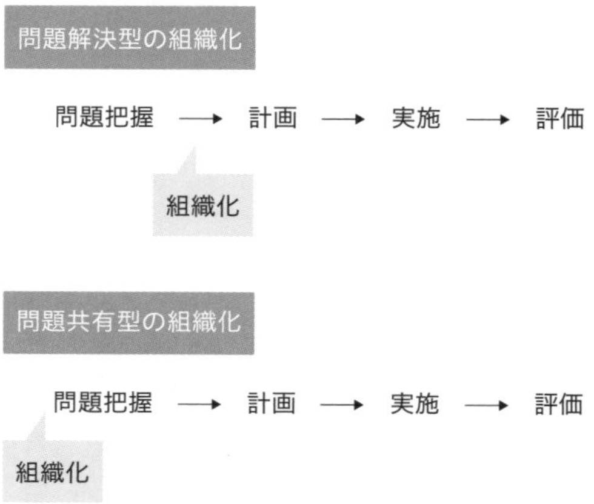

出典：日本社会福祉士会編『ネットワークを活用したソーシャルワーク実践——事例から学ぶ「地域」実践力養成テキスト』中央法規出版, p.34, 2013.

ことも考えられる。問題型が事後対応のネットワークであれば、問題共有型は予防的ネットワークということができるだろう。

　ボンディング型、ブリッジング型のネットワークと同じように、問題解決型と問題共有型もどちらがよいということではない。地域のなかで何が今必要なのかという、地域の全体像を捉え、それぞれの目的に合わせてソーシャルワーカーが意図的にネットワークを形成していくことが必要なのである。

　ソーシャルワーカーがネットワークを形成していくうえでどのようなプロセスをたどるかをみていこう。このときに、ソーシャルワーカー自身はネットワークの外側にいるのではなく、ソーシャルワーカー自身もネットワークの主体（ノード）であるということを意識しなければならない。

　川島は、コミュニティソーシャルワーカーのネットワーク形成のプロセスを質的調査によって以下のように描いている。

❶　キーパーソンとの出会い

❷　ネットワークを維持・展開していく努力

❸　ネットワークからのリターン

❹　ネットワークのゆらぎ

❺　常に繰り返されるメンテナンス

❶キーパーソンとの出会い

　ネットワークを形成していくうえで、誰をネットワークのメンバーとして選択していくかということもソーシャルワーカーの実践として大切な視点である。問題解決型であれ、問題共有型であれ、ソーシャルワーカーとして問題を設定し、何のためにネットワークを形成するのかという目的意識をもってネットワークを形成していくのであれば、誰でもよいということではなく、その目的を達成するために必要な人材（組織）を意図的に巻き込んでいくことが必要になる。

　キーパーソンとの出会いは、ネットワーク形成の前にさまざまな機会ですでに起こっている可能性がある。以前に個別支援の実践において協働した経験があるかもしれないし、会議の場で名刺交換をした相手かもしれない。さまざまな場面で出会う人材や組織・機関について、日頃から情報を収集しておくことが必要となる。

❷ネットワークを維持・展開していく実践

　キーパーソンとつながりネットワークを形成することでネットワーキングが完了するのではなく、そのネットワークを維持・発展させていく

ためには常にネットワークに対してソーシャルワーカーが働きかけてい
くことが必要となる。この実践はさらに四つに分けることができる。

① 自分を知る

　ソーシャルワーカー自身もネットワークを形成する主体であるので、
まず自分自身の機能について客観的に把握をしておく必要がある。自分
自身の強み・弱みを理解したうえで、自分の強みをネットワークのキー
パーソンに対して伝えていくことが必要であり、自分の弱みを自覚した
うえで、それを補ってくれる相手を見つけ出すことが求められる。強み
を売り出し弱みを伝え、助けを求めるということがネットワーク上で起
こることによって相補関係（互いのプラスマイナスを組み合わせる関係）
が成り立っていくことになる。

② 自身を地域に開く

　ソーシャルワーカーはネットワークのなかで、常にオープンな姿勢を
とり、ネットワーク上に情報が豊かに流れ蓄積されていくことを支援し
なければならない。

③ 相手への思い

　また、ネットワークでつながるキーパーソンを尊重する姿勢をもち、
ネットワークで得た情報や問題解決に向けた支援の状況などをキーパー
ソンにフィードバックしていくことも必要となる。ネットワークでつな
がるキーパーソンはソーシャルワーカーにとって「資源」ではなく「と
もに問題解決に取り組むパートナー」であるということを常に意識して
おくことも重要である。

④ つなぐ、つなげる

　ネットワークがブリッジング型の場合、ネットワークでつながるキー
パーソン同士は互いにつながっていない場合もある。それぞれのキー
パーソンの間を媒介し、橋渡しをする役割もソーシャルワーカーが担っ
ていく。今までつながっていなかったキーパーソンがそれぞれの境界を
越えることで新たな資源開発が生まれる可能性が高まる。ソーシャル
ワーカー自身がつながるということだけではなく、メンバー同士のつな
がりを増やしていくことも、ネットワークの維持・展開にとって大切な
ソーシャルワーク実践である。

❸ネットワークからのリターン

　ネットワークが維持・発展することによって問題解決に向けてメリッ
トが生まれていく。

　メンバー同士の意識が変わっていくということもあるかもしれない

し、ネットワーク上を流れる情報量が豊かになっていくこともある。また具体的に問題が解決され、新たな資源が開発されるということもあり得る。こうしたネットワークからのリターンを評価し、メンバーと共有していくことによって、ネットワーク形成の動機づけにつながっていく。

❹ネットワークのゆらぎ

ネットワークが形成されても、カーンとアントヌッチがコンボイ理論において示したように、ネットワークは常に変化する。メンバーが抜け、新しいメンバーが入ってきてネットワークの機能が当初の想定からずれてしまうことも起こり得る。こうしたネットワークのゆらぎを、ソーシャルワーカーは想定しておく必要がある。

❺常に繰り返されるメンテナンス

ネットワークのゆらぎや、ネットワークの目的の新たな設定などネットワークは変化し続けるということを前提に、ソーシャルワーカーはネットワークを常に目的と照らしあわせながら最適の状態になるようにメンテナンスをしておく必要がある。

ネットワーク上に最新の情報を流し、ネットワークに参加するキーパーソンの実践を把握し、地域の問題状況を把握したうえでネットワークの目的を修正していく。ネットワーキングとしてのソーシャルワーク実践は、常にネットワークを問題に対して最適化していくことにあるといえる。

Active Learning

何らかの生活課題を抱えた人たちを支えるネットワークを想定してください。そして、そのネットワークを維持するために、ソーシャルワーカーはどのような行動をとるべきかを考えてみましょう。

◇引用文献
1）J. リップナック・J. スタンプス，社会開発統計研究所訳『ネットワーキング——ヨコ型情報社会への潮流』プレジデント社，p. 23，1984.
2）副田あけみ『多機関協働の時代——高齢者の医療・介護ニーズ、分野横断的ニーズへの支援』関東学院大学出版会，p. 3，2018.
3）白澤政和『ケアマネジメントの本質——生活支援のあり方と実践方法』中央法規出版，p. 80，2018.
4）小松源助「ソーシャル・サポート・ネットワークの実践課題——概念と必要性」『社会福祉研究』第42号，p. 19，1988.
5）山手茂『福祉社会形成とネットワーキング——社会学・社会福祉学論集2』亜紀書房，p. 39，1996.
6）Kahn, R. L. & Antonucci, T. C. 'Convoys over the Life Corse : Attachment, Roles, and Social Support', *Life-span development and behavior*（3），Academic Press, p. 273, 1980.

◇参考文献
・野沢慎司監訳『リーディングス ネットワーク論——家族・コミュニティ・社会関係資本』勁草書房，2006.
・大橋謙策「社会福祉におけるネットワークとネットワーキング」『子ども家庭福祉情報』第6号，1993.
・川島ゆり子『地域を基盤としたソーシャルワークの展開——コミュニティケアネットワーク構築の実践』ミネルヴァ書房，2014.
・川島ゆり子「協働の中核」『ノーマ』第323号，2019.
・小松源助「ソーシャル・サポート・ネットワークの実践課題——概念と必要性」『社会福祉研究』第42号，1988.
・日本社会福祉士会編『ネットワークを活用したソーシャルワーク実践』中央法規出版，2013.
・藤崎宏子『現代家族問題シリーズ4 高齢者・家族・社会的ネットワーク』培風館，1998.
・牧里毎治「地域福祉とソーシャルワーク—介護保険制度下のソーシャルワーク—」『ソーシャルワーク研究』第25巻第4号，2000.
・正村公宏「ネットワーキングと情報社会の課題」『組織化学』第20巻第3号，1986.
・山手茂『福祉社会形成とネットワーキング——社会学・社会福祉学論集2』亜紀書房，1996.
・山手茂「福祉社会研究の3レベル」『福祉社会学研究』第4号，2007.
・渡邊洋一『コミュニティケアと社会福祉の展望』相川書房，2005.
・M. グラノヴェター，渡辺深訳『転職——ネットワークとキャリアの研究』ミネルヴァ書房，1998.

●おすすめ
・野沢慎司監訳『リーディングス ネットワーク論——家族・コミュニティ・社会関係資本』勁草書房，2006.
・竹端寛・伊藤健次・望月宗一郎・上田美穂編著『自分たちで創る現場を変える地域包括ケアシステム——わがまちでも実現可能なレシピ』ミネルヴァ書房，2015.

第2節 コーディネーション

1 コーディネーションの意義と目的

　近年のソーシャルワーク実践のなかで頻繁にネットワーク、ネットワーキングという用語が使われていることは、今までも述べてきたが、コーディネート、コーディネーションという用語も多用される現状がある。

　ネットワークが人々がそれぞれの領域で現状を乗り越えようとする目的をもつことによってその構築が目指されるのだとすれば、その目的を達成するためにネットワークは常に最適な状態を目指さなければならない。ネットワークに参加するメンバーがそれぞれ長所をもち、短所をもつ存在であるならば、メンバー同士を結びつけ、長所を引き出し、短所を補いあうことによってネットワークを構築する意味が生まれる。

　ウーベルバイト（Øvertvait, J.）は、このように個々のメンバーがそれぞれの相違は保持しながら全体の調和を構築していく働きかけをコーディネーションとした。そしてコーディネーションを行う目的は、単体ではなし得ない課題解決をネットワークによって実現することにあるとしている。また、コーディネートを担う人材の役割について、ソーシャルワーク基本用語辞典によると、「コーディネーターとは、合同で決定された目的を達成するよう目標と個々の活動を調整・調和させる者であり、『調整者』と訳される場合もある[1]」と定義している。

　副田は、地域包括ケアを担う多職種チームをまとめていくチームマネジメントについて「チームマネジメントは、チームマネジャーがチームメンバー間の目標共有と、目標達成を目指した協力活動を推進していくことである[2]」としている。専門職や支援に携わる関係者の関係性を最適化していく実践について、コーディネーション、チームマネジメント等

図3-12　コーディネートの重層性

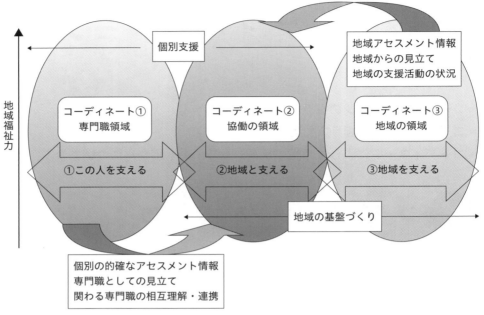

地域福祉力

個別支援

地域アセスメント情報
地域からの見立て
地域の支援活動の状況

コーディネート①
専門職領域

コーディネート②
協働の領域

コーディネート③
地域の領域

①この人を支える

②地域と支える

③地域を支える

地域の基盤づくり

個別の的確なアセスメント情報
専門職としての見立て
関わる専門職の相互理解・連携

出典：川島ゆり子「協働の中核」『ノーマ』第323号，p.7，2019.

の用語が統一されずに使われている現状があるが、いずれにしても単に
チームやネットワークを形成するだけではなく、そのつながりを目的に
向けて最適化するために、ネットワークメンバーの行動と意識に働きか
けていく実践が重要である。

2 ▶ コーディネートの重層性

　ネットワークが地域のなかで重層的に構築されることが求められてい
ることに連動し、コーディネートも地域のなかで重層的に実践を展開し
ていく必要がある（**図3-12**）。ミクロ・メゾ・マクロと連動させながら
コーディネートの領域を三つに分けて説明をしていく。

❶専門職領域

　地域のなかで、支援の狭間にもれ落ちているような人に寄り添い、相
談援助を実践していくためには、一つの分野に特化するのではなく、多
分野横断的な視点によるミクロレベルのソーシャルワークによる連携
コーディネートが求められる。ニーズをキャッチし、人とその環境を的
確にアセスメントし、ケースを見立て、かかわる専門職のネットワーク
を形成していく。そのためには、まず専門職が所属する組織内の連携を

確保しておくことも忘れてはならない。なぜなら組織としてのバックアップがあってこそ、多職種・多機関の専門職をネットワーク化する多機関連携へと専門職領域のネットワークを重層的につなげていくコーディネートが可能となるからである。多様な相談支援機関に所属する専門職がそれぞれの専門性の相互理解を図り、プラスを引き出しあい、マイナスを補いあうことによりネットワークの総合力を高めていくために専門職の間に橋渡しを行う。専門性の境界から踏み出すことによって生じる専門性のゆらぎを乗り越えていくメンバーを支えることも、専門領域のコーディネート実践として重要な役割となる。

Active Learning

何らかの生活課題を抱えた人たちを想定してください。あなたはその人たちを支援するネットワークづくりに取り組もうとしています。その際、あなたの職場からのバックアップをとりつけるために、あなたは職場の誰に、どのように説明しますか。

第**3**章 ネットワークの形成

❷協働の領域

　1人の人の地域生活を支えるということは、地域の関係性のなかでその人を支えるということであり、メゾレベルのソーシャルワークとして地域との協働を抜きにして実現はできない。地域ケア会議など地域住民とケースについて話しあう場を通して、アセスメント情報や専門職としての見立て、専門職が担う支援の内容などを地域住民と共有する。また、当事者と地域住民が出会う機会をつくり出し、当事者が自分の思いを地域住民に伝えることが難しい場合、その人の思いを代弁していくこともコーディネートの重要な役割となる。地域の特性、地域住民の思いも大切にしながら、個を支える支援を専門職が住民と協働しながら、面として地域に広げていくことによって地域のケア力の向上につながっていく。

❸地域の領域

　「地域共生社会に向けた包括的支援と多様な参加・協働の推進に関する検討会（以下、地域共生社会推進検討会）」最終とりまとめ（2019（令和元）年12月）において、地域づくりのコーディネート機能として「個別の活動や人のコーディネート」と「地域のプラットフォーム」の二つの機能を確保することが求められるとした。

　個別の活動や人のコーディネートの機能の要素としては、❶既存の地域活動や日常の支え合いの把握と、実践者への支援による地域活動の活性化、❷住民の「やりたい」という思いを軸とした新たな地域活動の創出、❸顔の見える関係性に基づく、地域の人と人、人と居場所や参加の機会をとりもつ役割、❹地域のプラットフォームをコーディネート・活性化する役割、を挙げている。

　また、地域のプラットフォームの機能の要素として、❶地域住民、地域資源を有する地域関係者、行政等が集い相談、協議し、学びあう場と、

❷コーディネート機能を支え、活性化する役割を挙げている。地域の領域において、地域の活動の実態をアセスメントし、活動がさらに広がっていくように新たな活動の創出のため人と人をつなぎ、出会う場や機会を創出し地域の基盤づくりを目指していくことがコーディネート機能として求められている。高齢者分野ではこれに先駆けて 2015（平成 27）年介護保険法改正時、高齢者分野における地域の領域のコーディネーターの専門職人材として、生活支援体制整備事業に生活支援コーディネーター★の配置が盛り込まれている。しかし、地域共生社会推進検討会最終とりまとめにおいては、コーディネート役割は必ずしも専門職が担うとは想定されておらず、地域のことをよく知る地域住民が担うことがあり得るとしている。このように制度、施策に基づき、市町村全域のシステムのコーディネートを担うマクロレベルのソーシャルワークも今後いっそう求められる。

　地域におけるコーディネートの役割は、専門職領域、協働の領域、地域の領域がそれぞれ単独で機能するのではなく、三つのコーディネート力が総体として発揮することにより包括的な支援体制が推進され、その蓄積が地域福祉力のエンパワメントにつながっていくということを考えると、専門職としてソーシャルワーカーがコーディネート役割とどのように向きあっていくかが今後問われているといえるだろう。

★生活支援コーディネーター
2015（平成 27）年の生活支援整備体制事業に位置づけられ、高齢者の生活支援・介護予防サービスの体制整備を推進していくことを目的とする。地域におけるネットワークの構築、資源開発などを目指し地域の基盤づくりを担う。

3 コーディネート人材養成としての IPW と IPE

　このように重層的な専門職のネットワーキングと地域との協働が求められる現状において、協働をコーディネートできる人材を養成することができるかが大きな課題となる。

　新井によると、イギリスでは、保健医療福祉の専門職や専門機関同士の連携による援助の実践は Interprofessional Work（IPW）をはじめ多様な呼び方がなされており、連携に関する教育は、一般的に Interprofessional Education（IPE）と呼ばれているとしている。そのうえで新井は、専門職連携実践（IPW）を「保健医療福祉の 2 つ以上の領域（機関の異同は問わない）の専門職が、それぞれの技術と知識を提供し合い、相互に作用しつつ、共通の目標の達成を患者・利用者とともに目指す援助活動」と定義し、専門職連携教育（IPE）を「専門職実践を可能にする資質の向上と修得をめざし、異なる領域同志の相互作用を

重視する教育活動[4]」と定義し、これを IPE の邦訳とし位置づけている。

松岡らは、我が国の専門職連携実践（IPW）は医療ケアの領域で先行されており、社会福祉・ソーシャルワークにとってもその重要性は認識されているものの、遅れをとっているとする。また専門職連携教育（IPE）では、それぞれの専門職領域のなかで IPE が位置づけられるのではなく、各領域の専門職が同じ場所でともに学ぶことが強調されるとしている。今後包括的支援体制の整備を目指し、多様な主体の連携・ネットワークを推進していくためには、地域社会の実践現場においても、実践者の IPE が欠かせない。

松岡らは、「IPW の前提として実践現場での IPE により各専門職のエンパワメントが果たされること、それが IPW の円滑化にさらに結びついていくという好循環が生まれること[5]」が期待されるとし、その実践の場の一つの選択肢として「地域ケア会議」を挙げている。副田、川島も事例研究における学びの重要性を指摘しており、個別ケースの検討を通じて、地域課題の発見、資源開発等の地域づくりにつなげ、また開発された資源が地域のなかで機能することにより、新たな個別ニーズの発見につながるというミクロ・メゾ・マクロの循環を地域という共通の場で多領域の専門職が学びあうことが必要であり、またその学びが地域における実践にフィードバックされていくとしている。

ただし、こうした IPW・IPE は、ともすると専門職にとっての利益が優先される可能性があるということを忘れてはならない。専門職の仕事の効率化や、ネットワーク構築そのものが目的化することのないように、何のために連携をとるのか何のためにネットワークを組むのかということを常にネットワークメンバーに意識することを促すこともコーディネートとしての重要な機能である。松岡らは、IPW は「患者やサービス利用者の価値、また連携メンバーである各種専門職の価値まで深く踏み込んで、それらが複雑にうごめく時空間での中でいかにして患者やサービス利用者の利益を優先し、その実現を患者も含めた関係者一同で『ともに目指す』ことができるのか、という力動的な特徴がその決定的な要素として刻印されていくことになるだろう[6]」とする。IPW・IPE はこれからの地域共生社会の実現に向けて、欠かすことのできない重要な要素であるということは間違いないだろう。その推進に向けて、最も重要な視点は、利用者の利益であり、IPW・IPE の実践は利用者とともに進めなければならないという価値志向である。まさにソーシャルワークの価値そのものであるともいえる。

第3章 ネットワークの形成

ネットワークの開放性の項でも触れたソーシャル・キャピタルの考え方は、今後の地域共生社会の基盤としての地域のつながりのあり方に対して、示唆を与えてくれる。ソーシャル・キャピタルの代表的な論者として有名なパットナム（Putnam, R. D.）は、『哲学する民主主義』等の著書でソーシャル・キャピタルの豊かさが社会のあり方に影響を及ぼすということを膨大なデータを用いて実証した。パットナムはソーシャル・キャピタルの構成要素として、構造としての**ネットワーク**と、その構造の上に蓄積される人々の意識としての**信頼・規範**を挙げている。このことは、ただつながるということだけで何か利益が得られるのではなく、つながった人々の間に、互いに対する信頼があり、互いの行動を規定する「規範（ルール）」があることによって、メンバー全体に利益が共有されるということを示している。このことは、コーディネート機能を考えるうえでも重要な視点となる。

ネットワークはあくまでも形であって、それが目的ではない。人と人とのつながり、組織と組織のつながりをソーシャルワーカー自らが橋渡し役を担いながら構築していくネットワーキングは、メンバー同士の信頼、共通の目的を達成することを目指す規範があってこそプラスに働く。もしこのような信頼や規範が欠如した専門職同士の関係であれば、役割の押し付け合いや相手の実践に対する批判となるだろう。また、専門職と地域住民との関係性も信頼や規範がなければ、地域住民への丸投げ、専門職への不信感が募ることになる。地域住民同士の関係のなかで不信感が募っている場合は、当事者への「見守り」ではなく、何か迷惑なことをするのではないかと見張る「監視」となってしまう。このような状態で地域における共生が実現するはずもない。

ネットワークに連なる個人や組織が、ネットワークを媒介にしながらつながりを増やし、ともに問題の解決に向けた協働実践を行うことによってその地域全体のソーシャル・キャピタルを豊かにすることを目指すコーディネーターの役割は、ネットワーキングとともに、ネットワークメンバーの意識である信頼と規範に働きかける役割を担うのである。

地域のなかでの安心した暮らしを実現するために、ケアサービスの充実に向けたサービス提供主体のネットワーク形成と、その基盤となる地域の多様な主体によるソーシャル・キャピタルの醸成の双方への働きか

けがソーシャルワークのコーディネート機能として今後いっそう求められるだろう。

◇引用文献
1）ソーシャルワーク学会編『ソーシャルワーク基本用語辞典』川島書店，p. 68，2013.
2）副田あけみ『多機関協働の時代──高齢者の医療・介護ニーズ、分野横断的ニーズへの支援』関東学院大学出版会，p. 142，2018.
3）新井利民「英国における専門職連携教育の展開」『社会福祉学』第48巻第 1 号，pp. 142-152，2007.
4）同上，pp. 142-152
5）松岡克尚・松岡千代「認知症高齢者支援における多職種連携（IPW）と多職種連携教育（IPE）の現状と課題──社会福祉・ソーシャルワークの視点から」『人間福祉学研究』第 9 巻第 1 号，p. 4，2016.
6）同上，p. 38

◇参考文献
・R. D. パットナム, 河田潤一訳『哲学する民主主義──伝統と改革の市民的構造』NTT 出版，2001.

●おすすめ
・野中猛・野中ケアマネジメント研究会『多職種連携の技術（アート）──地域生活支援のための理論と実践』中央法規出版，2014.
・渡部律子『福祉専門職のための統合的・多面的アセスメント──相互作用を深め最適な支援を導くための基礎』ミネルヴァ書房，2019.
・足立里江『兵庫・朝来市発 地域ケア会議サクセスガイド──地域包括ケアシステムのカギが、ここにある！』メディカ出版，2015.

第4章

ソーシャルワークにおける社会資源の活用・調整・開発

　ソーシャルワーク実践の特徴の一つに社会資源の活用がある。この社会資源は、人、もの、金、とき、知らせといった、クライエントシステムのニーズ充足を図るために活用できるものすべてと認識する必要がある。

　しかし、既存の社会資源では対応できないニーズを抱えた人もいる。そのため、新たに社会資源を開発していくこともソーシャルワーカーに求められる。そうした実践は、社会資源の不備／不足に気づくことから始まり、新たな資源の創出、あるいは既存資源の修正に取り組んでいくことになる。こうした取り組みには、さまざまな方法がある。ソーシャルワーカーは必要に応じてそれらを用いてクライエントシステムを支える環境側の力を高めていくことが必要になる。

社会資源の活用・調整

- ソーシャルワーク実践における社会資源の位置づけを学ぶ
- 社会資源の種類と内容を学ぶ
- 社会資源はクライエントのニーズを充足するために活用されるものであることを学ぶ

1 社会資源とは

1 社会資源とは何か

　ソーシャルワークの援助の特徴の一つは、さまざまな社会資源を活用し、クライエントのニーズの充足を図り、生活問題の解決を図るところにある。このように、社会資源はソーシャルワーク実践の重要な構成要素である。

　社会資源とは、「福祉ニーズの充足のために利用・動員される施設・設備、資金・物品、諸制度、技能、知識、人・集団などの有形、無形のハードウェ

図4-1　ソーシャルワークの構成要素

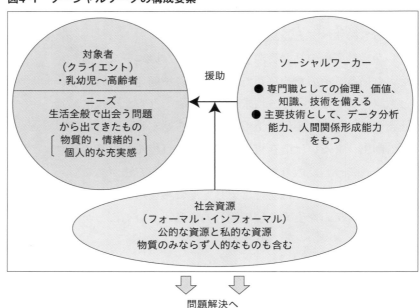

出典：渡部律子「第1章　ソーシャルワークの構成と過程」北島英治ほか編『社会福祉基礎シリーズ2　ソーシャルワーク実践の基礎理論』有斐閣, p. 20, 2002.

表4-1　社会資源の種類と内容

人	問題解決に取り組む当事者、医師、保健師、社会福祉士・ケアワーカー、ケアマネジャー等の専門職、住民、ボランティアといった保健医療福祉等に関わる広い人材
もの	保健・医療・福祉・教育・公民館等の施設、サービス・活動、物品はもちろん、住民関係、地域関係、ボランティア協議会、医療保健福祉等の専門職ネットワーク等のネットワーク
金	補助金・委託金、寄付金、収益、研究補助金
とき	就業時間、ボランティアが活動する時間。課題を共有化し、合意して取り組むチャンス
知らせ	上記の資源情報、サービス利用者情報、相談窓口における情報等のニーズ情報、計画策定に必要な統計等の管理情報

出典：市川一宏「社会資源」日本地域福祉学会編『新版 地域福祉事典』中央法規出版, p.159, 2006. を一部改変

Active Learning
「一人暮らしの認知症高齢者」「幼い子どもを一人で育てる母親」などというように、何らかの生活課題を抱えた人を想定してみましょう。そして、その人が活用できる社会資源について、「人、もの、金、とき、知らせ」といったそれぞれの種類について挙げてみましょう。

アおよびソフトウェアを総称[1]」するものと定義づけられる。また、市川は社会資源とは「人、もの、金、とき、知らせ」であると整理している[2]。

　一般に、社会資源というと何らかの制度化されたサービス（生活保護制度、通所介護、特別養護老人ホーム等）を想像させるが、これらの定義をみれば、社会資源とは利用者の課題解決のために活用できるあらゆるものが社会資源であることが理解できる。さらに、社会資源には援助者がもっている「知識、技術、専門性」や、さまざまな「情報」「機会」といった目に見えないものも含まれることがわかる。社会資源をこのように捉えると、ソーシャルワーカーは「利用者の援助に使えるものはすべて社会資源」という発想をもつべきだと考えられる。

2 社会資源の種類

❶フォーマルな社会資源

　社会資源には、さまざまな種類がある。一般的に、社会資源はフォーマルな資源とインフォーマルな資源に分類される。この場合、フォーマルな資源とは一定の利用要件に当てはまれば、どんな人でも利用が可能な、社会的に用意されたサービスのことを指す。それらは保健・医療・福祉・教育・就労等のサービスから市場サービスまで多岐にわたり、その提供主体も自治体や公益法人、さらに民間企業までさまざまである。これらのサービスの特徴として、そのサービスの提供者は提供機関の職員（常勤、非常勤）であり、そのサービス提供を職業として行っていることから、一般的に提供されるサービスの専門性は高く、またサービス提供の継続性・安定性は高い反面、時間や内容を随時変更してほしいといった利用者の要望に対しては対応しにくいなど、融通性については低

いといえる。

❷インフォーマルな社会資源

インフォーマルな社会資源とは、利用者との間で結ばれる私的な人間関係のなかで何らかの支援を提供するものであり、その担い手は家族、親族、近隣住民・知人、友人、同僚、ボランティアなどである。これらの支援者はフォーマルな資源に比べて専門性は低い場合が多く、また長期にわたる支援という面では安定性に欠けるけれども、利用者との間で結ばれる関係性はフォーマルな資源に比べて親密であったり、融通性が高いという特徴がある[i]。

❸内的資源

クライエントのもっている内的資源もまた、ソーシャルワーカーが注目すべき重要な資源と考えられる。

内的資源とは、クライエントが「本来、内的に備えている適応能力（competence）、解決能力[3]」「人が環境に働きかけてそれを変化させる能力[4]」であると考えられる。このコンピテンスは「動機づけ」「環境の質」「生活能力の技能」という三つの要素によって促進され、発揮される[5]。また、クライエントのストレングス（strength）を重視する立場では、クライエントの強さである、❶熱望（aspirations）―欲望・目的・野心・希望・夢、❷能力（competencies）―技能・才能・素質・熟達・知識、❸自信（confidence）―力・影響力・自分に対する信頼・自己の効力感に焦点を当て、これらが発揮できるように支援していくことを重視する[6]。

保健・医療・公衆衛生領域においては、従来から患者のもっているセルフケア能力を高める援助が重視されており、セルフケア能力の向上は疾病に対する対処だけでなくクオリティ・オブ・ライフ（quality of life：QOL）の向上にも関係すると考えられている。オレム（Orem, D. E.）は、この能力をセルフケア・エージェンシーと呼び、「生命過程を調整し、人間の構造と機能の統合性および人間的発達を維持、増進し、安寧を促進するケアに対する個人の継続的な要求を充足するための複合的・後天的な能力[7]」と述べている。

---

[i] ボランティアについては、その活動の基盤となるグループや団体が組織的に運営されているものがある。こうした活動ではボランティアによる支援を受けるための要件などが明確に定められており、いわばフォーマルな資源としての性格をもちながら、制度化されたサービスにはない柔軟性を併せもっているものもある。また、当事者の自助グループとして運営されている団体では、その当事者が抱える生活課題解決のために当事者自身が活用した結果や、活用のしやすさや効果などについて詳細情報を蓄積しているところがあり、高い専門性を有しているところもある。

また、近年では精神保健領域においてレジリエンスが重視されてきている。レジリエンスとは「困難な経験（逆境、トラウマ、悲劇、脅威）を跳ね返し上手に適応する現象とプロセス」（American Psychological Association）と定義される[8]。現時点では研究者によってレジリエンスの捉え方が異なることなどが研究上の課題とされているが、強さ（ストレングス）にアプローチすることでレジリエンスを高める可能性があることが指摘されている[9]。また、秋山は先行研究の整理から、レジリエンスを生み出す要素（レジリエンス促進要因）として、❶個人の質（特性・属性）、❷家族環境、❸社会環境と生態の三つの要素があることを指摘している[10]。そのうえで、レジリエンス促進要因である個人の属性として、❶レジリエンスの基礎要因（前向きな気質等）、❷社会性、❸知的側面、❹コミュニケーション・スキル／対人スキル、❺個人の属性（負の感情や行動の忍耐と統制、自己効力感等）という五つの属性があると整理している。

ソーシャルワーカーはクライエントの内的資源を発見し、それが発揮できるように支援していく。そのためソーシャルワーカーは、クライエント個人の力を高めるようにクライエントに働きかけていくことと同時に、クライエントの力が成長し、発揮されやすいように資源を動員し、または諸資源を変容させていくように働きかけることでクライエントの置かれた状況に変化を生み出す働きかけを行う。

2 社会資源活用の意義と目的

社会資源は、クライエントのニーズを充足するために活用されるものである。トール（Towle, C.）は、人間に共通するニーズとして、❶身体的福祉―食物、住居、ヘルスケア、❷情緒と知性の成長の機会、❸人との関係、❹精神的なニーズのための提供を挙げている[11]。そして、これらのニーズの不充足状態が人間に与える影響を、「正常な人間は、幼児的な自己の狭い境界を越える生活を欲する。彼は学ぼうと欲し、結婚し家庭を設けようと欲し、働こうと欲し、地域社会の生活に参加し貢献できる者であろうと欲する。彼は、このより充実した生活を実現するための欠くことのできない機会を拒否される時、ひどく元気を失ってしまう[12]」と指摘している。この指摘をみると、社会資源は人が学び、家庭生活を営み、働き、地域社会とかかわり、自らの生活を充実させるために必要な

表4-2　人間の基本的諸欲求と関連する資源システム

人間の諸欲求（human needs）	関連する資源システム
肯定的自己概念：アイデンティティ、自尊心、自信	重要な意味をもつ他者（親、親族、教師、仲間）
情緒的欲求：他者から必要とされているという感情、人との交わり、帰属感	親、配偶者、友人、兄弟、文化的準拠集団、社会的ネットワーク
個人的実現欲求：教育、レクリエーション、達成感、美的満足、宗教	教育、レクリエーション、宗教、雇用等の社会制度・組織
物理的欲求：衣食住、健康、安全、保護	経済、法、社会福祉、警察等の社会制度・組織、災害救済組織等

注：副田あけみが Hepworth, D. H., Rooney, R. H. & Larsen, J. A., *Direct Social Work*, Brooks/Cole pub, 2005. をもとに作成。
出典：久保紘章・副田あけみ編著『ソーシャルワークの実践モデル──心理社会的アプローチからナラティブまで』川島書店、p. 143, 2005.

さまざまなものが含まれることがわかる。人はそうしたさまざまな資源から、ウェルビーイングを高めるために必要なさまざまなものを得ていることが理解できる。

　副田は、ヘップワース（Hepworth, D. H.）らの指摘をもとに、社会資源には、❶肯定的自己概念、❷情緒的欲求、❸個人的実現欲求、❹物理的欲求に対応するものがあることを整理している[13]。こうした社会資源のうち、福祉制度として社会的に用意されたものはごく一部にすぎない。反対に、クライエントが情緒的欲求を満たしたり、肯定的な自己概念を抱くためには、そうしたことを感じさせてくれる人との関係が不可欠になる。そうした関係は、サービスによって提供することが難しく、クライエントにとっての重要な意味をもつ他者との関係性のなかで生まれてくるものである。このようなことを考えると、人の生活を支えようとするときにソーシャルワーカーは、何らかのサービスが射程に入れているニーズ（サービスニーズ）だけではなく、人と人とのつながりによってもたらされるものまでをも視野に入れておく必要があるといえる。

事 例

　脳梗塞の後遺症で半身麻痺になった 50 歳代のＡさんは、一人暮らしをしている。自暴自棄になり、飲酒する毎日のなか、自宅で倒れているところを近隣住民に発見され、コミュニティソーシャルワーカー（CSW）に連絡が入った。Ａさんはサービスを利用することを拒否し、「自営業を興して、人の役に立ちたい」という希望をもっていた。CSW はＡさんの意向を尊重し、起業のための支援を行っていく。就職活動はなかなかうまくいかず、再び自暴自棄になり飲酒するＡさんに、支援する側も手を焼くことがあったが、Ａさ

んはやっと週３日の仕事に就くことができた。就職が決まった日、
Ａさんの頑張りを見守ってきた地域住民が手作りの料理でＡさんの
就職を祝ってくれた。地域住民は、最初はＡさんを「困った人」と
みていたが、頑張り続けるＡさんを応援する人に変わり、Ａさんも
その関係性のなかで情緒的欲求や肯定的自己概念を満たしていった
と考えられる。[14]

◇引用文献
1）小笠原慶彰「社会資源」京極高宣監，小田兼三ほか編『現代社会福祉学レキシコン〈第二版〉』
雄山閣，p. 164, 1998.
2）市川一宏「社会資源」日本地域福祉学会編『新版 地域福祉事典』中央法規出版，p. 159, 2006.
3）奥西栄介「ケアマネジメントで調整する資源」白澤政和・橋本泰子・竹内孝仁監『ケアマネジメ
ント講座1 ケアマネジメント概論』中央法規出版，p. 135, 2000.
4）中村佐織「生態学的（エコロジカル）アプローチ」久保紘章・副田あけみ編著『ソーシャルワー
クの実践モデル──心理社会的アプローチからナラティブまで』川島書店，p. 127, 2005.
5）稗田里香「支援活動の方法とソーシャルワーク」北川清一・久保美紀編著『シリーズ・ベーシッ
ク社会福祉 社会福祉の支援活動──ソーシャルワーク入門』ミネルヴァ書房，pp. 82-83, 2008.
6）C. A. ラップ，江畑敬介監訳『精神障害者のためのケースマネージメント』金剛出版，pp. 50-54,
1998.
7）D. E. オレム，小野寺杜紀訳『オレム看護論 第3版』医学書院，p. 183, 1995.
8）The Road to Resilience, American Psychological Association HP https://uncw.
edu/studentaffairs/committees/pdc/documents/the%20road%20to%20resilience.pdf
9）米澤里奈・興津真理子「強みの活用によるレジリエンスへの影響についての展望」『心理臨床科
学』第8巻第1号，pp. 53-58, 2018.
10）秋山薊二「人のリジリエンス資源から見るソーシャルワーク」『関東学院大学人文科学研究所報』
第42号，pp. 34-44, 2019.
11）C. トール，小松源助訳『コモン・ヒューマン・ニーズ──社会福祉援助の基礎』中央法規出版，
pp. 16-22, 1990.
12）同上，p. 66
13）副田あけみ「ジェネラリスト・アプローチ」久保紘章・副田あけみ編著『ソーシャルワークの実
践モデル──心理社会的アプローチからナラティブまで』川島書店，pp. 142-143, 2005.
14）豊中市社会福祉協議会『セーフティネット コミュニティソーシャルワーカーの現場4 ──共生
社会の実現を目指して』ブリコラージュ，pp. 5-77, 2018.

◇参考文献
・上野千鶴子・中西正司編『ニーズ中心の福祉社会へ──当事者主催の次世代福祉戦略』医学書院，
2008.
・副田あけみ『多機関協働の時代──高齢者の医療・介護ニーズ、分野横断的ニーズへの支援』関東
学院大学出版会，2018.
・福岡寿『相談支援の実践力──これからの障害者福祉を担うあなたへ』中央法規出版，2018.

● おすすめ
・C. トール，小松源助訳『コモン・ヒューマン・ニーズ──社会福祉援助の基礎』中央法規出版，
1990.
・渡邉浩文『社会資源の活かし方──サービスを上手につなぐコツ』中央法規出版，2019.

第2節 ソーシャルワーク実践と社会資源

- ソーシャルワーカーの介入方法と社会資源との関係について学ぶ
- ジェネラリスト・ソーシャルワークにおける社会資源開発の捉え方について学ぶ
- 社会資源開発の必要性への気づきと、その問題が生まれる背景を理解する方法について学ぶ

1 ソーシャルワーク実践と社会資源との関係

1 ソーシャルワーカーの三つの働きかけ

ソーシャルワーク実践は、生活上の困りごとを抱えた人の支援を行うものであるが、その生活上の困りごとは個人と環境の交互作用によって生み出されると考えられる。そして、その困りごとの緩和・解決のためのソーシャルワーカーの働きかけは、❶クライエント個人に働きかけて、クライエントの力を高める、❷クライエントを取り巻くさまざまな環境に働きかけて、環境の力を補う、あるいは環境を変える、❸個人と環境

Active Learning

「学級になじめない小学生」「経済的に困窮状態にある30代の男性」など、何らかの生活課題を抱えた人を想定してみましょう。そして、あなたがその人の支援を行うソーシャルワーカーだと考えたとき、❶個人の力を高める、❷環境の力を補う／変える、❸個人と環境の調整を図るというソーシャルワーカーがとる三つのアプローチは、具体的にどういうことになるか？ 何をするのか？ を考えてみましょう。

図4-2 ソーシャルワークの援助

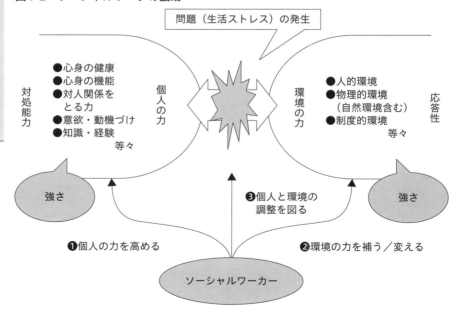

の調整を図るということになる。

2 クライエントの力を高めるためのアプローチ

ソーシャルワーカーは、クライエントの内的資源を援助に活かしていくことが必要になる。そのためには、クライエントのもっているさまざまな力に目を向けていくことが必要である。しかし、クライエントはさまざまな生活上の困りごとを抱えており、援助を行うソーシャルワーカーはまずそうした「困ったこと」や「できないこと」に目を向けがちになる。もちろん、こうした困りごとを把握し、その緩和・解決を図らなければならない。しかし、その解決の仕方は「クライエントのできない部分をほかの社会資源で補う」ことと同時に、内的資源を見つけ、クライエント自身が周囲に働きかけていけるようにその動機づけや能力を高められるように働きかける。また、そのようにクライエントの力を高めるために、❶社会資源を活用したり、❷資源の側にクライエントの内的資源を認識させるように働きかけるというアプローチをとることもある。

クライエントの内的資源を見つけていくために、以下のようなポイントを面接のなかに取り入れていくことが役立つ。

ソーシャルワーカーは、面接の話題が今の困りごとについて「今の状況をどのように解決していきたいのでしょうか」「これからどのように暮らしていきたいと思っておられますか」といった先の展望や望む暮らしを言語化していけるように働きかける。また、「もし奇跡が起こって、問題がきれいに解決するとしたら、それはどういう形になると思いますか」とミラクルクエスチョンを用いて、クライエントの眼を将来に向けていく。このようにして解決の方向性が明らかになってくると、ソーシャルワーカーとクライエントの関係にはその実現のために助力するパートナーシップが形成されていく。

クライエントの能力を探すことも大切である。能力とは「技能、才能、素質、熟達、知識」[1]であり、それらは自らの体を使ってできるものであったり、考え方や他者とのかかわり方であるかもしれない。すなわち、能力はクライエントの生理面・心理面・社会面のすべてにおいて潜在している。ソーシャルワーカーはそうしたクライエントの能力を見つけるために、クライエントの生活のさまざまな側面に光を当てていくことが必要である。

さらに、能力は今、クライエントが独力でできることだけではない。

たとえば、認知症の高齢者ではあるが、歌が好きであり、歌を歌っていると他者と楽しく過ごせることや、知的障害があるが、仕事の内容をわかりやすく説明してくれる人がいれば作業ができるといったように、「こういった条件が整えばできる」という見方をしていくことが大切である。ソーシャルワーカーは、このように「できるための条件」を考えながらクライエントの能力を把握していくのである。また、この「できるための条件」がそろっている場面を把握するためには、解決指向型アプローチの「例外探し」という視点が役に立つ。例外とは「クライエントの生活のなかで、問題が起きても当然ながらも問題が起こらなかったり、問題の程度が深刻ではなかったりする状況²⁾」を意味する。そうした状況においては、クライエントの能力が十分に発揮されている。その能力の発揮を支える条件がわかれば、その条件を整えることがクライエントの能力が発揮できる支援につながっていく。

　自信もまた大切な要素である。自信はもちろん、できることから生まれるものであり、前述した能力と関係する。また、今現在はできないけれども、過去の生活においてやってきたことが、その人の自負心を形成しているということもある。たとえば、現在は半身麻痺になって買い物や調理、掃除といった家事ができなくなっている高齢の女性であっても、長年主婦として家族の生活を支えてきたことは彼女の自負心として残っている。そうした自負心もまた、自信と同様に大切なものである。

　また、こうした熱望や能力、自信をソーシャルワーカーが認め、その発露に焦点を定めていくことは、クライエントが自らを肯定的に受け止め（肯定的自己概念）、自らがまだ力をもった存在であることを感じることにもつながる。そうした援助によって、クライエントはエンパワーされるのである。そのために、ソーシャルワーカーはクライエントが適切な治療やリハビリテーション訓練を受けられるように調整するかもしれないし、知識や経験が得られたり、成功体験を積むことを支援するかもしれない。また、他者とのかかわりによって情緒的に支持されることがクライエントの力を高めることにつながるかもしれない。こうしたことは、ソーシャルワーカーとクライエントの間の面接のなかで行われることもあるし、クライエントがさまざまな社会資源を活用し、さまざまな人とのかかわりのなかから肯定的な関係を構築していくことでつくり出されることもある。

　このように、クライエントの望んでいることを明確にする問いかけ、クライエントの能力の探索、クライエントの自信や自負心に着目するこ

とは、意識的に行われるべきである。

３ 環境の力を補う／変えるためのアプローチ

ソーシャルワーカーはさまざまな社会資源とクライエントをつなぐ仲介役割を果たす。こうした仲介を行うために、ソーシャルワーカーは地域にあるさまざまな社会資源について知識をもっておくことが必要になる。それは、単にそうした資源が「ある」ということを知っているだけでは不十分である。個々の資源を、制度上の分類として知っているだけでなく、たとえばＡというデイサービスセンターはどのような内容のサービスをどのように提供しているのか、このセンターの得意とするサービス内容や、反対に苦手とするクライエントはどのような人たちなのかなどを知っておくことで、クライエントのニーズの充足に最適な資源との仲介を行うことにつながる。このように個々の社会資源に対して、その力量を見極めること、すなわち社会資源のアセスメントを常にしておくことが必要である。

また、クライエントが利用する社会資源が複数の場合、それぞれの機関からのサービス提供がバラバラに行われがちになることを防ぎ、それぞれのサービスが有効に機能するように調整することが必要になる。調整（coordination）機能とは、「二者あるいはそれ以上の個人、機関、施設、団体などの間に対等の関係を作り、各々が最大限にその特性を発揮できるように調整・調和を図ること」[3]をいう。ソーシャルワーカーはそれぞれのサービス提供機関／支援者に対してクライエントの了解のもとにクライエントの情報を提供し、クライエントがどういった暮らしを送りたいと願い、その実現を何が阻害しているのか、その状況をどういった方向性で解決するために何を依頼したいのかという援助計画とその意図についての理解を求めていく。そして、それぞれのサービス提供機関／支援者との間で目標が共有されたうえでの役割分担ができる体制の構築、すなわちサービス提供機関／支援者が多職種チームとして機能するようにしていくのである。こうした調整機能もソーシャルワーカーの大切な仕事の一つであり、これによって関係機関や支援者は円滑なチームアプローチのもとサービス提供ができるのである。こうした調整のための技法には、❶情報交換とモニタリングのために、ケース会議を定期的に開催したり、記録様式や情報システムを共有する、❷専門職としての能力向上を目指し、合同訓練や助言体制をつくる、❸クライエントの状態の変化に対応するために、定期的な報告会や緊急介護を行うことを関

係者間で約束しておく、❹専門職同士のネットワークを維持するために、研修会、親睦活動、第三者の助言体制などを工夫することなどがある[4]。

　また、クライエントを取り巻く現状の資源システムのなかでは、生活を維持することが著しく困難な場合、施設入所という形をとること、すなわちクライエントを取り巻く環境を大きく変えてしまうことで、クライエントのニーズの充足を図ることもある。しかし、施設入所はそれまでの生活基盤からクライエントを引き離し、クライエントがもっていた人的なネットワークからクライエントを切り離してしまう。そのため、クライエントが受ける変化は大きく、新しい環境に適応するという大きな課題にクライエントを直面させてしまう。そうしたリロケーション・ダメージを最少にしながら新しい生活にクライエントが適応していくことを支援することは、環境を大きく変えるアプローチにおいて不可欠である。たとえば、入所前から体験的にショートステイを利用し、徐々に環境の変化に慣れてもらう方法をとることがある。また、小倉は、老人ホームの新規入所者が施設生活に適応していくプロセスの研究から、「利用者の人生経験や生き方、健康などを活用すること、利用者の『大事なもの』が『大事にされる』ような‘かみ合う交流’をすること[5]」が重要であると指摘している。あるいは、入所ケアに携わるソーシャルワーカーからこの問題をみると、クライエントの適応の支援や安全・安楽な生活の保障にとどまらず、クライエントが施設という場に住まいながらも、地域社会とかかわりをもてる生活を支援していくことが大切になってくる[6]。

■ 4 個人と環境の調整を図るためのアプローチ

　社会資源の利用を仲介し、各種の資源間の調整を図っても、それらがうまく機能しないこともある。その場合、ソーシャルワーカーは個人と環境の調整を図るというアプローチをとることになる。

　たとえば、クライエントに対して利用しようとする資源の役割や機能、具体的な使い方などを情報として提供し、理解を深めたうえで利用ができるようにすることも必要である。さらに、資源側に対しては、クライエントの意向やニーズをしっかりと理解してもらえるように働きかけることで、適切なサービス提供を促進することができる。しかしながら、必ずしも良好なサービス利用となる場合ばかりではない。クライエントの行動に対してサービス提供機関／支援者が十分に対応できないといった出来事が起こることもある。そういった場合、ソーシャルワーカーは

クライエントの行動の意味やその理解の仕方、対応の仕方について機関
／支援者と協議し、機関／支援者がクライエントの理解を深めることが
できるように働きかける。こうした働きかけによって、クライエントは
適切な支援を得ることができるようになる。

　また、そうしたサービス提供の不都合がクライエントに対する理解の
不足から起こっているのではなく、サービス提供機関／支援者の側の事
情によるものである場合、ソーシャルワーカーは機関／支援者の考え方
や対応の仕方を改めてもらうように働きかけることも必要になる。そう
した働きかけによって資源の側が変化し、それによって対応できるクラ
イエントの幅が広がることもある。こうした働きかけは、社会資源の再
資源化といえる。

2　社会資源の開発

1　地域共生社会の実現と社会資源開発

　前述したように、ソーシャルワーク実践はクライエントにも、クライ
エントを取り巻く周囲の環境にも、そしてそれらの関係の調整のために
も働きかける機能をもっている。ソーシャルワーク専門職のグローバル
定義では、特に社会やその構造への働きかけの必要性が強調されている。
また、社会保障審議会福祉部会がまとめた「ソーシャルワーク専門職で
ある社会福祉士に求められる役割等について」（2018 年）においても、
地域共生社会実現に向けて、❶複合化・複雑化した課題を受けとめる多
機関の協働による包括的な相談支援体制を構築するために求められる
ソーシャルワークの機能、❷地域住民等が主体的に地域課題を把握し、
解決を試みる体制を構築するために求められるソーシャルワークの機能
の二つの機能が求められている。ここから、近年ソーシャルワークには
「アセスメントを踏まえた課題解決やニーズの充足および適切な社会資
源への仲介・調整」だけでなく、「相談者個人への支援を中心とした分野
横断的な支援体制および地域づくり」「必要なサービスや社会資源が存
在しないまたは機能しない場合における新たな社会資源の開発」「住民
主体の地域課題解決体制の立ち上げ支援ならびに立ち上げ後の運営等の
助言・支援」「見守りの仕組みや新たな社会資源をつくるための提案」と
いった、有形無形の社会資源の開発への関与が求められていることがわ
かる。

2 ジェネラリスト・ソーシャルワークにおける資源管理

　デュボワ（Dubois, B.）らは、ジェネラリスト実践の機能としてコンサルティング、資源管理、教育を挙げているが、この資源管理とは資源とサービスのコーディネート、体系化、統合を行うものだとしている。[7]また、彼らは資源について情報を豊富にもち、これを活用できる人はリソースフルな人であり、リソースフルであることでコンピテンスが養われると述べている。すなわち、クライエントがさまざまな社会資源について知識をもてるように支援することによって、クライエントのもつ生活のしづらさに対処していく力は強まると考えられる。

　この資源管理におけるソーシャルワーカーの役割について、デュボワらはジェネラリスト実践の三つの機能—プラクティス（実践）、政策、リサーチ（調査）—を以下のように整理している。

❶プラクティス（実践）

　個人や家族、グループへの働きかけにおいて、ソーシャルワーカーはクライエントのニーズと社会資源を結びつける。そこで主として用いられる方法はケースマネジメントである。必要な社会資源との結びつけが行われることで、クライエントシステムはそのニーズを充足することができ、生起していた生活問題を解決することができる。さらには、クライエントシステムが周囲の社会環境との関係性を回復し、社会的機能を高めることができる。これは、たとえば他者との良好な関係を構築、あるいは修復することであり、学習や就労の機会を得て、それらの活動を行えること、あるいは自らのもっている力を発揮して社会のなかで生活していくことなどを意味する。

　こうした支援を行うことは、ソーシャルワーカーがブローカー*（仲介者）として、あるいはアドボケイト*（権利擁護者）としての役割を果たすことである。

❷政策

　フォーマルな社会資源の供給システムは法制度を基盤として構築されている。そのため、何らかのニーズを充足する社会資源がなかったり、あったとしてもその質が十分ではない場合には、供給システムの基盤である法制度に影響を与える必要がある。

　こうした法制度への働きかけのためには、そのような既存のサービス供給システムの不足や不備を発見することが必要であり、それは個人や家族、グループに対する支援活動等のミクロ実践のなかで発見されるかもしれないし、そうした個別の事例がほかにもあることを確認する社会

★ブローカー
クライエントのニーズと、それを満たす社会資源とを結び付けるソーシャルワーカーの役割。

★アドボケイト
クライエントの権利が守られていないとき、クライエントに代わってその権利について訴えたり、クライエントとともにその権利が守られるように活動するソーシャルワーカーの役割。

福祉調査、あるいは広くニーズ調査を行った結果から確認されるかもしれない。

　一事例を根拠に法制度に影響を与えようとすることは難しい。なぜなら、法制度は一定数の当該法制度対象者層の存在と、彼らに対する何らかの資源供給システムを構築することが政策上のアジェンダ（検討課題）となること、そしてそれが当該社会の社会規範において認められることが必要だからである（ただし、例外的に一つの重大事件化したような事案が発生した場合は、それを契機に法制度の見直しが図られる場合がある）。こうした点について、説得力をもった説明を行えるのが量的調査によって得られたデータである。それまであまり知られていなかったニーズをもち、その未充足状態にある人たちが一定数いるということをデータによって示すことができれば、それはその問題を政策上のアジェンダとするための大きな根拠となる。

❸リサーチ（調査）

　前述したように、現行の資源供給システムの不備や不足を最初に発見することができる立場にいるのが現場実践家であるソーシャルワーカーである。しかし、このソーシャルワーカーが利用者の支援を、その利用者を取り巻く周囲のさまざまなシステムとの関係性においてエコシステ

図4-3　ジェネラリスト・ソーシャルワークにおける資源管理

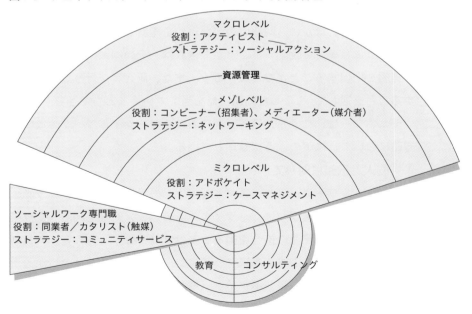

出典：B. デュボワ・C. K. マイリー，北島英治監訳『ソーシャルワーク——人々をエンパワメントする専門職』明石書店，p. 310, 2017.

表4-3　ソーシャルワークの機能とプラクティス、政策、リサーチ

	プラクティス	政策	リサーチ
資源管理	クライエントシステムは、適応的な社会的機能のサポート、ニーズの充足、問題状況の解決を行う資源へと橋渡しされる	資源の活用と開発のための政策ストラテジーは、社会改革の実現と、平等な資源配分のために不可欠である	リサーチの成果は、医療やヒューマンサービス提供システムにおける支援の隙間と障壁に対処し、利用できる資源の配置とコーディネートのために用いられる

出典：B. デュボワ・C. K. マイリー，北島英治監訳『ソーシャルワーク──人々をエンパワメントする専門職』明石書店，p. 297, 2017.

ムの視点をもってみていなければ、資源供給システムが利用者のニーズの不充足状態をつくり出していることはわからない。

　また、ソーシャルワーカーが資源供給システムの不備・不足に気づいていたとしても、その１ケースだけをもって資源供給システムの改善や新規開発のための働きかけを行えるわけではない。そのため、そうした問題に働きかけようとする場合、ソーシャルワーカーは何らかの法制度に影響を与えられる仕組みと接触する必要がある。それは障害者地域自立支援協議会かもしれないし、要保護児童対策連絡協議会かもしれない。あるいは、介護保険サービスの事業者連絡会や老人福祉施設協議会等の事業者団体であるかもしれない。また、ソーシャルワーカーがかかわりをもつ当事者組織やそれらの協議会であるかもしれない。こうした組織を通じて、自らが発見した１ケースで起こっている資源供給システムの問題を提示し、ほかにも同様の例がないかを確認し、そのうえで実態調査を行うことまでを企画することができれば、その圏域内、市町村内での実態を把握することができるだろう。また、研究者が行う調査に協力することを通じて、こうした問題に光を当てていくこともできるだろう。

　デュボワらは、こうした資源管理におけるソーシャルワークの役割と方略について、以下のように整理している。

①　個人と家族に対して

　ソーシャルワーカーはケースマネジメントの手法を用いて、クライエントと社会資源を結びつけ、クライエントのニーズ充足を図る。クライエントのニーズと資源の接合を図ることはブローカー（仲介者）の役割であり、そのことによって本来クライエントが活用できる社会資源を得ることを助力するのはアドボケイト（権利擁護者）の役割である。

②　公式集団と組織に対して

　公式集団（フォーマルな社会資源）やさまざまな組織に対しては、そ

うした諸システムをつなぎあわせ、ネットワークを組織する。これによって、クライエントシステムの情報がネットワークを構成するシステム間で共有されたり、そのことによって早期の働きかけ、あるいはそれぞれのシステムのもっている機能が補いあうような形でクライエントシステムを支援する体制を構築することができる。こうした働きかけにおいて、ソーシャルワーカーはネットワークに参加する諸システムに声をかけ、一緒にその問題を考える場（会議）をつくるコンビーナー*（招集者）としての役割をもつ。

　こうしたさまざまな立場の組織が参加する会議においては、扱う問題についてそれぞれの参加者のもつ利害は同じではない。「総論は賛成」であっても、具体的に何らかの活動を起こそうとする場合、その利害の異なりによって「各論は反対」という現象が起こることもまれではない。こうした利害対立に対して、招集者であるソーシャルワーカーは、同時にそれらの異なる利害の調整を図る役割も果たす必要がある。会議に参加するさまざまな参加者にとって、それぞれに何らかの利益が生じるような着地点を見出すことは、エコシステム的観点からはその現象にかかわる諸システム間での互恵的な関係が形成されるように調整することだといえる。また、そのままでは接点をもたないようなシステム同士がかかわりをもつ機会をつくり、そのかかわりが維持・発展されるように手助けするメディエーター*（媒介者）としての役割を果たすことになる。

③　コミュニティと社会に対して

　既存の資源供給システムの不備や不足は、多くの場合、それによって不利益を被る当事者であるクライエントと、彼らにかかわる援助者以外には知られていないものである。そうした問題が生起していることを地域住民、あるいは社会全体に対して知らせていくことは、その改善のための動きをつくり出していくために欠かすことのできない働きといえる。社会にまだ知られていない出来事が起こっていることを知らせ、世論を喚起していくことで、問題解決のための動きを起こしていくことは、ソーシャルアクションを行うことである。そのために、政策形成に影響力のある立場にある人たちに対して働きかけることや、現行のサービス供給システムに対して修正案や代案をつくり、それを示していくこと、あるいは地域社会に働きかけて、そうした問題への認識を高め、地域社会としてできることを探し、行っていくコミュニティ・エンパワメントなども、ソーシャルワーカーの働きとなる。こうした働きは、ソーシャルワーカーのアクティビスト*（活動家）としての役割である。

★コンビーナー
クライエントの問題解決を図るために、その取り組みにかかわる人や組織の代表者に呼びかけ、会議の場を招集する、資源開発のためのネットワークを構築する等のソーシャルワーカーの役割。

★メディエーター
クライエントの問題解決を図るため招集された人や組織の間で利害の対立が生じた場合、調停者として相違点について交渉し、対立を解消するソーシャルワーカーの役割。

★アクティビスト
現行のサービス供給システムや資源配分に影響力をもつ人や組織に働きかけ、サービス供給や資源配分に変化をもたらそうとするソーシャルワーカーの役割。

表4-4 資源管理におけるソーシャルワークの役割とストラテジー

[利用者]	個人と家族	公式集団と組織	コミュニティと社会	ソーシャルワーク専門職
[資源管理]役割	ブローカー／アドボケイト	コンビーナー／メディエーター	アクティビスト	カタリスト
ストラテジー	ケースマネジメント	ネットワーキング	ソーシャルアクション	コミュニティサービス

出典：B. デュボワ・C. K. マイリー，北島英治監訳『ソーシャルワーク──人々をエンパワメントする専門職』明石書店，p. 298, 2017.

④　ソーシャルワーク専門職に対して

　ソーシャルワーク専門職は社会のなかにある抑圧や不正義、不平等に対して、それを社会の側に働きかけて変えていく責務をもつ。こうした活動は、ソーシャルワーク専門職同士が協力・協働しなければ行えない。また、それはソーシャルワーク専門職だけでなく、さまざまな他の専門職と連携・協働して行っていくものである。こうした働きはワーカーのカタリスト[★]（触媒・促進者）としての役割といえる[8]。

3 社会資源の開発の必要性への気づき

　多くのソーシャルワーカーが日常の実践のなかで感じている困難さの一つに「社会資源の不備／不足」ということがある。こうした気づきと、

★カタリスト
社会開発や社会変革を進めるために諸システムのあり方に変化を起こすソーシャルワーカーの役割。そのなかには、人道的なサービス提供、ロビー活動、学際的な協力、教育、研修、アウトリーチ等が含まれる。

表4-5 ソーシャルワーク実践のプロセスと社会資源開発のための動き

ソーシャルワーク実践のプロセス	社会資源開発のための動き
①ケース発見とエンゲージメント（インテーク）	・利用者のニーズに対して、それに満たす社会資源がない、あるいはあるけれども量や質が不足していることに気づく。 ・関係者に対して、この認識を共有するように働きかけていく。
②アセスメント	・ニーズはどのような社会資源の不備／不足から生起しているのかを明らかにする。 ・それによって不利益を被っている人は誰か、どれくらいいるのかを明らかにする。
③プランニング	・解決策を考える場／ネットワークをつくる。 ・ターゲットを明確にする。 ・つくる／修正すべき社会資源の性質を認定する（サービス、情報、ネットワーク等々）。 ・動員する資金、人員、知識、技術等を想定し、それが供給できるシステムに働きかける方法を検討する。
④プランの実施	・計画を実行に移す。
⑤モニタリング	・計画の進捗状況を確認する。
⑥再アセスメント／プラン修正／評価	・計画の実施を受けて、計画の修正の有無を確認する、新たに計画の対象とすべき利用者層を含めた資源とするための方策を検討する。

その状況を改善していこうとする動機づけ、そのための知識と技術、そして機会がそろうことで社会資源開発がなされていく。また、こうした資源開発の展開は、ソーシャルワーク実践のプロセスに重ねて考えると、**表 4-5** のようになる。

　前述したように、社会資源開発は「社会資源の不備／不足」という状態への気づきによって動き出す。この点で、こうした状況に気づく人の存在が非常に重要になる。

　社会資源がないことでニーズが満たせないという状況を体験するのは、その状況に直面している利用者と家族である。しかし、こうした当事者のなかで、自らの置かれた状況について、資源提供機関や供給システムを用意し、運用している市町村、都道府県、国に対して状況の改善を求める、あるいは改善を訴えることができる人はまれである（ただし、当事者団体や NPO 団体等の後押しを得て、当事者がそうした訴えを起こす場合はあり得る）。そのため、「社会資源の不備／不足」により不利益を被っている人を発見するのは、その当事者に何らかの形でかかわった専門職となる場合が多い。

　この場合、注意しておかねばならないのは、このような当事者の状況を知った援助者が、サービス供給システムの側に立ってこの現象を見てしまうことである。残念ながら「申し訳ありませんが、制度ではこういうことになっていますので」と利用者に説明し、それで対応を終えてしまう例もある。ジョンソン（Johnson, L. C.）らは、ソーシャルワーク実践のプロセスの始まりは「**関心**」であると述べている[9]。ある状況をクライエントやソーシャルワーカーがどのように感じとるのか、そこからプロセスが展開していくのである。このように考えるとき、利用者のニーズが充足されない状況がなぜ形成されているのかを捉える視点が必要になる。

　人は、社会生活上のニーズ充足を図ることで日常の生活を営んでいく。このニーズ充足のために、そのニーズを充たすことができる社会資源との間にサービスや支援の授受関係を結ぶことが必要になる。この関係はフォーマルな社会資源であれば制度上の一定のルールのうえでの関係であり、インフォーマルな社会資源との間であれば私的な人間関係のうえに成り立つものである。そして、何らかの事情でこの関係を結べないとき、ニーズの不充足状態が生じる。岡村はこうしたニーズの不充足状態を生み出すメカニズムを、人がニーズ充足のために結ぼうとする社会関係の欠損・欠陥・不調和であると説明している[10]。

図4-4　岡村理論（岡村重夫）における社会関係と社会福祉の対象問題と機能

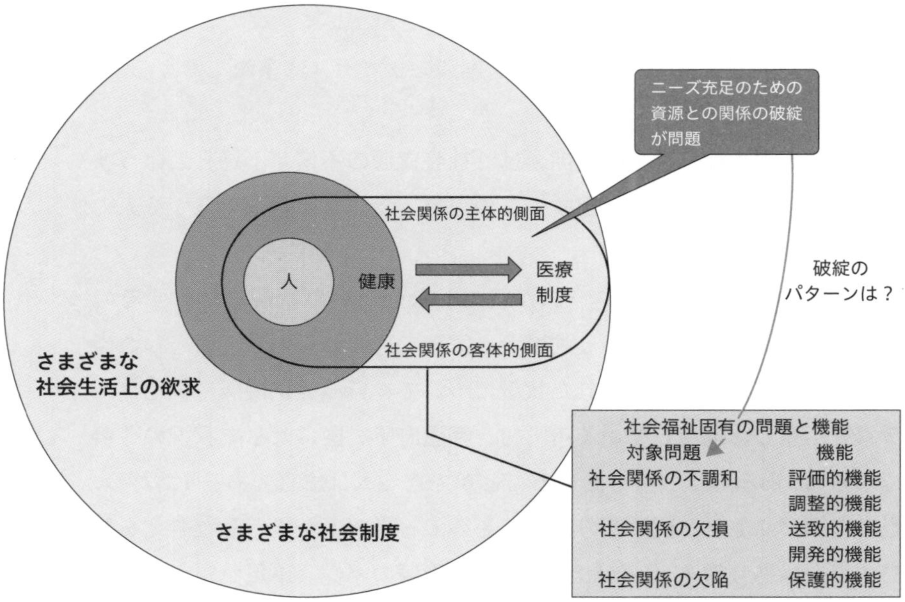

出典：芝野松次郎『ソーシャルワーク実践モデルのD&D──プラグマティックEBPのためのM-D&D』有斐閣，p.20，2015. を一部改変

　欠損とは、そもそもそのニーズを充足できる社会資源がないために、サービス／支援の授受の関係が構築できない状態である。たとえば、若年性認知症の人が仕事をしたいと望んでも、それを支援してくれるサービスや雇用先が少ないという状況がその一例であろう。こうしたことが起こる要因としては、このような課題を抱えている人たちが社会的に少数者であるか、その存在が知られていないために、その要援護性が社会的な検討課題となり得ていないということが考えられる。

　欠陥とは、そのニーズの充足を想定した社会資源は用意されているが、そのサービスの質に問題があり、期待されるようなニーズ充足が図れない状態である。たとえば、認知症対応型通所介護を利用しているが、ケアの質が低いために利用者のBPSD[★]がかえって増悪してしまっている例や、主治医はいるが認知症についての十分な知識がなく、不適切な薬剤処方が認知症の症状をかえって悪化させている例などがその一例である。こうしたことが起こる要因としては、制度を動かすマンパワーに十分な教育・訓練ができていない場合か、適切な人材を配置できるような制度設計ができていない場合などが考えられる。

　不調和とは、それぞれのニーズを充足できる社会資源はあるが、複数の社会資源との間に同時にサービス／支援を得るための関係を結ぼうとしても、それぞれの社会資源から求められる役割期待が相反するなどし

★ BPSD（Behavioral and Psychological Symptoms of Dementia）
認知症の行動・心理症状。昼夜逆転、興奮、不穏、易怒、徘徊、介護への抵抗、抑うつ、拒食など。

表4-6　地域課題はアクセシビリティや質の問題

	性質	原因	例
①欠損	アクセスできない	そもそも、ニーズを満たす社会資源がない	・若年性認知症だが、働きたい。しかし、就労を支援する資源がない（制度、サービスがない）*。
②欠陥	アクセスできても質が悪い	社会資源はある、使い勝手が悪い、質が低い	・主治医が認知症ケアのことをよく理解していないので、専門医への受診勧奨を依頼しても、「必要ない」の一点張り。 ・認知症対応デイを利用したが、かえって BPSD がひどくなった。
③不調和	複数の資源に同時にアクセスできない	ニーズを満たす社会資源はあるが、その資源を活用しようとするとき、同時に活用する他の資源との間で、両方とうまく関係を結べない状況が生まれる	・ケアマネジャーから要介護者の主治医受診を勧められた息子。しかし、息子が勤める会社は介護に理解がなく、病院に連れて行く時間が取れず、受診をさせたくても受診できない。

＊これについては、2018（平成30）年 7 月28日に「若年性認知症の方を中心とした介護サービス事業所における地域での社会参加活動の実施について」とする厚生労働省事務連絡が出ており、介護サービス提供中の有償ボランティアなどの社会参加活動は制度的には可能となっているが、現実にはそうした取り組みを行っているところはまだまだ少ない。

Active Learning

「派遣の仕事が切れて、ネットカフェで暮らしている若者」「親からの虐待を受けている子ども」などというように、何らかの生活課題を抱えた人を想定してみましょう。そして、その人の抱える生活課題は、いったいどのようなシステムとの間に起こっている、どういった性質のもの（欠損、欠陥、不調和）なのかを考えてみましょう。

第4章　ソーシャルワークにおける社会資源の活用・調整・開発

て、それぞれとうまく関係を結べない状態である。たとえば、親子二人の世帯で、要介護状態の母親を介護している息子が、担当ケアマネジャーから母親の健康状態が不安定になってきたので医療機関への受診を勧められる。しかし、息子は就労しており、会社の事情でなかなか平日昼間の時間帯の休みがとれず、結果として受診ができないといった例が考えられる。こうしたことが起こる要因としては、複数の役割期待・役割遂行の調整が必要であることに援助者が気づいていないか、その調整を図るスキルが低い、あるいは資源側が柔軟性に乏しいということなどが考えられる。

　このような社会資源の不備／不足によるニーズの未充足状態は、ミクロレベルでの実践では一人ひとりの利用者の直面する生活上の困りごとに丁寧に耳を傾けることのなかから発見できる。また、メゾ・マクロ実践においては、ミクロ実践から見つけられた問題が地域ケア会議や地域自立支援協議会といった何らかの仕組みを通じて投げかけられたり、そうした事例の存在に気づいて、それらの現象を捉えることができる質問項目や質問肢を設けた実態調査、ニーズ調査等を行うことから発見されていく。

▍4 新規創出か既存資源の修正か

　社会資源開発を考えるとき、その方法は、❶全く新しい資源の創出か、❷既存資源の修正（再資源化）かのいずれかとなる。

　全く新しい資源の創出は、それまで知られていなかったニーズをもった人たちの存在に対応するものである。たとえば、**図4-5**は2004（平成16）年の「社会的な援護を要する人々に対する社会福祉のあり方に関する検討会報告書」に掲載されていたものであるが、2017（平成29）年段階では新たに「刑務所出所者等」「無戸籍者」「敷地内にごみをため込んでしまう」「LGBT」「AIDS／HIV」「いじめ」「発達障害」「特殊詐欺被害」「犯罪被害者」「ひきこもり」「ネットカフェ難民」「住宅確保要配慮者問題」（**図4-5**の下線部分）が新たに視野に入れるべき問題として書き加えられている。現代社会はより複雑化していき、その進展とともに新たな問題が生まれたり、あるいは従来からあった社会的少数者の抱えた問題にやっと社会の眼が向くようになり、それらに対応する社会資源の必要性に眼が向けられるようになるのである。こうした問題は、既

図4-5　現代社会の社会福祉の諸問題

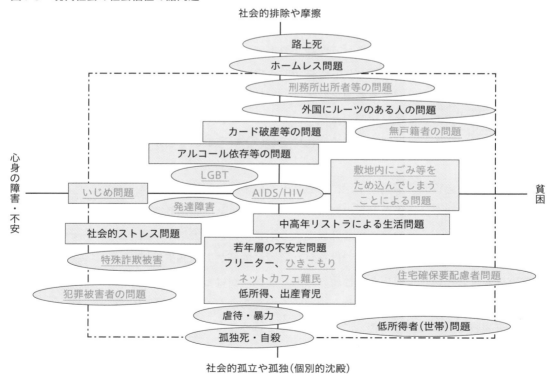

出典：厚生労働省社会・援護局福祉基盤課長石垣楯彦氏講演資料（2017年6月3日，第25回日本社会福祉士全国大会（福島大会））
（厚生労働省社会援護局「社会的な援護を要する人々に対する社会福祉のあり方に関する検討会」報告書，2004．を修正）

存の資源では対応できないものが多く、ゆえにその問題を抱えた人たちの生活課題は深刻なものとなっている。

しかし、先に述べた岡村理論による社会関係の欠損・欠陥・不調和という分析枠組みから支援に困難さがある事例をみてみたとき、全くその問題に対応する資源がない例、すなわち新たなサービス供給システムをつくらなければならない例は少ない。ただし、そうした例の深刻度は高い。

実際に多いのは、サービスはあるもののうまく機能していない、利用者にとって使い勝手が悪いというものである。その原因は制度の縦割りであったり、そこに配置されている援助者の力量の不足であったりする場合が多い。このような場合、それらの社会資源の質や量を改善していくための取り組みが必要になる。

また、資源がない場合であっても、実はそのニーズに対応することが可能なほかの社会資源があったり、その資源が休眠状態であるという例もある。その場合、全く新たに社会資源を創出するよりも、それに代わる枠組みをほかの資源に担わせることで、結果として目的とする機能を果たすことができる場合もある。

事例

A市の地域包括支援センターでは、認知症高齢者が一人で外出し、行方不明になった出来事の発生をきっかけに、地域での見守りを活性化する方策を模索することになった。当初は、県からの「認知症地域支援体制構築モデル事業」を受託し、市、警察、地域包括支援センターによる認知症高齢者の捜索のためのネットワークを新たに立ち上げる計画だった。しかし、調べてみたところ警察が以前に立ち上げた「A市ふれあいSOSネットワーク」という行方不明者の捜索ネットワークがあることがわかった。これは警察、消防、自治連合会、防犯推進委員協議会、森林組合、猟友会などの組織が参加するものであった。そこで、警察と折衝し、このネットワークの機能の一つとして「認知症の人の捜索」と「徘徊模擬訓練」を行う仕組みを組み立てることになった。ネットワークには、市、警察、保健所、市社協、地域包括支援センターが基幹となり、市内のタクシー業者、鉄道業者のほか、病院、介護事業者連絡会、薬局、民生児童委員会などにも参画を呼びかけた。そして、市内で徘徊模擬訓練の実施、認知症の人の事前登録と行方不明時の捜索の仕組みが動き出

すことになった。

◇引用文献
1）C. A. ラップ, 江畑敬介監訳『精神障害者のためのケースマネージメント』金剛出版, p. 51, 1998.
2）P. ディヤング・I. K. バーグ, 桐田弘江・住谷祐子・玉真慎子訳『解決のための面接技法 第4版
　　──ソリューション・フォーカストアプローチの手引き』金剛出版, p. 14, 2016.
3）筒井のり子「コーディネーション」京極高宣監, 小田兼三ほか編『現代福祉学レキシコン 第
　　2版』雄山閣, p. 185, 1998.
4）野中猛『図説ケアマネジメント』中央法規出版, pp. 63-64, 1997.
5）小倉啓子『ケア現場における心理臨床の質的研究──高齢者介護施設利用者の生活適応プロセ
　　ス』弘文堂, p. 196, 2007.
6）福富昌城「施設ソーシャルワーク」仲村優一ほか監, 岡本民夫ほか編『エンサイクロペディア社
　　会福祉学』中央法規出版, pp. 710-711, 2007.
7）B. デュボワ・C. K. マイリー, 北島英治監訳『ソーシャルワーク──人々をエンパワメントする
　　専門職』明石書店, p. 309, 2017.
8）同上, pp. 309-310
9）L. C. ジョンソン・S. J. ヤンカ, 山辺朗子・岩間伸之訳『ジェネラリスト・ソーシャルワーク』ミ
　　ネルヴァ書房, pp. 364-374, 2004.
10）岡村重夫『社会福祉原論』全国社会福祉協議会, pp. 106-113, 1983.

◇参考文献
・日本社会福祉士会編『地域共生社会に向けたソーシャルワーク──社会福祉士による実践事例か
　ら』中央法規出版, 2018.
・東洋大学福祉社会開発研究センター編『社会を変えるソーシャルワーク──制度の枠組みを越え
　社会正義を実現するために』ミネルヴァ書房, 2020.
・日本地域福祉研究所監, 宮城孝・菱沼幹男・大橋謙策編『コミュニティソーシャルワークの新たな
　展開──理論と先進事例』中央法規出版, 2019.

● おすすめ
・狭間香代子『ソーシャルワーク実践における社会資源の創出──つなぐことの論理』関西大学出
　版部, 2016.
・B. デュボワ・C. K. ライリー, 北島英治監訳『ソーシャルワーク──人々をエンパワメントする専
　門職』明石書店, 2017.
・L. C. ジョンソン・S. J. ヤンカ, 山辺朗子・岩間伸之訳『ジェネラリスト・ソーシャルワーク』ミ
　ネルヴァ書房, 2004.

第3節 社会資源開発のさまざまな方法

学習のポイント

● 社会資源開発のさまざまな方法について学ぶ
● 社会資源開発に必要なソーシャルワーカーのスキルについて学ぶ

1 社会資源開発の方法

　社会資源開発には、定型的な一つの方法があるわけではない。社会資源開発が必要な状況は、すなわち開発しようとする社会資源が充足すべきニーズに対する社会的関心の欠如や、投入されるべき予算の不足、当該社会資源において提供されるサービスに関する知識や技術の不足等、さまざまなシステム間の不調和の産物である。そのため、その状況に対して用いる方法はさまざまなものがある。また、活用できるものすべてが社会資源であるのと同様に、社会資源開発に活用できるものは、すべてその方法であると認識する必要がある。

　ここでは、すべての方法を網羅することはできないが、いくつかの社

表4-7　コミュニティワークにおける小地域福祉活動のプロセス

1．活動主体の活性化	1	取り上げるべき問題に関連する機関や人々を活動に組み入れる
2．問題把握	2	地域特性の把握 福祉水準、問題および社会資源についての基礎的把握
	3	社会的協働により解決を図るべき問題の明確化とその実態の把握
	4	問題を周知し、解決活動への動機づけを行う
3．計画策定	5	解決活動に動機づけられた問題をより明確にし、優先すべき課題を順序づけ推進課題の決定を行う
	6	推進課題実現のための長期・短期の具体的目標の設定
	7	具体的実現計画の策定
4．計画実施	8	計画の実施促進 　住民参加の促進／機関・団体の協力の促進／社会資源の動員・連携・造成／社会行動（ソーシャルアクション）
5．評価	9	計画の達成度および組織化活動についての評価

出典：永田幹夫『改訂二版 地域福祉論』全国社会福祉協議会、p.193, 2000.

会資源開発の方法について紹介する。

■1 伝統的なコミュニティワークの手法

　小地域組織化の手法は地域住民のネットワークを組織し、地域内での新たな活動をつくり上げる際に用いられる。伝統的には、社会福祉協議会における小地域福祉活動の活性化を支援する方法として用いられてきた。その支援プロセスは**表4-7**のとおりである。[1]

　また、近年では市町村がボランティア、NPO、民間企業、社会福祉法人、協同組合等の多様な主体が参画する協議体を組織し、生活支援を担う地域資源の開発やネットワーク構築を図ることが求められている。その働きを担うのが地域支え合い活動創出コーディネーターである。その活動は、以下のように考えられている。[2]ここでは、単に何らかのサービス提供の仕組みをつくろうとするだけでなく、地域における人々のつながりを再構築することまでが視野に入れられている。また、そうした活動の担い手を、地域のなかから探し出してくるだけでなく、担い手の養成・組織化をするところまでも意図している。

❶地域アセスメント（社会資源の把握、地域の生活支援ニーズの把握）

１．地域の社会資源の把握：❶行政機関、❷保健・医療・福祉関連の機関・団体、❸地縁組織、❹ボランティアグループ・NPO・当事者団体、❺中間支援組織[ii]、❻生活関連産業等を把握する。

２．地域の生活支援ニーズの把握：❶個別事例の収集と分析、❷行政資料の活用、❸アンケート調査・ヒヤリング調査、❹戸別訪問、❺住民座談会等を用いて、地域住民の生活支援ニーズを把握する。

❷サービス開発（地域のつながりをつくり地域の力を高める、多様な人々を巻き込む）

❶　サービス開発が必要なニーズを明確にする。

❷　既存の社会資源活用の可能性を探る。

❸　ニーズの状況を把握する。

❹　プロジェクトチームのメンバーを選ぶ。

❺　検討会議を開く。

❻　プロセスを管理する。

---

ii　中間支援組織：市民、NPO、企業、行政等の間に立って活動を支援する組織。NPO支援センターや社会福祉協議会等のボランティア・市民活動センター、ホームヘルプ、移動、食事サービス等の特定領域における生活支援等サービスの連絡会組織等を指す。

❼　提案をまとめる。

❽　担い手を養成する。

❾　担い手を組織化する。

2 ネットワークづくり

　ソーシャルワークにおけるネットワークとは「関係者のつながりによる連携・協働・参画・連帯のための状態及び機能のこと[3]」と考えられている。それは、ソーシャルワークの目的を達成するための手段であり、関係者（関係機関）のつながりによって構成され、連携・協働・参画・連帯という機能をもつ状態である。また、ネットワークの構築は問題解決のための取り組みのスタートであって、ネットワークをどう活用するかが重要である。そして、そのときにはソーシャルワーカーの意志や熱意がネットワークを左右するといわれる。また、ネットワーク構築には「ふだんの人脈がモノをいう」「まずは地域を知ることから。そして同時にセンター（ネットワークをつくろうとする機関）や私（ワーカー）を知ってもらうこと」「ネットワークの必要性を共有すること」「どんなネットワークが必要か企画すること」が重要であると指摘されている。[4]

　こうしたネットワーク構築のプロセスは、問題把握⇒計画⇒実施⇒評価という道筋をたどるが、原田はネットワークに参画する人／機関を組織化するタイミングは、問題解決型の組織化をする場合では問題把握⇒（組織化）⇒計画⇒実施⇒評価という時点で、問題共有型の組織化をする場合では（組織化）⇒問題把握⇒計画⇒実施⇒評価という時点で行うことになるとしている。

　また、原田は組織化の手法として地域組織化とプラットフォームの二つがあるとし、それぞれを以下のように整理している。地域組織化では、地域のなかに組織を構築し、活動が継続化するための会則、役割などを定める。しかし、活動のマンネリ化、形骸化が起きやすいとしている。一方、プラットフォームでは目的を明確にして、それに賛同した人が集合する形をとり、目的が達成したあとは解散することになる。そして、こうした活動を下支えするコーディネーターの役割が重要になる。

　さらに、ネットワーク構築のために、以下の5W2Hを意識して企画することが必要だと指摘している。

・Why　なぜネットワークが必要なのか（目的）

・Who　そのために誰が、誰に声をかけるのか

・Where　どこで（どの圏域で）つくるのか

・When　いつまでにつくるのか

・What　何をテーマにしていくのか

・How　どうやって運営していくのか

・How much　必要な経費等はどうするのか

　ネットワークはさまざまな形をとるため、一概にその姿や例を示すことは難しいが、ここではいくつかのネットワークの姿を示しておく。

❶クライエントを中心とした支援ネットワーク

　これは、ケースマネジメントによって形成される、クライエントを支援するフォーマル／インフォーマルな社会資源の結びつきに代表されるものである。また、ケア提供のネットワークだけでなく、地域住民による見守りネットワークも、こうした形の一つと考えられる。

❷福祉関係団体のネットワーク

　同職種／同職域の人や機関によるネットワーク。たとえば、障害者相談支援事業所や地域包括支援センターのネットワークがその一例であり、日常の支援業務に関する情報共有・交換を行うことによって、それぞれの実践知を共有する。また、研修を企画したり、それらの機関が日常の実践で得た気づき（現時点でクライエントに起こっている問題、制度やサービスの課題等）についての対策や改善策を自治体に提案していく等の機能も期待される。

❸保健・医療・福祉、教育、就労等のネットワーク

　職域を超えた多職種連携のネットワーク。たとえば、入退院時の医療機関と地域ケア機関（特に居宅介護支援事業所、地域包括支援センター）との情報共有のルールづくり、あるいは要保護児童対策地域協議会（児童福祉機関、保健医療機関、教育機関、警察・司法機関、人権擁護機関、配偶者暴力相談支援機関、NPO、ボランティア、民間団体等が参画）などがこの例である。クライエントの支援という観点からは、福祉関係者だけではカバーしきれない多様なニーズに対応した支援ができる可能性がある。

❹企業等営利組織とのネットワーク

　保健・医療・福祉等の非営利セクターと民間企業等の営利セクターによって構成されるネットワーク。たとえば、高齢であることを理由に賃貸住宅への入居を断られる高齢者を支援するために、市、不動産業者、福祉関係団体（市老人福祉施設）が協議会を形成し、福祉機関からの週1回の訪問相談の体制を組むことで不動産業者の物件紹介、賃貸契約をしやすくする取り組みがその一例である。これは当初はモデル事業とし

て取り組まれ、モデル事業終了後は市の独自事業として継続されている[5]。このように、福祉機関が関与することで、営利企業が忌避しがちな利用者が民間企業のサービスを利用しやすくすることができる。

❺インフォーマルネットワーク

特に、セルフヘルプグループや当事者組織による支え合いは重要な社会資源である。こうした資源は、当事者によって立ち上げられ、その運営がなされるものであるが、病院ソーシャルワーカーが患者会の立ち上げと運営を支援したり、施設の職員が入所者の自治会の運営を支援するなどの例もある。

3 社会福祉計画

❶社会福祉計画への関与

自治体における福祉サービスの整備を計画的に行う各種の社会福祉計画にかかわっていくことも、社会資源開発の方法の一つである。これらの計画は老人福祉計画、介護保険事業計画、障害福祉計画、次世代育成計画などの分野別計画、さらにその上位計画としての地域福祉計画がある。

たとえば、このうちの社会福祉計画の策定・改定プロセスは図4-6のようなものである。こうした計画に関与する形としては、自治体職員として計画作成作業の進捗を管理する立場でかかわる場合、あるいは利用者にサービス提供を行っている専門職の立場でかかわる場合があると考えられる。

前者においては、この策定・改定プロセスにおいて、できる限り各種のサービス利用者・家族（当事者・福祉サービスのユーザー）や地域住民等、そして各種専門職・団体の意見を取り入れられるように進めていくことが求められる。また、後者においては、日常の実践のなかで把握している現行サービス提供システムの課題や、利用者が抱えている未充足のニーズについて意見を出し、それらが計画に反映されるようにしていくことが求められる。

❷地域ケア会議等によるボトムアップ

2015（平成27）年の介護保険法改正によって、地域包括ケアシステムの構築のために地域ケア会議を活用していくことが求められるようになった。地域ケア会議は、個別の支援困難事例を検討することによって、❶個別課題の解決、❷ネットワーク構築を図るとともに、そこから❸地域課題発見を行い、❹地域づくり・資源開発機能、そして❺政策形成へ

図4-6　地域福祉計画策定・改定のプロセス

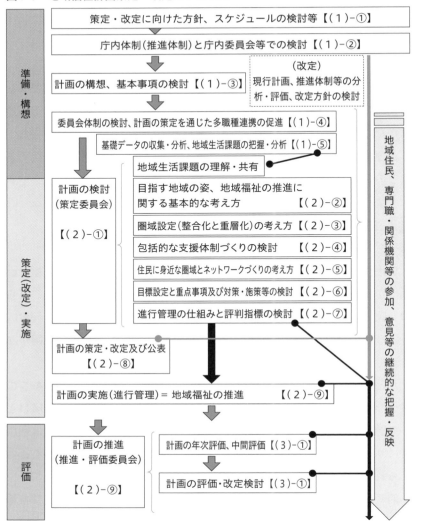

出典：全国社会福祉協議会『地域共生社会の実現に向けた地域福祉計画策定・改定ガイドブック』p.38, 2019.

と展開していく機能があるとされている。このうち、❶❷❸の機能は利用者の支援に携わる各種専門職によって構成される地域ケア個別会議が、そして❸❹❺の機能は市町村の各種組織の代表者レベルで構成される地域ケア推進会議が担うことになる（**図4-7**）。

　ここで重要なことは、個別ケースの検討を通じて潜在的なニーズ、すなわち現行のサービス供給システムでは十分に対応できていない事柄（地域課題）を発見し、そうしたニーズを充足することができる社会資源の開発について議論し、またそれを事業化・施策化する、介護保険事業計画に位置づける、国・都道府県に提案する等の動きへと展開してい

図4-7 「地域ケア会議」の五つの機能

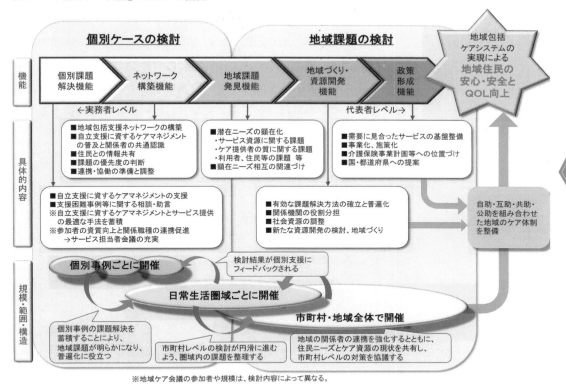

※地域ケア会議の参加者や規模は、検討内容によって異なる。

資料：厚生労働省「地域ケア会議について」

くことである。この代表者レベルの地域ケア推進会議に関与するソーシャルワーカー、すなわち自治体職員は、できるだけ多くの事例を集め、その検討結果から当該自治体のサービス供給体制の不備、不足を発見し、それをもとに制度の修正を行っていけるように会議を運営していく必要がある。

　しかし、実際には圏域内でなかなか地域ケア個別会議が開催されていなかったり、開催されていても個別ケース検討がなされていない、扱われた件数が少ないために、現行のサービス供給システムを見直すだけの材料となり得ていない場合が多い。また、地域ケア個別会議でケース検討はなされていても、その視点が個別ケースの支援にとどまっており、その支援困難性の背後に隠れている現行のサービス供給システムとの関連での分析がなされていない例も多い。この点を考えると、地域で相談支援活動に従事するソーシャルワーカーは、個々のケースのアセスメントを行う際、そのケースを通じて現行のサービス供給システムが十分に機能しているか、制度の狭間をつくり出していないかという点にも目を

配る必要がある。そして、そのケースがソーシャルワーカー自身・事業所・支援チームの力量で十分支援できるものであったとしても、現行サービス供給システムが抱える課題を検討する証拠を残すため、意識的に地域ケア個別会議に提出して検討する姿勢をもつ必要がある。

ここでは介護保険制度上の地域ケア会議を取り上げたが、障害者総合支援制度における地域自立支援協議会なども、同様の機能を担うものであると考えることができる。

事例

A市の障害者相談支援事業所の相談支援専門員は、担当するケースで、重度の障害のある利用者が体調を崩し、入院した際に、病院側からコミュニケーションの難しさを理由に家族に24時間の付き添いを求められたり、入院を拒否されることがあり、この問題について地域自立支援協議会で議論を進めていた。同時期に、市内の重度障害者の家族会ではこの問題について、家族会として市と交渉していた。そこで、地域自立支援協議会としても家族会とともにこうした実態についてデータを整理し、入院時に日頃からその障害者にかかわり、コミュニケーションに慣れている援助者が入院先の病院に派遣されることの必要性について市障害福祉課に働きかけることにした。こうした粘り強い働きかけの結果、A市の独自施策としてA市重度障害者入院時支援員派遣事業が制度化されることになった。また、他の自治体でも同様の働きかけがなされるようになり、こうした取り組みは広がっていった。

▌4 新しい制度やサービスをつくる

新しい制度やサービスをつくるということは、それが国全体をカバーするものである場合、当然新しい法律をつくり、それを国全体で運用できる仕掛けをつくっていくことになる。たとえば、介護保険制度がつくられた際には、法案が作成され、それが国会で審議、可決されることによって新しい制度が動き出すことになる。

こうした制度作成のプロセスにソーシャルワーカーが一人だけで何らかの影響を与えようとすることは難しい。しかし、制度の作成過程では、その制度が対象とする問題に関するさまざまなデータが収集・分析される。そうしたデータは、さまざまな大規模調査によって収集されるものであり、実践の場にいるものとして、そうした調査の回答に協力するこ

とで、一人ひとりが制度作成に間接的に寄与することになる。

　また、こうした制度のあり方を検討する場（たとえば、社会保障審議会など）の委員には、学識経験者や各種団体代表、自治体職員等、さまざまな委員が選任される。たとえば、社会保障審議会（児童部会社会的養護専門委員会）の「子ども家庭福祉に関し専門的な知識・技術を必要とする支援を行う者の資格の在り方その他資質の向上策に関するワーキンググループ」にはソーシャルワーカーの職能団体として日本社会福祉士会から委員が参画している。このように、制度を検討する場に職能団体から委員が参画できている場合には、その委員の発言内容に関しては、職能団体のなかでどのような内容を盛り込んでいくかについて協議がなされたうえで、会議の席上でその委員が発言することになる。職能団体は、こうした委員の発言をバックアップする働きをもっている。職能団体の会員となることで、会に対して「このような意見を発するべきである」といった要望を出すことも可能となる。また、委員の発言内容を補強するために調査を行うことがあるが、そうした調査に協力することも、間接的に委員をサポートすることにつながる。あるいは、ソーシャルワーカーの職能団体が委員に選出されていない場合であっても、職能団体を通して「こうあるべきだ」という意見を発出することもできる。

　法制度をつくる作業は、一ソーシャルワーカーからみると遠いところで行われていることにみえるが、たとえば、2020（令和 2 ）年の「地域共生社会の実現のための社会福祉法等の一部を改正する法律」の改正に際して、重層的支援体制整備事業を実施するにあたって「社会福祉士や精神保健福祉士が活用されるよう努めること」に参議院の付帯決議がつくことになった。これは、ソーシャルケアサービス研究協議会が設立支援を行った「地域共生社会推進に向けての福祉専門職支援議員連盟」を通じての働きかけの成果といわれている。このように、立法にかかわる者に働きかけていく方法もある。

---

iii　ソーシャルケアサービス研究協議会は、社会福祉の専門職団体、専門職養成組織団体、社会福祉関連研究団体・学会の協働のプラットホームとして設立されたものであり、公益社団法人日本社会福祉士会、公益社団法人日本精神保健福祉士協会、公益社団法人日本医療社会福祉協会、特定非営利活動法人日本ソーシャルワーカー協会、公益社団法人日本介護福祉士会、一般社団法人日本ソーシャルワーク教育学校連盟、公益社団法人日本介護福祉士養成施設協会、一般社団法人日本社会福祉学会、日本地域福祉学会、日本ソーシャルワーク学会、日本介護福祉学会、日本福祉教育・ボランティア学習学会、一般財団法人日本保健医療社会福祉学会、全国社会福祉法人経営者協議会、一般社団法人日本精神保健福祉学会、一般財団法人社会福祉研究所の16団体で構成されている。

また、地域でさまざまな人たちとともに取り組んできたことが、制度作成にあたって先進例や参考例として取り上げられることもある。こうした地道な実践もまた、制度に影響を与える一つの道となる。

5 社会福祉法人の地域貢献活動

2016（平成28）年の社会福祉法改正によって社会福祉法人は「地域における公益的な取組」を責務として取り組まなければならないとする

★地域における公益的な取組
2016（平成28）年の社会福祉法改正により社会福祉法人に取り組みが求められたもの。社会福祉事業・公益事業として提供される福祉サービスで、日常生活・社会生活上の支援を必要とする者に無料または低額な料金で提供されるもの。既存の制度や市場サービスでは充足できないニーズをもつ人に対する支援。

図4-8 「地域における公益的な取組」の標準的な展開手順

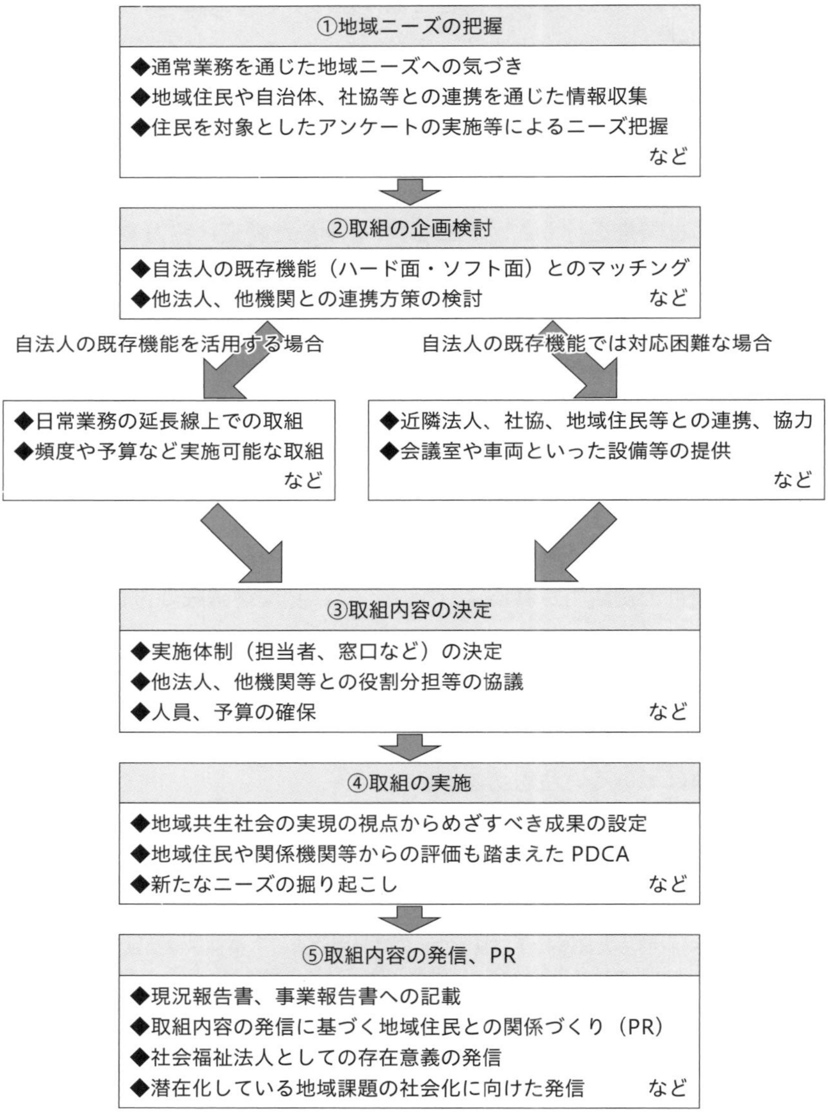

```
①地域ニーズの把握
◆通常業務を通じた地域ニーズへの気づき
◆地域住民や自治体、社協等との連携を通じた情報収集
◆住民を対象としたアンケートの実施等によるニーズ把握
                                              など
                   ↓
②取組の企画検討
◆自法人の既存機能（ハード面・ソフト面）とのマッチング
◆他法人、他機関との連携方策の検討          など
```

自法人の既存機能を活用する場合　　　　自法人の既存機能では対応困難な場合

```
◆日常業務の延長線上での取組        ◆近隣法人、社協、地域住民等との連携、協力
◆頻度や予算など実施可能な取組      ◆会議室や車両といった設備等の提供
                  など                                    など
```

```
③取組内容の決定
◆実施体制（担当者、窓口など）の決定
◆他法人、他機関等との役割分担等の協議
◆人員、予算の確保                          など
                   ↓
④取組の実施
◆地域共生社会の実現の視点からめざすべき成果の設定
◆地域住民や関係機関等からの評価も踏まえたPDCA
◆新たなニーズの掘り起こし                  など
                   ↓
⑤取組内容の発信、PR
◆現況報告書、事業報告書への記載
◆取組内容の発信に基づく地域住民との関係づくり（PR）
◆社会福祉法人としての存在意義の発信
◆潜在化している地域課題の社会化に向けた発信  など
```

資料：全国社会福祉協議会地域における公益的な取組に関する委員会『地域共生社会の実現を主導する社会福祉法人の姿—地域における公益的な取組に関する報告書—』全国社会福祉協議会, p.38, 2019.

規定が盛り込まれた。このことによって、社会福祉法人はそれぞれが経営する社会福祉事業だけでなく、地域の実情に応じて、社会福祉事業または公益事業を行うにあたって提供される福祉サービスを、日常生活または社会生活上の支援を必要とする者に対して、無料または低額な料金で提供する地域貢献活動を行うことになった。こうした取り組みも、新しい地域の社会資源を創出するものとなっている。

❶一法人、一施設での取り組み

たとえば、高室は社会福祉法人の地域貢献事業として 40 の実践例を紹介しているが、それらはたとえば、❶介護教室、❷カフェ活動、❸障害サービス、❹食事支援、❺学校連携、❻防犯連携、❼防災連携、❽生活支援、❾生活困窮支援、❿地域サービス、⓫ボランティア支援等、多様な領域にわたっている。[6]

こうした取り組みは、各都道府県や都道府県社会福祉協議会等がとりまとめてホームページで紹介しており、また全国社会福祉法人経営者協議会も「１法人（施設）１実践活動事例のご紹介」として 2004（平成16）年以降、実践事例集をホームページに掲載している。こうした取り組みについて、その実態についてのアンケート調査は各地で行われているが、それらを包括的に分析した研究としては、『地域共生社会の実現を主導する社会福祉法人の姿─地域における公益的な取り組みに関する委員会報告書』（2019 年）がある。これによれば、地域における広域的な取り組みの標準的な展開は**図 4-8** のように整理されている。[8]

❷協議会でできること

一施設・一法人ではなく、協議会として取り組まれた例としては「生活困窮者レスキュー事業だいじょうぶ OSAKA」がある。これは、2004（平成16）年に大阪府老人福祉施設協議会の取り組みとして始められたものであり、府下の老人福祉施設はそれぞれにコミュニティソーシャルワーカーを配置し分野を問わない総合相談を行うとともに、大阪府社会福祉協議会に置かれた社会貢献支援員がこれを支援する。さらに老人福祉施設は社会貢献基金を拠出し、これを原資として生活困窮者の困窮状況が緊急性が高いと判断された場合には経済的援助（現物給付、おおむね 10 万円を限度）を行うというものであった。これは後に、大阪府内のすべての社会福祉法人が参画する大阪しあわせネットワークへと発展していく。そこでは、生活困窮に対応する生活困窮者レスキュー事業、育児、家庭、病気、介護など、保育園の地域貢献支援員（スマイルサポーター）が相談に応じる活動や、就労支援・中間的就労、家計相

談支援、社会参加・生きがい支援、子どもの学習支援、居場所づくり等さまざまな活動を展開するに至っている[9]。

2 サービスの改善

現行のサービス供給システムにおいて、そのニーズに対応する社会資源はあるものの、その質に問題があるためにニーズの未充足状態が起こっている際には、当該社会資源に働きかけて、そのサービスの質の改善に取り組むことも必要になる。

これは、ソーシャルワーカーが当該サービス提供機関に所属している内部者である場合と、外部者である場合が考えられる。

内部者の場合のサービス改善の取り組みは、以下のように、さまざまな方法が考案されてきている。

○利用者へのサービス満足度調査を企画し、その結果を受けてサービス改善を図る

○ヒヤリハット報告を蓄積、分析することで、サービス改善を図る

○利用者からの苦情やクレームを受け、その対応を通じてサービスの改善を図る

○利用者の自治会や家族会を組織し、それを通じてサービスに対する要望や不満を吸い上げ、サービス改善に反映させる

これが、ソーシャルワーカーがほかの施設・機関のサービスの改善を求めていく場合には、働きかけ方が異なってくる。たとえば、当該サービスの提供方法や内容では利用者のニーズ充足が図られていない状況を当該施設・機関の担当者に伝え、問題状況を共有するとともに、単なる批判や要求で終わるのではなく解決策を一緒に模索するという協調的なアプローチが考えられる。この場合、ソーシャルワーカー側と施設・機関側で利用者理解やニーズ理解にズレが生じている場合が少なくない。そうしたズレを修正すること、特に利用者側からの理解の仕方となるようにしていくことが重要になる。こうしたプロセスは、ソーシャルワーカー側からの支援方法の改善についての提案を行うことだけではない。施設・機関側と一緒にケースカンファレンスを開催し、そのなかで協働作業としてアセスメントを深めていくことで、サービス提供側から改善案を見つけられるように支援していくことが有効である。

しかし、こうした働きかけでは改善が見込めない場合、ソーシャルワー

カーはクライエントがクレームや苦情を申し立てることをサポートする、施設・機関側と交渉する等のアドボケイトの役割を担うことが必要になる。それは、場合によっては外部の権利擁護機関と協働することが必要になるかもしれないし、利用者の置かれた状況が見過ごせない権利侵害である場合には、福祉サービス運営適正化委員会等の苦情解決機関を活用することや、訴訟という方法を用いる場合もあり得る。

3 社会資源開発に必要なソーシャルワーカーのスキル

　以上、さまざまな形態の社会資源開発のあり方についてみてきた。最後に、社会資源開発に取り組むソーシャルワーカーに求められるスキルについて述べておく。

1 ミクロレベルのスキル

　すでに述べたように、社会資源開発が必要な状況とは、現行のサービス供給システムでは充足できないニーズをもつクライエントが存在するということである。そうしたクライエントに対して、サービス供給システムの側からではなく、クライエントの側から状況を知覚する感受性が求められる。さらに、クライエントの置かれた状況をアセスメントする際に、さまざまな環境要因、特に現行のサービス供給システムとの関係でニーズの未充足状態が起こっていないかを分析する力は必須である。

　さらに、この問題を解決するために各種の関係者と状況を共有し、協働を図っていくことが求められる。そのためには、状況を客観的に記述／説明できる力、あるいはそのアセスメント内容を的確に説明する力が必要になる。

2 メゾ・マクロレベルのスキル

　資源開発のためには、当然現行システムについての詳しい理解が必要である。さらに、どのような人と協働していくことが必要かを考慮し、その人たちとともに動いていくことになる。そのためには、福祉領域だけでなく、関連するさまざまな職域・領域に対する広い人脈をもっていることが有効になる。

　さらに、一人の利用者の事例だけでなく、同様の状況に置かれている人たち、同様の課題を見える化していくために、状況を数量的に把握で

きる調査を企画する力、データをまとめて説得力をもってポイントを説明できる分析力やプレゼンテーション力も必要といえる。また、社会資源開発を進めていくための工程を企画し、その進捗を図っていく力も求められる。さらに、一定の結果が出た後には、それがどのような成果を生み出しているのかを評価すること、その評価を関係者や社会資源開発のステークホルダーに説明できる力も求められる。

このように考えると、社会資源開発に取り組むために必要とされる力量とは、ソーシャルワーク全般においてソーシャルワーカーが用いる諸スキルが総動員されるものであることが理解できるだろう。

◇引用文献
1）永田幹夫『改訂 地域福祉論』全国社会福祉協議会，p. 183, 1997.
2）日本能率協会総合研究所『平成26年度生活支援コーディネーター（地域支え合い推進員）に係る中央研修テキスト』pp. 25-53, 2015.
3）岩間伸之「ソーシャルワーク実践におけるネットワーク構築の意義」『地域包括支援センターにおける連携・ネットワークの構築に関する研究研修事業報告書』日本社会福祉士会，p. 23, 2010.
4）原田正樹「ネットワーク構築にむけた社会福祉士の視点と方法」『地域包括支援センターにおける連携・ネットワークの構築に関する研究研修事業報告書』日本社会福祉士会，pp. 47-50, 2010.
5）森賢一「居住の支援を必要とする地域の高齢者を支える」『月刊福祉』第103巻第5号, pp. 26-30, 2020.
6）高室成幸『地域貢献事業の40の実践例──企画・準備・運営メソッド』日総研出版，2016.
7）1法人（施設）1実践活動事例のご紹介，全国社会福祉法人経営者協議会 https://www.keieikyo.com/keieikyo/introduction/example.html
8）全国社会福祉協議会地域における公益的な取組に関する委員会『地域共生社会の実現を主導する社会福祉法人の姿──地域における公益的な取り組みに関する委員会報告書』全国社会福祉協議会，p. 38, 2019.
9）大阪府社会福祉協議会『社会福祉法人だからできた誰も制度の谷間に落とさない福祉──経済的援助と総合相談支援で行う社会貢献事業』ミネルヴァ書房，pp. 84-113, 2013. 大阪しあわせネットワークHP https://www.osaka-shiawase.jp/about/

◇参考文献
・さわやか福祉財団編『シリーズ住民主体の生活支援サービスマニュアル3 居場所・サロンづくり』全国社会福祉協議会，2016.
・居場所カフェ立ち上げプロジェクト編『学校に居場所カフェをつくろう！──生きづらさを抱える高校生への寄り添い型支援』明石書店，2019.

●おすすめ
・白澤政和『地域のネットワークづくりの方法──地域包括ケアの具体的な展開』中央法規出版，2013.
・高良麻子『日本におけるソーシャルアクションの実践モデル──「制度からの排除」への対処』中央法規出版，2017.
・コミュニティソーシャルワーク実践研究会編『コミュニティソーシャルワークと社会資源開発──コミュニティソーシャルワーカーからのメッセージ』全国コミュニティライフサポートセンター，2013.

第5章

カンファレンス

　ソーシャルワーカーは、個別支援のケースカンファレンスはもちろんのこと、ミクロ・メゾ・マクロのどのレベルの実践においても、他者との協議等を行う目的で会議（カンファレンス）を行う。

　第1節では、会議の種類と方法として、目的の違いによる会議の種類の違いがあること、目的に応じた会議の参加者や方法があることを理解したうえで、さまざまな会議に共通する会議の方法、留意点等について理解する。

　第2節では、ミクロ・メゾ・マクロレベル実践の会議として、事例を通じて、会議の目的の明確化、会議の準備、留意点についてより具体的に学ぶ。

第1節 会議の種類と方法

学習のポイント

● 社会福祉士としての業務や実践における会議について学ぶ
● 会議の計画・準備、会議のなかで必要な技能を学ぶ
● 会議後のフォローアップに必要な技能を学ぶ

1 社会福祉士としての業務や実践における会議

1 社会福祉士としての業務や実践における会議

　社会福祉士が働く施設や機関では、朝礼や朝夕での申し送り、ケアカンファレンス、入退所判定会議、リーダー会議、職員会議など、さまざまな会議が行われている。また、所属組織やそこでの役職・立場によっては、職場内にとどまらず、職場外、地域における多機関・多職種による会議や地域住民らとの会議などに参加することや、そうした会議の運営、企画、進行なども担っている。実際、社会福祉士の業務のなかで、こうした会議等にかかわる時間は決して少なくない。

　ソーシャルワーク実践のミクロ・メゾ・マクロのどのレベルにおいても、さまざまな会議がある。これまで、事例検討会などケースカンファレンスについては、社会福祉士が学ぶべきものとして、テキスト等にも取り上げられてきた。しかし、社会福祉士がかかわる会議はケースカンファレンスのみではない。職場内では、運営管理にかかわる会議なども ある。また、地域における包括的相談支援体制の仕組みづくりや実際にその機能を発揮していくうえでは、個別ケースについてのカンファレンスはもちろんのことであるが、地域ケア会議や、要保護児童対策地域協議会、自立支援協議会、その他多職種で構成される協議会や連絡組織・ネットワークにおける会議、住民らと進める活動にかかわる会議、地域福祉計画や、地域生活課題解決に向けての仕組みづくり等にかかわる会議など、ミクロ・メゾ・マクロのレベルにかかわって、ソーシャルワーカーはさまざまな会議に参加し、また会議の企画・運営にかかわる。

　したがって、それぞれの会議の目的や目標を達成することができ、その結果、意味のある会議にできるよう、会議の運営方法、スキルについ

て、社会福祉士は学ぶ必要がある。その際には、一般的な会議運営や参加の方法についての知識やスキルを踏まえたうえで、社会福祉士がかかわる会議について、ソーシャルワークの視点から、押さえておくべきポイント等について考える。

2 会議とは何か

1 会議の種類

先に例を挙げたように、職場や地域において社会福祉士がかかわる会議にはさまざまなものがある。では、それぞれにはどのような違いがあるのか。そもそも会議とは何なのか。『大辞泉 第二版』によると、「会議」には、「関係者が集まって相談をし、物事を決定すること。また、その集まり[1]」という意味があるとされている。また、会議という日本語を用いずに、福祉、医療、介護の現場では、カンファレンスやミーティングと呼んでいる会議も少なくない。まずは、それぞれの違い、共通点についてみてみる。

❶カンファレンス（conference）

社会福祉士が働く福祉・医療・介護の現場では、ケースカンファレンス、ケアカンファレンスのように「カンファレンス」という、元は英語での表現がなされているものがある。英語でのカンファレンスには、会議、協議会、相談、協議（すること）などの意味がある。また、英語でのカンファレンスでは、人数の規模は小規模から大規模なものまで含まれる。日本語でカンファレンスという言葉で表す会議は、異なる視点、専門性、経験、立場等を活かして協議する要素が強い。

❷ミーティング（meeting）

ミーティングも会議である。英語では、討論、集会、会議という意味がある。日本語でミーティングという言葉で表す会議には、たとえばスタッフミーティングや福祉施設でのフロアミーティングなど、会議にも使われるが、打ち合わせレベルのものや、たとえばカフェミーティングやランチミーティングなど、ややカジュアルな会議の場でも使われている。

以上から、日本語で用いられているうえでの厳密な違いを示すことは難しいが、本章では、カンファレンス、ミーティングも「会議」として見ていくこととする。

2 会議の目的

　会議の種類は、それぞれの会議の目的の違いにも見ることができる。

　また、会議ごとに、あるいは会議の議題ごとに、話しあう目的は異なる。なぜ、何のために会議を行うのか。一般的には、会議の目的として以下が挙げられる。それぞれの目的に沿って、留意する点がある。

❶問題解決・意思決定を目的とする会議

　組織やチームとしての組織運営や経営上の重要な判断、問題解決、意思決定を行うことを目的とした会議。参加者がさまざまな立場や視点から意見を出しあい、参加者みんなが意思決定にかかわれるかどうかが重要である。

❷情報伝達を目的とする会議

　情報を提供、共有することで、認識の統一を図ることを目的とした会議。一方的に情報を伝達して終わらないよう、参加者にとってわかりやすく情報を伝えること、また質疑等をやりとりすることで疑問を残さないようにすることが重要である。

❸調整を目的とする会議

　立場や部署、機関等が異なる人同士が連絡調整、協働を行うことを目的とした会議。それぞれの立場や役割等の違いを明らかにし、調整する（した）ことを確認しつつ進めることが重要である。

3 会議の意義

　会議の意義にはどのようなことが考えられるだろうか。会議の目的・ねらいはさまざまであるとはいえ、会議だからこそできることがある。では、なぜ会議を行うという選択をするのだろうか。

　一般的な会議では、複数の人の参加を得ることで、その参加者たちに意思決定や問題解決のプロセスに関与してもらう、関与できる場をつくることができる。その会議の場に時間を共有して集まることで、多様な意見や考え、発想を出しあうことができ、その会議の時間、場所に集まって行うことで、意思決定を迅速化することができる。そして、参加者の間での情報交換ができるようになれば、文字どおり顔の見える関係性をつくり、そうした関係を維持することもできる。また、参加・参画意識や当事者意識を生み出すことができることも会議の意義と考えられるだろう。

　このような一般的な会議にみられる会議の意義は、社会福祉実践における会議においても共通しているが、それぞれの会議の具体的目的によ

り、その会議の意義はより詳細となる。

　野中は、「対象者支援を中心課題とする実務者の会議」をケア会議として捉え、ケア会議には以下のような意義があると整理している。[2]

❶　事例に関する見立てと支援の手立てについて、複数の人々が一緒に考えることができ、そのことにより総合的で適切な判断が可能となり、担当者の負担が軽減する。

❷　参加者それぞれが自分の知らない領域の知識や技術を学ぶことができる。

❸　サービス提供者同士のネットワークが形成され、互いの存在や機能を知ることとなり、その後の協働作業への発展や、定期的な顔合わせによりネットワーク強化がなされ、互いの利用が容易になる。

❹　参加者同士の情緒的支え合いが生まれる。ケア会議のなかで専門職同士の立場から努力を認められる体験が得られる。

❺　ケア会議の場面が研修の機会となる。

❻　事例を取り巻く地域の課題を発見する機会となる。

　こうした会議の意義については、目的の確認とともに、会議の運営者はもちろん、参加者の間でも、共通理解ができるようにすることで、意味のある会議にすることができる。定例かそうでないかの違いにかかわらず、それぞれの会議の意義、目的の確認と共有化によって、会議をよりよいものにすることと、場合によっては、必要のない会議をなくしたり、ほかの形での情報共有等に変えることも可能である。

　会議は、それ自体は、何かを実現するためのプロセスにおいて行われる、いわば「手段」である。一方で、会議そのものが重要な取り組みになることが少なくない。社会福祉士の役割は、その職場によって異なるとはいえ、職場内、また地域において、多様な専門職、住民らと協働することが多く、その機会はますます増えている。会議はそうした協働の場である。よりよい会議の実施のための留意点や方法について学ぶことと、そして練習や経験を積むことが必要である。

3　会議について学ぶうえでの留意点

　会議の技法について、吉田は、会議の成否を左右するのは、以下の3点に凝縮できると整理している。[3]

❶　コミュニケーション能力、信頼関係に基づいた人間関係をつくれる

Active Learning

異なる専門職が協働
するうえで最も必要
な技術は何だと考え
ますか。それはなぜ
でしょうか。

能力、そして好奇心やセルフ・エスティーム（自己肯定感）や情報収集能力などを含めた会議に参加する出席者の資質

❷　リーダー的立場にいる人を含めた各出席者の役割の明確化

❸　さまざまな会議の運営方法を知っており、それらをどれだけ体験し、練習しているか

　ここで確認しておきたいことは、よい会議、成果が出せる会議には、運営・企画者、司会者だけではなく、会議への参加者みんなの資質が重要であるということである。その資質・能力についても示されているが、そうした資質のある人だけを参加させて、そうでない人を排除するということではなく、いかに参加者がもつそうした資質や能力を会議の場で発揮させられるか、また参加者もどのような力を自分自身で意識して発揮することがよい会議につながるかを理解したうえで参加することが重要である。

　そして、各出席者の役割を明確化し、みんなで会議をつくるということを認識することが必要である。さらに、会議の目的、参加者、その他の状況に応じて適切な会議の運営ができるように、多様な会議の運営方法を実際に体験し練習しておくことも重要である。

　野中らは、ケア会議の技術として、その意義、分類、構造、障壁、促進要因といった複数の側面から理解して行うことを前提として、ケア会議の具体的な運営技術を次の九つの技術として紹介している。

・会議運営の技術
・事例提出の技術
・参加の技術
・発言の技術
・進行の技術
・記録の技術
・効果測定の技術
・個人情報保護の技術
・実践化の技術

　これらの技術は、さまざまな会議に共通して必要な技術を基盤としつつ、対象者支援を中心課題とする実務者の会議において必要な実践的技術として整理されている。野中は、「もはや、それぞれの領域が単独で支援方針を決定することができずに、多領域の人々が意見を出し合いながら支援活動を進めるべき時代に突入した。そのために一堂に会する場が必要で、そうした場における共通の枠組みと共通の用語が求められてい

⁴⁾る」と述べている。このような認識は、対象者支援においてはもちろんのこと、ソーシャルワーカーが関与する地域における住民の課題解決能力の強化や参加支援、また多様な分野領域ともかかわっての地域づくりにおいても同様のことがいえるだろうし、むしろ専門職ではない住民や、狭い意味での福祉に限定されない領域の人々と行う会議においては、共通枠組みや共通用語の理解は欠かせないだろう。

そこで、まずは、会議にかかわる共通の枠組みと共通の用語、代表的な技術・技法の理解を目指したい。そのうえで、ソーシャルワーカーがミクロ・メゾ・マクロレベルでの実践のさまざまな局面でかかわる会議の目的等に応じた留意点等について学ぶこととしたい。

なお、職場内・外における多様な会議の技術・技法の習得は、第6章「事例分析、事例検討、事例研究」、第7章「ソーシャルワークに関連する技法」で学ぶ「ファシリテーション」「プレゼンテーション」などと併せて学ぶこととしたい。

4 会議の運営

1 会議を準備する・運営する

会議には目的があり、その目的を明確にすることの必要性は、前述してきたとおりである。次のステップは、会議の目的（ねらい）に応じた進め方を考え、準備することである。

ここでは、会議の準備と運営に必要な5W（なぜ〈Why〉、何を〈What〉、いつ〈When〉、誰が〈Who〉、どこで〈Where〉）と2H（どのように〈How〉、いくらで〈How much〉）についてみておきたい。

❶会議はなぜ開くのか

会議を開くことのねらいとして、大きくは二つのことが挙げられる。

❶ 複数の人間に意思決定や問題解決の過程にかかわってもらうこと

❷ 会議の場で人間関係をつくり、それを維持すること

会議そのものは目的ではなく、手段である。二つのねらいは、実行や実現したいことを進めるために必要なことである。

これらのねらいを達成するために、効果的な会議の方法を身につける必要がある。

❷会議で何を達成したいのか

開催する会議で何を達成したいのかを明確にしておくことと、その達

第5章 カンファレンス

> **Active Learning**
>
> 今まで参加したことのある会議で最もよい会議だと思う会議の特徴について考えてみましょう。反対に、最もよくない会議だと思う会議の特徴についても考えてみましょう。

成のための準備の作業が必要である。

　会議の事務局は、会議当日ではなく事前に、会議の目的、話し合いのテーマ、達成しようとしていること、また会議までに準備しておくことなどを参加者に知らせておくことで、限られた会議の時間内に、あらかじめ参加する会議についての準備ができている効率的に進めることがしやすくなる。

　会議によっては、事前に参加者から会議で取り上げたいことを聞き、参加者から情報や資料を提供してもらうように依頼することで、会議の参加意識を高めることにつなげることもある。取り上げる場合、また取り上げない場合の今後の扱いなど、説明をしないと、参加の意欲がそがれてしまうかもしれないので、気をつける必要がある。

　議事日程（アジェンダ）案の作成には、取り上げる議題の選択と順序の決定などがある。できれば数名で検討し、当日司会を担う人とも打ち合わせをしておきたい。

❸いつ会議をもてばよいか

　会議には、定期的会議、不定期の会議がある。

　定期的会議は、同一機関などでみられることが多い。定例化しているのでスケジュール調整は必要ない。各回の内容や方法がルーティン化されることが少なくない。本当に必要な会議なのかどうか、内容や方法についても、時に検討が必要である。

　不定期の会議は、必要に応じて開催する会議である。その会議の目的に応じて、参加してほしい人たちが参加しやすい日時に会議を設定することが望ましい。

　定期不定期を問わず、会議に割く時間や、時間帯についても、会議のねらいを達成するために効果的であるかどうか、たとえば集中してできる時間であるかどうか等の検討が重要である。

　事務局の都合や会場の都合で、参加者にとって参加しやすい日時に設定できない場合がある。そのことにより本来参加してほしい層の参加が望めなくなると会議の目的やねらいの達成に影響が出る。

❹誰が参加すればよいか、何人ぐらいの参加が効果的か

　会議の大きなねらいとして、❶複数の人間に意思決定や問題解決の過程にかかわってもらうこと、❷会議の場で人間関係をつくり、それを維持することを、先に述べた。会議に参加してもらう人は、ここでの意思決定や問題解決の過程にかかわってもらう必要がある人たちである。そして、その人たちの間で人間関係をつくり、それを維持することで、そ

の会議が開催されている時間中はもちろんのこと、会議の時間以外にも
その関係性で動くことができる。

会議の目的、テーマ設定に応じて、参加してもらうことが必要な人に
ついての人選と人数を決める。

じっくりと協議を行う会議であれば、大人数では難しいだろうが、グ
ループワークを活用することなども考えられる。1グループ6人ぐらい
を目安としたい。これより多いとグループが分かれてしまうことがあ
る。少人数すぎる場合は議論が発展しにくいこともある。事例検討を行
う会議での、事例の本人や家族の参加については別途検討が必要となる。

❺どこで開催するか

職場内での会議であれば、職場のなかでの会議室や会議に使用できる
スペースとなろうが、職場内であるからこそできるだけ会議に集中でき
るような環境設定が望ましい。そのためには静かであることや、適度な
明るさ、広さ、室温などに気をつけたい。

職場内のメンバーによる会議である場合でも、時には場所を変えて行
うことも考えられる。

他機関や他職種との会議など職場外での会議では、参加者にとってで
きるだけ参加しやすい場所やアクセスのよいところが望ましい。もちろ
ん、会議の目的に適した場所が望ましい。広さ、温度、音などが適切な
空間を確保したい。

❻会議をどのように進めるか

開催する会議の目的、ねらいが達成できるように会議を展開する必要
がある。そのための「規範」や「進行手順」、具体的な方法などについて、
計画的に行う。

❼会議の経費をどうするか

会議によっては、会場や使用機材の使用料、資料の印刷等に係る費用、
外部から助言者やファシリテーターなどを招く場合の謝金や交通費、湯
茶に係る費用などが必要である。

こうした会議に係る経費について、予算はいくらにするか、またどの
ように調達するのかについて準備する必要がある。

2 会議の展開

会議には「規範」と「進行手順」という要素があり、会議をうまく進
めていくためには、この二つを意識的に進めることが重要である。

Active Learning

自分が会議の司会を
するときに、どのよ
うなことを心がける
とよいか、考えてみ
ましょう。

❶規範

　会議の規範、つまり会議に参加する人たちがお互いに守るべき決まりやルールのことである。参加者の一人ひとりが意識していなかったり、忘れていたり、異なる理解をしていることもある。それぞれの会議の目的、参加者それぞれの会議における立場、大切にすべきことや話しあう内容など、会議を始める前に確認しておく。

❷進行手順

　会議には基本的な流れがある。その流れを理解し、それぞれの会議における進行手順を組み立てる。肝心なことは、スムーズに会議を進めるためには、進行役だけでなく、参加者全員が進行手順を理解しておくことである。そのためには、会議のはじめに進め方やスケジュール、時間配分等を確認する時間をもつ必要がある。

▋3 会議に参加する

❶参加者の役割

　参加者一人ひとりが、参加する会議の目的、そこでの自分の役割を理解して、実際に役割を果たせるようにかかわることができるかどうかは、会議の成功に大きな影響を与える。職場内でのケース会議、多機関多職種でのケア会議、地域福祉計画や活動計画の策定委員会など、さまざまな会議には事務局や当日のファシリテーターとしてかかわることも想定して、事務局としての運営技術や、ファシリテーターとしてのファシリテーション*の技術などを身につけることは、ソーシャルワーカーにとって必要であるが、「参加者」としてのかかわり方も同様に重要である。会議の運営には、事務局やファシリテーターだけでなく、一人ひとりの参加者が、その会議の構成員としての役割を果たすことも必要であるということを自覚したい。そのために参加者として留意することや必要な技術について考えてみよう。

❷会議のために準備をする

　準備は、事務局やファシリテーターだけでなく、参加者にも必要である。

①　参加できる時間の確保

　当たり前のことであるが、参加できる時間を確保し、他の業務等の対応があるだろうが、会議での遅刻や早退については、できるだけ避けるよう、予定の会議時間は会議に専心できるようにする。

★ファシリテーション
会議やプロジェクトなどの集団活動を目的の達成に向け、合意形成や相互理解などを円滑に進めるための支援・方法（第7章第3節参照）。

② **会議で扱われる内容に関連する情報の収集と整理**

事前に会議の案内で示されている議事や内容に応じて、準備する。

③ **必要な場合には資料の準備**

事例提示や、事業成果報告のプレゼンテーションなど、会議での発表や報告等の依頼がある場合などには、そのための準備をする。

❸会議中はよい雰囲気づくりや関係づくりを意識する

議論が活発にできるよう、みんなが発言しやすい雰囲気づくりや気配りをすることや、参加者同士のよい関係ができるようにする。

職場内でのケース会議や、職場を超えての多職種連携によるカンファレンス、また地域住民との地域課題解決に向けてのプロジェクト会議など、目的や会議の構成員は異なるが、いずれも良好な関係性があってこそ、話し合いが進めやすくなる。また地域共生社会を目指した重層的包括的な相談支援体制や地域づくりにおいて、異なる専門性をもつ人々による多職種連携や、地域住民と専門職など異なる立場にある人たちによる協働の具体的な場と機会として、会議が今後ますます重要になってくると考えられるなか、よい雰囲気づくりや関係づくり、チームビルディング★が参加者に求められる。

あいさつや自己紹介など基本的なコミュニケーション、会議中のスマートフォン・電話の扱いなど、マナーといえることも含まれるだろう。

チームケアや多職種連携が広まるなかで、異なる専門性や立場の人たちの間のコミュニケーションやファシリテーションを含む多職種連携の技術についての関心が高まっている。必要でありながら、やはり意識的に習得する必要がある技術である。また信念対立解明アプローチ★といった、多職種連携のチームケアでメンバー間に起こるトラブルへのアプローチの試みもある。

❹発言の機会を活かすよう心がける

参加者が発言しない会議は、会議とはいえない。発言は、ただ言葉を発したり、おしゃべりに興じることでもない。会議に参加する前の準備においても、質問も含め発言の機会を想定して、準備しておきたい。

プレゼンテーションといえるほどまとまった発表の機会ではないとしても、発言の機会には、わかりやすく発言することを心がける必要がある。

「わかりやすさ」のためには、はっきり伝えることである。大きなはっきりした声で、わかりやすい言葉で、論理的に（5W1Hを意識して、根拠を明確に）伝える。結論がはっきりしていて、発言の最初に結論から

★チームビルディング
個々人のスキルや能力・経験を最大限に発揮し、目標達成できるチームをつくり上げていくための取り組み。

★信念対立解明アプローチ
医療保健福祉領域で生じる「信念対立」に対応できるよう体系化された方法論。

伝えることで、わかりやすくなる。

「わかりやすい」とは、相手にとって、他の参加者にとってである。異なる専門性や立場性をもつ参加者間では、他の参加者の発言をよく聴き、相手を理解することで、わかりやすく伝えられるようになる。

マナーともいえるが、時間を守ることや、限られた会議の時間のなかで、自分だけが発言の機会と時間を独占しないようにする。発言することは重要であるが、参加者皆が発言することで多角的な視点を得ることができたり、検討課題について深めることができることも大事にすべきである。皆の発言の機会を活かすよう心がけることが大切である。

4 進行役の役割とスキル

❶進行役の役割

会議の進行役は、ファシリテーターである。ファシリテーターには以下のような役割や会議で果たす機能がある。

① 中立的な立場に立つこと

議論においては、中立的な立場に立つ。

② 会議の進行を行うこと

会議の進行を担う。

③ メンバーの相互理解を促進すること

参加メンバーが互いに理解しあえるようなコミュニケーションの取り方を工夫し、相互理解を促進する。

④ 秩序を維持すること

議論が進むなかで、発言者らが感情的になってしまったり、話していることが本題からそれてしまうようなことがある場合には、進行役は、元の議論の流れに戻れるように働きかける。

⑤ 時間を管理すること

会議が効果的に進むよう、スケジュールを伝え、時間配分をし、予定の時間が迫っていることを知らせるなどして、予定どおりに終わるようにする。

5 会議の記録

❶議事録

会議の記録には、会議終了後に作成される議事録がある。会議参加者や関係者と検討結果や次への課題や予定等を確認・共有する目的などがある。

❷会議のファシリテーションのための記録

　会議の記録にはほかにも、会議での意見や議論のやりとりの流れ、検討する事例の情報や検討内容など、会議での協議や議論を促進する目的で行う記録がある。

　代表的なものでは、ホワイトボードを活用した方法で、ホワイトボードミーティングと呼ばれることもある。意見や議論を参加者の目の前で、ホワイトボードに書いていく。記録されることで、発言者も意見の整理ができ、ほかの参加者の理解を進めること、会議で出た論点やアイデア等を共有することに役立つ。ポイントを示したり、議論の節目などにマーカーや記号、図などを使って強調したりすることで、議論の堂々めぐりを防ぎ、議論を発展したり深めることを助ける。ファシリテーションググラフィック*といわれる技術もある。

6 事例提示

　ケア会議などでの事例提出・事例検討は、専門職が連携協働して支援を展開する際に、共通の理解を深め、支援方針や支援計画を共有し、互いにその成果を評価しながら支援を進めていくうえで欠かせないものであり、そのための方法や技術を身につけておきたい。第6章についても参照してほしい。

7 個人情報保護

❶個人情報の取り扱いと保護への配慮

　ケア会議など、事例および近隣等にかかわる個人情報を取り扱う会議においては、個人情報の取り扱いと保護についての配慮が必要である。

❷個人情報の共有化の必要性と必要な配慮

　多様なニーズをもった事例本人の意向やニーズに合わせて、サービス提供者がケアチームをつくり、専門性の異なる複数のサービスを提供するなどチームケアの展開には、事例の個人情報の共有化は不可欠である。ケアチームのメンバーそれぞれがもつ事例の個人情報を共有化することで、抱え込みによるムリや、重複などのムダをなくし、質の高いケアにつなげることが可能となる。万が一に備える、リスクマネジメントともなる。

　ただし、ケア会議に参加する事業者がやっておくべき二つのこととして、❶個人情報保護の「基本方針」づくりと、❷「利用目的」の作成と提示および本人の「同意」確認がある。[7]

★**ファシリテーショングラフィック**
会議やワークショップなどで話される内容を、グラフィックを使いながらその場で見える化していくことで、場の活性化や相互理解を促す技術。

第5章 カンファレンス

201

❸ケア会議における個人情報の取り扱いにおける配慮[8)]

① 　準備段階における配慮

　事例提供者への事例の正確性の確保の確認、個人が特定される必要がない研修等の場合での事例資料の表記、資料は基本的には手渡しとする。

② 　協議における配慮、終了時における配慮

　事例提出者から参加者へ、個人情報のレベル、関係する個人、家族・親族間でどの程度個人情報が共有されているか、個人情報の取得経路について説明する。

　事務局から個人情報の保護の観点から知り得た情報についての十分な管理と保護について依頼する。

　配布資料の回収も忘れずに行う。

③ 　参加者への配慮

　❶専門職・事業所、❷専門行政機関等、❸事例本人の参加、❹家族の参加、❺近隣等の参加等、異なる参加層に応じた配慮を行う。

8 　会議の評価

　会議は目的ではなく手段である。そうであれば全体のプロジェクトや取り組みのなかで、開催した会議の評価を行うことが必要である。また各回の会議、一連の会議についての評価についても行い、次に活かしていくことができる。

◇**引用文献**

1 ）松村明監，小学館国語辞典編集部編『大辞泉 第二版』小学館，2012.
2 ）野中猛・高室成幸・上原久『ケア会議の技術』中央法規出版，pp. 12-13，2007.
3 ）吉田新一郎『会議の技法──チームワークがひらく発想の新次元』中央公論新社，p. 10，2000.
4 ）前出 1 ），p.11
5 ）野中猛・野中ケアマネジメント研究会『多職種連携の技術（アート）──地域生活支援のための理論と実践』中央法規出版，2014.
6 ）京極真『チーム医療多職種連携の可能性を開く 信念対立解明アプローチ入門』中央法規出版，2012.
7 ）前出 1 ），pp. 132-134
8 ）同上，pp. 136-139

◇**参考文献**

・株式会社川原経営総合センター監・大坪信善『福祉・介護の職場改善 会議・ミーティングを見直す』実務教育出版，2013.
・高室成幸『30のテーマでわかる！ 地域ケア会議コーディネートブック』第一法規，2018.
・施設ケアプラン研究会編，森繁樹編集代表『生活施設のケアプラン実践 事例編──カンファレンスの重要性と生活支援の理解』中央法規出版，2009.
・野中猛・高室成幸・上原久『ケア会議の技術』中央法規出版，2007.
・株式会社川原経営総合センター監・大坪信喜『福祉・介護の職場改善 会議・ミーティングを見直す 第 2 版』実務教育出版，2017.
・ちょんせいこ『元気になる会議──ホワイトボード・ミーティングのすすめ方』解放出版社，2010.

●**おすすめ**

・株式会社川原経営総合センター監・大坪信善『福祉・介護の職場改善 会議・ミーティングを見直す』実務教育出版，2013.
・高室成幸『30のテーマでわかる！ 地域ケア会議コーディネートブック』第一法規，2018.
・施設ケアプラン研究会編，森繁樹編集代表『生活施設のケアプラン実践 事例編──カンファレンスの重要性と生活支援の理解』中央法規出版，2009.
・野中猛・高室成幸・上原久『ケア会議の技術』中央法規出版，2007.
・株式会社川原経営総合センター監・大坪信喜『福祉・介護の職場改善 会議・ミーティングを見直す 第 2 版』実務教育出版，2017.
・ちょんせいこ『元気になる会議──ホワイトボード・ミーティングのすすめ方』解放出版社，2010.

ミクロ・メゾ・マクロの会議

● ソーシャルワーカーがかかわるミクロ・メゾ・マクロレベルでの実践におけるさまざまな会議について、事例を通じて学ぶ

● それぞれの会議の目的に応じた会議を行うにあたり、留意すべきことを学ぶ

　第1節では、会議の目的に応じた会議の準備や運営、参加者の決定、そしていくつかの留意点等について学んだ。第2節では、ミクロ・メゾ・マクロレベルの異なる実践の局面に触れる事例から、ソーシャルワーカーがかかわる会議と会議の運営や参加における留意点等について理解を深めたい。

　なお、すべての事例は学習用に作成したものである。

事例1

ケアマネジメントにおける多職種連携のためのカンファレンス（会議）（ミクロレベル）

　Aさん（78歳・要介護1）は、夫のBさん（82歳・要支援1）と二人暮らしである。二人の間に子どもはいない。

　Aさんは3年前、買い物途中の転倒による骨折がもとで歩行に杖が必要となり、家事に時間がかかるようになった。また、Bさんも生活に支障はないが足腰が弱く、買い物や調理、掃除に訪問介護を利用しながら夫婦で支えあって暮らしていた。

　半年ほど前からAさんは疲れがひどくなり、息切れもするため内科を受診したところ、胃がんであることがわかり、胃の切除手術を受けることになった。Aさん夫婦を担当する介護支援専門員（社会福祉士）は二人と一緒に病状について医師から説明を受けた。そして、互いを心配し動揺する二人の思いを受けとめ、Aさんが入院している間のBさんの生活支援を継続した。

　手術を無事に終えたAさんは、1日数回に分けて食事をとることになり、また、食後に不快感があったが、Bさんのことを心配し、できるだけ早く退院したいと希望した。医師もAさんの希望を汲

み、在宅での生活の準備が整い次第、退院日を設定するということ
だった。介護支援専門員は、入院中、筋力が低下し、杖歩行自体が
難しくなったＡさんの要介護認定区分変更を代理申請するととも
に、退院後の生活支援のためのカンファレンスを実施することにし
た。

▌1 会議の目的の明確化

今回の会議は、胃がんのために胃の切除手術を受けたＡさんと夫であ
るＢさんの、Ａさんが退院したあとの自宅での生活を支援するために、
Ａさん夫妻と主治医、夫妻と相談して決めた、利用が想定される福祉、
医療サービス事業所の職員に集まってもらい、Ａさんの病状、今後予測
されること、退院後の生活で注意しなければならないことといった医療
の情報や、Ａさん夫妻の生活に関する情報を共有し、生活目標と具体的
な支援を決定することである。

またこの会議は、会議に同席した事業所とＡさん夫妻、事業所間の顔
合わせの機会でもある。

▌2 会議の準備

❶Ａさん夫妻のアセスメント

Ａさんは胃がんであり、胃の切除手術を受けた。このことが今後の生
活にどういった影響を及ぼすのか理解する必要がある。医師や訪問看護
師に病状や予後、生活上の注意事項の説明を受け、定期受診や体調悪化
時の対応方法についてプランニングしておくことが求められる。

また、Ａさん夫妻が退院後の生活についてどう認識しているのか、二
人でどのように暮らしていきたいのか、望む暮らしを実現させるために
必要なこと、実現を妨げていることは何かなど、二人の精神面、身体面、
物理的環境、人的および社会的環境など多面的な理解、情報を収集して
おく。

❷会議の参加者の決定

アセスメントを通して利用が想定される福祉、医療サービスについて、
Ａさん夫妻の望む暮らしや必要性と照らしあわせ、Ａさん夫妻と選定し
た事業所に会議の参加を要請する。Ａさんの場合、医師、家事や入浴な
どの支援を行う訪問介護のサービス提供責任者、退院後の体調管理を行

う訪問看護師、歩行のための筋力向上を目指したリハビリ指導を行う訪問看護ステーションの理学療法士、家での食事の指導を行う病院の管理栄養士が想定される。

❸会議の場所や日時の決定

　会議の場所は、クライエントの自宅で行うことが多い。Ａさんの場合、現在入院しており、Ａさんの暮らしに影響する病状や退院後の注意点を説明する医師もいることから、病院の会議室に設定した。さらに日時は、今回は日時の調整が難しく、重要な情報を説明する医師とＢさんの都合を優先して決定している。

3 会議における留意点

❶生活の主体はＡさん夫妻

　今後の生活に不安を抱きながらも、今までと変わらず二人で暮らしたいというＡさん夫妻の思いや希望を受けとめ、支援することが必要である。医療ニーズの高い利用者の場合、治療や療養管理が生活の中心になりがちであるが、生活が医療のなかにあるのではなく、生活のなかに医療があるという視点で利用者の生活を捉え、利用者の主体性やストレングスに着目することが求められる。

❷司会の役割

　参加者が気兼ねなく発言したり、質問できるような雰囲気づくりが大切である。Ａさんの場合、食事のとり方など医療的に注意しなければならないことがある。このため、医療職からの指示が多くなる場合がある。その内容がＡさん夫妻の負担になったり、訪問介護では時間がかかりすぎるなど対応が難しいことがあれば、司会者である介護支援専門員は積極的に本人や福祉職が意見を表明できるよう発言や質問を促したり、代案を検討してもらうなど、ファシリテートすることが求められる。

　会議の終盤には、参加者間で共有された生活目標や支援方法、各事業所（専門職）の役割などについて、参加者全員が納得し、Ａさん夫妻の生活が円滑に始められるか確認する必要がある。

事例2

介護老人福祉施設に入所して間もない利用者の支援を検討するユニット会議（ミクロレベル）

　Ａさん（80歳・女性）は中等度の認知症があり、同居の娘家族は

日中、仕事や学校で家を留守にすることが多く、認知症が進み、外出すると戻れなくなることがあるＡさんの介護を在宅で行っていくことが難しいということで、介護老人福祉施設の入所申請をした。申請から３か月が経った頃、Ａさんは入所となった。要介護度は３である。

Ａさんは、仲のよかった夫と５年前に死別し、その頃から家にひきこもるようになり、物忘れがひどくなっていった。Ａさんの入所に際して、計画担当介護支援専門員（社会福祉士）と生活相談員（社会福祉士）は、娘からは、娘がＡさんに施設に入所することについて説明したところ、どこまでわかっているのかわからなかったが、「お前がそう言うなら仕方ない」と納得していると聞いていた。入所面接時にＡさんに会ったときに、施設の生活について説明したときも、特に入所に対する不安感や抵抗感は感じられなかった。

しかし、施設入所後、数日は慣れない環境のためか静かにしていたＡさんであったが、入所後１週間が過ぎる頃には、夕方から夜中にかけて、不安そうに「家に帰りたい、お父さんに会いたい」と、時には涙ぐみながら部屋を出たり入ったり歩き回ることが続き、最近では、ほかの利用者や職員にも強い口調で怒るなどイライラすることが増えてきた。入所してから３週間が経過し、Ａさんの生活するフロアを担当するユニットリーダーやＡさん担当介護職員からは、Ａさんがどうしたいのかわからない、対応にも困難を感じていると計画担当介護支援専門員に相談があった。

そこで、計画担当介護支援専門員は入所時の暫定ケアプランのモニタリングも兼ね、Ａさんのイライラした気持ちを受けとめ、施設で穏やかに暮らすことを支援するためにカンファレンスを開催することにした。

1 会議の目的の明確化

計画担当介護支援専門員は、入所して３週間、Ａさんの精神状態が悪化していることを感じていた。入所時に考えていた支援内容ではＡさんの穏やかな暮らしを実現することはできない。このため、Ａさんの、「家に帰りたい」と歩き回ったり、強い口調で怒ったりという言動の背景にある、Ａさんの伝えたくても伝えることができない思いや痛みを理解し、

その思いをかなえ、痛みを和らげる支援が必要と考えた。そこで、今回の会議では、Ａさんについての情報を収集して思いを推察し、参加者間で共有することを目的とした。

▌2　会議の準備

❶Ａさんのアセスメント

　会議までの期間、Ａさんの生活するユニットの介護職員や看護師、機能訓練指導員、生活相談員には、事前にＡさんの気になった言動の内容やそれが起こっている時間帯、どういったときに起こっているのか、どうしたら落ち着いたのか、Ａさんのストレングスなどについて気づいたことなどをメモしてもらうようにした。計画担当介護支援専門員や生活相談員は、できるだけＡさんと話をしたり、精神的に不安定なときに対応したり、様子を観察した。

❷会議の参加者の決定

　Ａさんの生活に日頃からかかわる人たちから情報を収集し、Ａさんの思いとそれに沿った支援方法を検討するため、ユニットの介護職員、看護師、機能訓練指導員、長年Ａさんと暮らしてきた娘に会議に参加してもらうこととした。夜勤であったり、利用者の対応のため、ユニットの介護職員が全員会議に参加することはできないため、参加できない職員はアセスメントの結果をユニットリーダーに託してもらうこととした。

❸会議の場所や日時の決定

　日程は、娘の都合を確認し、時間は介護職員や看護師など事業所の職員の集まりやすい時間を設定した。場所は、施設職員が参加するため、施設内の会議室とした。

▌3　会議における留意点

❶Ａさんの思いを受けとめる

　職員側からみれば、Ａさんの言動は不適切なものとして捉えられ、まず、その言動自体を解消する方法を考えがちである。しかし、不適切な言動として現れるＡさんの思いを理解しなければ根本的な解決には至らない。Ａさんの言動やその場面、生活歴や生活習慣、もともとの性格や価値観、Ａさんの置かれた状況などＡさんを包括的に捉えた情報からＡさんの思いを推察し、そのうえで支援方法を検討していく必要がある。

❷司会者の役割

　司会者である計画担当介護支援専門員は、参加者が気兼ねなく自分の

意見を言えるような雰囲気づくりと促しを行う。特に会議に参加する利用者家族は、専門職と同席し、意見を言うことに慣れていないため、会議では専門用語を使わず、わかりやすい表現をするといった配慮が必要である。また、職員には非常勤職員や新人職員もいるかもしれない。職位や経験年数にかかわらず、意見を言えるような働きかけも求められる。

会議の終盤には、参加者間で検討したAさんの思いやその思いに沿った支援方法について参加者全員が納得し、共有されているか確認し、支援計画を変更する。

事例3

地域住民と協働で取り組みを進めていく際のカンファレンス（メゾレベル）

A市は鉄道のターミナル駅もあり、近年は開発が進み、大規模商業施設や高層マンションが建設されたこともあり、若い世代の人口が増加してきた。一方で、市内には駅から離れ公共交通機関や商業施設の少ない古くからの地域もあり、住民の高齢化と高齢者の単独世帯の増加が目立ってきた。

この高齢化の進んだ地域を担当する地域包括支援センターの社会福祉士は、孤立しがちな高齢者のつながりの確保と健康の向上を目的に地域住民と協働で健康教室を企画、運営できないかと考えた。そして、この企画を説明し協力を依頼するために、まず、誰に声をかけたらよいか、市の地域担当者に相談に行き、町内会や子ども会、婦人会など小学校区の住民団体が連携、協力して地域課題に取り組む組織である「校区まちづくり支え合い委員会」の会長を紹介してもらった。

早速、社会福祉士は会長に電話で連絡をとり、企画の説明をすると、委員会でも高齢者の孤立化の課題は取り上げられるものの、なかなか対応策が見つからなかったとのことで、健康教室の企画に賛同を得られた。

そこで、会長の働きかけによって、この企画に協力してくれる委員会所属団体の代表者に集まってもらい、運営会議を実施することにした。

第5章 カンファレンス

1 会議の目的を明確化する

　地域包括支援センターの社会福祉士が当初考えていた健康教室の目的は、高齢化が進み、孤立化しがちな高齢者が健康教室に通うことによって、参加者同士のつながりを深めることと、健康増進に関する知識を得たり、運動をすることで、健康状態の維持、向上に役立てることであった。同時に、取り組みのために地域団体と地域包括支援センターが協働することで、地域住民が主体的に地域生活課題を解決できるように支援することであった。

　このため、まず、1回目の運営会議では、参加メンバーに対し、健康教室の目的を共有することと、目的を実現するために健康教室では何をどのように行うのか、内容や方法を検討することを目的とした。

2 会議の準備

❶地域のアセスメント

　地域住民と地域生活課題の解決やまちづくりに向けて協働していく場合、会議の前に地域の状況（地域の人口動態や世帯状況、社会資源の有無や利用しやすさ、地域の特徴や変遷など）を知っておく必要がある。

　また、住民に地域生活課題に対する受け止めの意識や態度が育っていないと、住民の自発的な動きにはつながらないため、地域住民の地域生活課題に対する関心の有無や課題の受け止めの意識、態度を理解する必要がある。

❷キーパーソンを探し、会議の参加者を決める

　取り組みに対する協力者を集めるためには、まず、地域生活課題に対する意欲、態度をもち、地域住民や住民団体に働きかけることのできるキーパーソンを探し、協力を依頼する。このとき、地域包括支援センター側の目的・目標を押しつけるのではなく、キーパーソンをはじめ地域住民や住民団体の考える目的・目標とのすり合わせが必要である。そのうえで、会議の参加メンバーを決定する。

❸会議の場所や日時の設定

　会議を設定する場合、参加メンバーの集まりやすい場所、日時を設定する必要がある。特に会議の場所は、公共交通機関が利用できるのか、バリアフリーであるのか、小さい子どもと一緒に参加できるのかなど、参加メンバーの状況によって配慮が必要である。

3 会議における留意点

❶主体は地域住民であること

　健康教室については、地域包括支援センターから働きかけ、支援もするが、あくまでも地域生活課題を受けとめ、解決に取り組むのは地域住民である。健康教室の目的を確認したら、その内容や運営方法の検討は住民のニーズやペースに合わせる必要がある。１回の会議で結論を出す必要はない。メンバーの合意形成と取り組みの継続性が大切である。会議を含め、健康教室の開催の回数や時間など無理なく続けられるように検討することが重要である。

❷司会の役割

　司会を担う社会福祉士は、参加メンバーが話しやすい雰囲気をつくり、発言ができるようファシリテートする。検討内容が力のある住民団体やメンバーの意見に偏りがちであるが、みんなの合意が得られるよう意見を調整したり、まとめる力も求められる。

　会議の終結時には、合意された検討内容の確認、次回の会議の日程調整と議題を提示する。

事例 4

┃同法人の福祉事業所間で行う運営会議（メゾレベル）

　社会福祉法人Ａは、Ｂ市に四つの拠点をもち、介護老人福祉施設や小規模多機能型居宅介護施設、通所介護事業所や居宅介護支援事業所など34の介護保険事業所を運営する法人である。市の北に位置するＣ事業部には、小規模多機能型居宅介護施設、認知症対応型共同生活介護、通所介護、訪問介護、居宅介護支援事業所、在宅介護支援センターがあり、Ｃ地域の住民からも、Ｃ地区で生活する高齢者の生活支援の拠点として知られている。

　法人Ａには、高齢者の思いを尊重し、実現を支援する旨の法人理念がある。さらにＣ事業部は、法人理念に沿った地域生活支援の拠点としての事業部理念として「互いに支えあう地域の暮らし」を掲げている。毎年Ｃ事業部の６事業所は事業部理念に沿った事業計画を検討、作成し、目標達成に向けて事業運営を続けてきた。毎月第３木曜日の16時からＣ事業部運営会議があり、今月の会議では、毎月の「事業報告」と、来年度の事業計画立案に向け、あらためて法人理念、事業部理念の確認と事業所の方向性について話しあうこ

とにしている。

　事業部運営会議の司会は事業部長である社会福祉士、参加者は各事業所の管理者である。事業部のうち社会福祉士が管理者を務める事業所は、小規模多機能型居宅介護施設と居宅介護支援事業所、在宅介護支援センターである。

1 会議の目的の明確化

　事業部運営会議は毎月1回行われる定期的な会議である。それぞれの事業所の目標達成だけでなく、事業部、ひいては法人の目標、理念を実現するために、毎月の実績（稼働率や収益等）とその評価、事業所の課題や今後の取り組みについての報告がなされる。加えて、事業部としての取り組みや課題についての検討および制度改正など情報の共有を行っている。特に当月の会議では、3月の上旬に開催される理事会で承認を受けることになる来年度の事業計画書の作成に向けて、事業部長は、次回の会議では毎月の実績報告に加え、法人の中期計画の確認と法人理念および事業部理念を反映した各事業所の来年度の取り組みについて検討することを目的とした。

2 会議の準備

❶事業所、事業を取り巻く情勢についてのアセスメント

　前回の会議時終盤、あるいは、会議の数日前までに会議の議題を伝えておき、参加者である事業所の管理者に必要な情報の収集や資料を用意させる。

　参加者は、来年度の事業計画を立案するために、これまでの事業所の事業実績や利用者の登録、利用状況とその推移および地域の人口動態や潜在的なニーズ、他事業所の状況など経営戦略や地域貢献活動を検討するための情報を収集する必要がある。併せて、各事業所が利用者や地域に行った支援、活動が理念にかなったものであったのかを評価し、課題を明確にする必要がある。

　事業部長は、事業部の経営戦略や地域貢献活動を検討する情報の収集、事業所全体の活動の評価、課題を明らかにしておくとともに、法人全体の事業の方向性の確認や福祉事業に関する政策についての動向について理解しておく必要がある。

❷会議の参加者の決定

　参加者は事業部内の 6 事業所の管理者である。事業部内の定例の運営会議であるため、通常は参加者が変更されることはない。

❸会議の場所や日時の決定

　定例の会議であるため、毎月第 3 木曜日 16 時からと決まっている。参加者である事業部長、管理者はその日時のスケジュールを確保し業務を組むことが求められる。場所は、事業所内の会議室である。

3　会議における留意点

　福祉サービス事業所も経営状況を重視せざるを得ない昨今では、定例の運営会議において、稼働率や収益など事業実績が重視され、その数値の推移や業績向上策に関心がもたれがちである。もちろん、安定した事業運営のためには、業績を向上させることが必要である。しかし、特に社会福祉法人は、支援を必要とする人々のセーフティネットとしての使命がある。そして、各法人や事業所にはその法人の存在理由や信条を示した理念がある。理念は法人や事業所の方向性や考え方の基本となり、職員が守るべき規範となる[2]。このため、事業部会議では、単に理念を読むだけではなく、事業所の取り組みが理念にかなっていたのか事業活動の振り返りを行うなど、参加者である管理者に理念を浸透させる必要がある。特に、事業計画作成にあたっては、理念を軸に計画しなければならない。

　管理者が理念を理解していれば、各事業所において理念を軸に事業所職員と事業計画を立てることで職員にも理念が浸透される。そして、事業計画だけでなく、日々の利用者支援や地域貢献活動の際に迷いが生じた場合にも、立ち返ることができる理念、つまり、支援の軸があることで、職員の精神的負担も軽減される可能性がある。事業部運営会議、さらに、事業所の運営会議においては、理念を意識して会議全体をファシリテートしていく必要がある。

事例5

地域リーダーの課題認識の共有と仕組みづくりに向けての校区福祉委員長協議会での会議（メゾレベル・マクロレベル）

　F 市では、市内のすべての各小学校区に住民による地域福祉推進

を目的とした団体である校区福祉委員会が組織化されている。市内のすべての校区福祉委員会の委員長が集まる校区福祉委員長協議会の会議は、F市の社会福祉協議会（以下、社協）が事務局となって開催している。

　校区福祉委員長協議会はいわば地域福祉活動のリーダーが全市レベルで集う会議であり、主に地域福祉にかかわる情報や行政の施策等についての情報が共有されるとともに、校区で起こっている問題、活動上の困難や、他の校区と共通の課題等について考える場をもっている。

　事務局である社協の職員たちは、校区福祉委員会の活動支援にかかわるなかで、福祉委員らが報道等で取り上げられる孤立死の問題が身近な地域でも起こっていることを気にかけており、地域の見守りを充実化していく必要があるのではないかという声を福祉委員会のリーダーたちから聞いていること、また特定の校区ではなく、市内の各校区からそのような声が拾えていたことから、校区福祉委員長協議会の役員らと相談して、校区福祉委員長協議会の場で、問題意識の共有とともに、活動者としてどのようなことができたらいいと考えているか、話しあうこととした。

　校区福祉委員会では、一人暮らしの高齢者などの見守り活動などを行っており、活動者だからわかる問題の理解や改善への思いをもっている。社協ワーカーたちは、福祉委員たちのなかにある主体的な関心や動きを見逃すことなく、また社協としても校区福祉委員長協議会とともに、行政や市内の福祉関係者等にも働きかけていくことも念頭に置きながら、要援護者支援のためのセーフティネット体制・仕組みの充実化・強化、全市レベルでの展開を視野に入れたプロジェクト化を意識していた。そうした取り組みは、関係者との合意形成をしながら進めていくことが重要である。まずは校区福祉委員長協議会のメンバーが、自分たちの校区、また全市的に協力して進めていくうえで、話し合いの場をもつこととした。

■1 会議の目的の明確化

　この段階では、各校区の地域福祉活動のリーダーたちが、それぞれの校区での経験や、課題認識をもち寄り（共有）、一人暮らし高齢者などの

孤立死を防げるようセーフティネットの仕組みをよりよくすることを目指して、校区福祉委員会協議会として、自分たち自身がどのようにしていきたいのかについて、考えることとした。

2 会議の準備

❶活動者、活動者リーダーの問題意識や経験を分かちあえるようにする

参加者が具体的に考えやすいように、会議では経験や問題意識をしっかり共有することと、できるだけ具体的にどうしたいか、どうしたらいいかを考えられるようにするため、事前の案内に、会議のテーマ、ねらいと進め方を明示するとともに、事前のアンケートへの回答を依頼した。すでに社協ワーカーがつかんでいる福祉委員たちの声とともに、参加者がこのテーマについて気になっていることやその度合いなどを紹介できるように、準備をした。たとえば「緊急事態でも鍵がかかっていて家に入れない」「緊急連絡先がわからない」「異変に気づくが連絡・相談に戸惑う」といった声である。

会議の時間は限られているため、会議に来る前からどのようなことを話しあうのか、参加者にも準備をしてもらうねらいがあった。

❷会議の参加者の決定

市内すべての校区の校区福祉委員会委員長が参加し、社協は事務局を担った。議題や会議の進め方によっては、それ以外のメンバーを事例等の提供者や研修講師や助言者として招くことも考えられるが、この回については、委員長がそれぞれの校区での経験や経験を通じての考え等を互いに聴くこと、一緒に考えることを目的としたため、特に助言者等は招かなかった。また、ファシリテーターを社協職員が担った。

❸会議の場所や日時の決定

場所については、こうした社協関係の会議は、社協の事務局が入っている会館等になることが少なくないが、会場として使用する部屋が、考えている会議の進め方にあった広さと設備があるかどうかについて、考える必要がある。日時は、校区福祉委員長協議会の会長他役員と協議のうえで決定した。

3 会議における留意点

地域活動者たちが問題意識を共有することはもちろんであるが、その先に何とかできないかと考えていることを大事にして、どのようなことができるといいか、どのようなことができそうか、どのようなことをやっ

てみたいかなどについて、率直な意見を出しあえるような工夫をする必要がある。

　工夫の例として考えられることとして、座席設定の工夫がある。できるだけ参加者皆が発言できるよう、またそれぞれの経験や思い、考えを互いに聴くことができるよう、小グループになって話しあえるような座席の設定にする。

　また会議のファシリテーションも工夫をしたい。グループでの話し合いの際に、ファシリテーターが各グループに入ることも考えられる。また一人のファシリテーターが、全体を統括してファシリテートすることも考えられる。いずれの場合もグループでの話し合いが始まる前に、進め方や時間について、説明をする。

　各グループでの話し合いのあと、全体での共有の際の工夫については、たとえば、ホワイトボードの活用（ホワイトボードミーティング）がある。社協の職員がファシリテーターとなって、参加者の意見を参加者の前で、文字にする。また図や記号やマーキング等の活用によって、意見や議論の展開や、強調される点などがわかりやすく示せるようにする。これにより、出された意見をその場で、参加者皆で確認し、またグループごとでの話を整理しながら、全体での話し合いとしてまとめ、課題の整理などを行うことができる。

　こうした会議はその場では大いに盛り上がったとしても、何が話しあわれたのか、どのようなことが課題として整理できるのか、今後どうしていくのか・いきたいのかについて、ホワイトボードを活用してのその場での記録化とともに、課題出しで終わらないよう、次への動きの見通しを参加者がもてるよう、会議後終了時に今後の予定を伝えることや、会議のあとに記録を送付するなどして、参加したリーダーが自分の校区にもち帰り、校区の福祉委員らとも情報共有や話し合いができるような工夫もできるとよいだろう。

事例6

次期計画策定に向けた地域福祉計画の策定委員会（マクロレベル）

　Ｓ市では、現行のＳ市地域福祉計画の計画期間が来年度末までであり、次期の地域福祉計画策定に向けての準備を始めている。この計画は社会福祉法（第107条）に基づく本市の地域福祉計画である。

地域福祉に関する事業や活動を推進するとともに、それらが適切に利用されるようにしていくための理念と基本方針を定め、本市の関係する分野別諸計画と連動して計画された本市の保健福祉のマスタープランとなっている。また、この計画は「Ｓ市総合計画」と整合性を図り、Ｓ市が目指す「まち」を地域福祉の視点でつくっていくという考えに基づき策定されている。なおＳ市には、Ｓ市社会福祉協議会で策定している「Ｓ市地域福祉活動計画」がある。「Ｓ市地域福祉計画」と「Ｓ市地域福祉活動計画」の推進を協力して進めると、両方の計画に示されており、計画の策定、推進の段階において、両計画の事務局で必要な調整等を行い、また計画期間中は年に１回、「Ｓ市地域福祉セミナー」を開催し、市内のさまざまな地域福祉実践、関係施策の動向など、報告やシンポジウム、講演などを通じて、地域福祉の理解を深める取り組みを協力して実施している。

　次期計画の策定では、現行の計画の成果と課題とともに、社会福祉法等の改正を踏まえ、その内容等を検討し策定する必要がある。現行の計画の策定後、計画の推進委員会が立ち上げられ、計画の進捗状況や評価の確認等を行ってきたが、次期計画策定に向け、あらためて策定委員会を立ち上げることになった。

　Ｓ市の地域福祉を、市、福祉に関する機関や事業者、地域で活動している団体、市民一人ひとりなど、多様な主体が参加と協働で進めるという理念のもと、地域福祉にかかわる多様な立場や視点からが意見を出しあってつくる計画にするために、策定委員会は、市民、団体、関係機関などの代表、学識経験者などによる委員構成とし、そこでの話し合いを踏まえるとともに、アンケート調査、ワークショップ、パブリックコメントなどの意見を反映しての策定を検討している。

❶ 会議の目的の明確化

　計画策定が目的であることは明らかである。計画の策定、実施と進捗管理、評価の全体のプロセスにおいて、策定委員会が担う役割・機能を明確化する。策定委員会は数回行うことになるが、各回を通じて策定委員会で審議する事項を計画する。

2 会議の準備

❶計画策定の進め方と策定にかかる工程のスケジューリング

策定期間中の策定に係る種々の予定（前期の計画の評価の作業、市民意識調査、地域福祉関係者のヒアリングの実施など）と委員会の開催予定を計画し、全体を通してと、各回の会議での主な議題とその議題の審議に必要な資料や情報の収集整理と資料化を事務局は行う。

各回の会議の議事と審議のための資料は、会議の事前に委員に届け、委員が会議当日までに審議内容について資料を読んで意見や質問などを考えておけるようにする。必要に応じて事前説明を行う。

❷会議の参加者の決定

策定委員会委員を決める。地域福祉計画は、基礎自治体における社会福祉関連政策のマスタープランであることを考慮して人選における分野・領域の検討が必要である。当該自治体内の地域福祉や福祉関係の組織・団体、学識経験者が策定委員のメンバーとなることが少なくない。団体のなかには、事業者や専門職団体だけでなく、当事者団体、また民生委員やボランティアなど地域福祉推進において重要な役割を担っている人たちの参加も検討したい。策定委員は団体・組織基盤のある人以外に、一部公募委員のような形で地域福祉に関心のある個人（市民）から選ぶことも考えられる。

なお委員としての参加ではないが、策定の統括・事務局を担う担当部署以外に、庁内の関係部署の職員の出席を求め、必要に応じて質問や説明を担えるようにする。またそのためにも事前に出席予定の関係部署にも会議の日時や内容等事前に伝える。

❸会議の場所や日時の決定

策定主体である行政の庁舎内あるいはその近隣の公共施設の会議室等が会場となることが少なくない。委員会の人数規模や会議の進め方に応じた部屋を確保する。大まかな日程は、策定スケジュールで設定しておき、できるだけすべての委員が出席できるよう日時の調整を図って決定する。

3 会議における留意点

地域福祉計画の策定会議など行政が策定主体の会議は、委員以外の市民等が傍聴できるようにしていたり、また会議録は後日行政のホームページ等で公開される。そのための手続きや委員への確認等が必要である。

　会議の参加者の要約筆記や手話通訳等の情報保障など必要に応じて行う。

　司会は、事務局ではなく委員の互選により決められた委員長が担うことがほとんどであるが、司会とそれ以外の委員長の役割について明確にしておき、委員長本人と他の委員の了承を得ておきたい。

　ここでは、会議の事務局側ではなく、委員として参加する場合についての留意点もいくつか挙げておきたい。実践者（ソーシャルワーカー）が、委員となることがあるからである。多くの場合は、所属団体・組織の専門性や経験に関連した意見が求められるだろうが、事前の資料をよく読み説明の機会を活用して、準備をして会議に望みたい。またこの機会に自分がかかわっている人々や地域の実情、そこからみえる課題などを整理して、伝えたり代弁できるようにしたい。

　行政が計画の策定主体であるため、行政（事務局）に対しての質問や意見、要望を述べることもあるだろう。一方で、行政に対して意見や提案をするのはもちろんのこと、委員として参加している他の分野・領域、異なる立場の人たちに、自分の領域についてあるいはかかわっている人たちや支援者自身が感じている問題や課題を伝えることや、他の委員たちからも聞き、一緒に考えるということも大切にしたい。

　本来、地域福祉計画の策定には、市民や関係事業者・団体等が参加しての策定が求められている。策定への参加の方法としては、策定委員会の委員となること以外では、策定のデザイン・プロセスにおいて作業委員会的なものが策定されている場合、それへの参加や、市民や、地域での活動者、関係する専門職らを対象としたアンケート調査やヒアリング、フォーラムなどへの協力なども考えられる。策定委員として参加する場合は、そのようなさまざまな形での住民や地域福祉にかかわる人々の参加が、策定、実施・進捗管理、評価等で得られるようにプロセス全体にかかわっての意見や提案もできるとよいだろう。

　ソーシャルワーカーが関与する実践は、ミクロ・メゾ・マクロレベルにかかわる。それぞれが独立した実践レベルとして論じられることが少なくないが、ミクロ・メゾ・マクロレベルのソーシャルワークはつながっており、人々の生活全体にかかわるという視点に立つと、不可分な関係にあり、さまざまな局面での実践にかかわることになる。また、多様なニードや複合的な困難な状況下にある人々への支援は、一つの機関や単独の専門性による支援では、もはや成り立たない。さまざまな局面で、

専門性や立場性の異なる人々との連帯、協働の場である機会となる会議をよりよくする技術は、ソーシャルワーカーだけに求められるものではない。しかし、ソーシャルワーカーにとって、必要な技術であり、ソーシャルワークの技術や他の関連した技術と併せて、活用できるようにしたい。

◇引用文献
1）藤井博志編著『シリーズはじめてみよう1　地域福祉のはじめかた――事例による演習で学ぶ地域づくり』ミネルヴァ書房，pp. 55-60, 2019.
2）「福祉職員生涯研修」推進委員会編『改訂 福祉職員研修テキスト 管理編――マネジメントを学ぶ』全国社会福祉協議会，pp. 80-81, 2003.

第6章

事例分析、事例検討、事例研究

　事例分析は、事例検討と事例研究の一部をなすもので、事例の理解を深めるために不可欠である。事例検討は、事例分析で事例についての理解を深めるとともに、何を目指し、どのような取り組みをすればよいのかを検討するもので、ソーシャルワーク実践の質の向上とソーシャルワーカーの専門性の向上を支えるものである。事例研究は、事例分析を通して現象や問題等を明らかにしたり、理論の検証や生成を行ったり、取り組みについて評価したりするもので、福祉実践に役立つ知識の生産に資するものである。本章では、事例分析、事例検討、事例研究のそれぞれについて理解を深め、活用できるようにすることを目指す。

第 1 節 事例分析

学習のポイント
● 事例分析の目的と意義について理解する
● 事例分析のポイントについて理解する

1 事例分析とは

　事例分析は、ソーシャルワークの実践と研究の一部であり、不可欠なものである。事例分析で取り扱う事例は、個人、家族、集団、組織、コミュニティ、国家などにおいて発生する特定の出来事や状況、経験など一つの単位として捉えられるものである[1]。分析とは、対象を構成要素に細分化し、それぞれの要素について詳細を調べたり、要素間の関係性を見出したりすることで、対象全体についての理解を深め、新たな見方や考え方ができるようにすることである[2]。

　ソーシャルワークでは、事例分析はさまざまなところで行われている。ソーシャルワーカーは、自分が担当する事例について日常的にアセスメントやモニタリングで分析を行っている。ケアカンファレンスやスーパービジョン、研修会においても事例について検討するなかで分析が行われている。また、学生は、ソーシャルワーク演習やソーシャルワーク実習のなかで事例分析を行うことで、ソーシャルワークについて実践的に学んでいる。さらに、研究の手法の一つに事例研究があり、そのなかでも事例分析が行われている。

　つまり、事例分析は、ソーシャルワークの実践、教育研修、研究の一環として行われる。そして、個人で行う場合もあれば、グループ、クラス、カンファレンス、研修、研究会などいろいろな形態で行われる。

2 事例分析の目的

　ソーシャルワークにおける事例分析には次のような目的がある。

■1 細分化した要素について明らかにする

ソーシャルワークで扱う事例では、個人や集団、組織、コミュニティなどのシステムが登場し、それらの状況の変化とそこにかかわる取り組み等が描かれる。事例分析ではじめに行うのは、事例を構成するものを細分化して要素に分け、それらの要素に焦点を当てて詳細にみていくことである。たとえば、個人の状況について、身体面、心理・情緒面、社会面、経済面からみたり、直面している課題とニーズを整理したりする。ニーズについても、本人が感じているフェルト・ニーズと専門的な判断や一定の基準に基づくノーマティブ・ニーズについて分けることができる。また、本人が自ら表出しているニーズ、気づいているが表出していないニーズ、そして本人が気づいていないニーズに分けることもできる。これらによってニーズについて多面的にみることができる。ソーシャルワーカーの取り組みについても、関係構築、アセスメントやプランニングの方法や内容、目標や介入などについてそれぞれを取り上げて詳細に点検することで新たな気づきが得られる。

■2 要素間の関係性や全体像を明らかにする

事例の構成要素を細分化して詳細について整理したら、次は要素間にどのような関係があるかをみていく。過去の経験が現在の状況にどのような影響を及ぼしているか、人と環境の間にどのような交互作用があるかをみるのである。たとえば、クライエントシステム（人、組織、地域など）の課題について、その課題がいつ、どのような事情で発生し、いかなる経緯をたどってきたのか、そこにかかわってきたのは何か、現状に影響を及ぼす可能のある要素は何かなどを探るのである。また、全体像をみることで、細分化されたものとは異なるものがみえてくる。たとえば、個人のデータからだけでは、その個人が地域社会のなかでどのような位置にあるかわからないが、統計的に分析し、平均値と比較したり、他の要素との相関をみることで、クライエントシステムの全体のなかでの位置がみえてくる。

3 ▶ 事例分析の意義

はじめに述べたように、事例分析はソーシャルワークの実践と研究の一部であり、次のような点で意義がある。

◼︎1 事例検討に役立つ

　事例検討では、事例についての支援の方向性や具体的な取り組みの内容についての検討を行う。そのためには、まず、事例そのものについてよく理解しなければならないので、そのために事例分析が必要である。特に、実践現場での事例検討会においては、協働する支援者らが事例について適切な共通認識をもてているかどうかが支援のあり方にかかわってくるので、事例分析の質が支援の質に影響するといえる。教育・研修においても、事例分析を行い、それを振り返ることによって、分析の視点や方法を習得することができるので、専門性獲得のために事例分析は欠かせない。なお、事例検討については第2節で詳しく述べる。

◼︎2 事例研究に役立つ

　事例研究では、事例を通して問題や現象を明らかにしたり、理論の検証や生成を行ったり、取り組みについての評価を行ったりする。これらはすべて、対象となる事例についての情報を収集し、その情報を分析し、分析結果について考察するというプロセスを経て行われる。つまり、事例についての分析は、事例研究の一部であり、事例分析の結果が、研究結果に影響するのである。

4 ▶ 事例の選定と分析の準備

　事例分析の対象になるのは、自分が事例にかかわり、事例そのものに関心や問題意識をもっている固有事例の場合と、何らかのテーマについて学ぶために選ばれた手段的事例の場合がある。

◼︎1 固有事例

　現場でかかわっている事例、あるいは実習や研究で出合った事例について、「なぜこんなことが起こるのか」「どう対応すればよいのか」「これでよいのか」といった疑問や不安、違和感などをもつことがある。サービス提供の現場や研究で分析の対象となるのは、このような事例である。また、「うまくいっている」「よかった」と思える事例について、その成功要因を明らかにするため、あるいは本当にうまくいっているのかを見直すために分析を行うこともある。

　自分が実際にかかわっている事例を分析する場合、まず、これまでの

記録を読み直すとともに、記録に書かれていないことも思い出して記述し、十分に振り返りを行う。振り返りと記述の際に着目すべき点については後述する。

▌2 手段的事例

特定のテーマ（たとえば権利擁護や地域生活支援など）について学んだり、研究したりする場合、そのテーマに関係する事例を選んで分析する。対象となる事例は、専門雑誌や専門書、テキストなどに掲載されたものや、テレビ・新聞等のマスメディアで報道されたもの、教育・研修の担当者が用意したもの、事例の分析者が実習・アルバイト・ボランティアなどで出合ったものなどである。教育・研修目的で分析する事例は、個人を特定できないように、事例の経過や内容を損なうことがない程度に加工したものか、あるいは創作でなければならない。学生が事例分析について発表する場合は、この点に注意する必要がある。

分析対象の事例については、細部まで注意深く丁寧に読んで、気づいた点については下線を引き、メモをする。

5 事例分析のポイント

事例分析をする場合は、以下の7点とそれに関するキーワードに着目する。ソーシャルワークの専門性の観点から、事例ではそれらの状況やそれが適切か、適切でないとすればどこをどのように改善するのが望ましいか、適切あるいは不適切である根拠は何か、そして情報不足で判断できない部分に関しては、必要な情報とその入手方法についても具体的に検討する。特に、いろいろなことの相互作用（たとえば、誰かの受け答えが他者にどのように影響しているかなど）、異なる面・異なる立場からの視点、状況についての各個人の意味づけ、状況変化のプロセス、分析者が感じている困難などについて分析することが重要である。問題意識をもって分析に臨むのはよいことであるが、事例分析では気づきが大切なので、問題意識をもっていない点についても開かれた態度でいろいろな角度から点検することが望まれる。

❶実践の方向性・理念・原理原則

「ソーシャルワーカーの倫理綱領」「ソーシャルワーク専門職のグローバル定義」「グローバル定義の日本における展開」のなかで示されている

こと：人間としての尊厳、価値ある存在、平等、平和、社会正義、人権、集団的責任、多様性尊重、全人的存在、社会変革と社会開発、社会的結束、エンパワメントと解放、ウェルビーイング、健康で文化的な最低限度の生活を営む権利、社会的包摂、自己決定、権利擁護、予防的な対応、必要な支援が切れ目なく利用できるシステム、所属組織の理念として示されていること

❷人と状況の捉え方

生態学的視点、システム思考、ストレングス視点、国際生活機能分類（ICF）

❸クライエントとソーシャルワーカーとの関係・かかわり方

コミュニケーション、信頼関係、パートナーシップ、合意と契約、役割

❹アセスメント

① アセスメントの方法

情報源、情報収集の方法

② アセスメントの内容

紹介の経路と理由、主訴、課題、生活状況、クライエントシステムの状況の捉え方と意味づけ、クライエントシステムと環境の相互作用、ニーズ、これまでの経緯、クライエントの意向・希望、ストレングス、発達段階・発達課題、ライフイベント、社会資源（過去・現在に活用、潜在的に活用可能）

❺目標と計画

① 目標設定・計画作成の方法

対話、選択肢の吟味、主体性、自己決定、合意

② 目標・計画の内容

課題、課題達成の方法、提供した（提供すべき）サービス内容、クライエントのニーズ充足、ストレングスの活用、クライエントシステムおよび関係者の意向と希望、理論やモデルの適用、実現可能性、具体性、期限、役割分担、連携、倫理的ジレンマ

❻計画の実施とモニタリング

目標達成度、クライエントシステムの変化、クライエントシステムの意向、目標・計画・個々のサービス提供の適切さ、要修正点

❼結果評価

目標達成度、変化、目標・計画・個々のサービスの適切さ、課題

ここで挙げた7点は相互に関連しており、それぞれ独立して分析でき

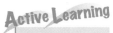

Active Learning

事例分析における七つの着目点についてわからないことがあれば調べましょう。

るわけではない。たとえば、アセスメントには、人と状況の捉え方やクライエントとソーシャルワーカーとの関係がかかわっているし、目標や計画は、支援の方向性・理念を具体化したものである。また、ほかにも着目すべき点があるだろう。分析では、柔軟かつ多面的な視点をもつことが大切である。

◇引用文献
1）C. ウィリッグ，上淵秀・大家まゆみ・小松孝至共訳『心理学のための質的研究法入門──創造的な探究に向けて』培風館，p. 96，2003.
2）P. A. アルバート・A. C. トルートマン，佐久間徹・谷晋二監訳『はじめての応用行動分析』二瓶社，p. 61，1992.

学習のポイント
- 事例検討の目的と意義について理解する
- 事例検討会の方法について理解する

1　事例検討とは

　事例検討とは、事例分析を通して事例についての理解を深め、取り組みの方向性や目標、目標達成に向けての取り組みの内容について検討することである。事例検討は、ソーシャルワークの展開過程ではアセスメント、プランニングおよびモニタリングに当たるところであり、ソーシャルワーカーは日頃から一人でも行っているが、複数の参加者で行うこともあり、そのような事例検討会は、ケアカンファレンスや地域ケア会議などと呼ばれている。

　実践現場で開催される事例検討会では、当事者や他職種が参加することもあり、多様な視点と立場から事例が検討される。また、参加者の間で、情報共有したうえで、それぞれの役割についての確認も行われる。つまり、事例検討会は、連携や協働の要になる。

　教育や研修においては、事例検討はソーシャルワーカーの見方・考え方や行動について具体的に学ぶ方法であり、事例検討会では現場の実践を模擬体験することで実践的に学ぶことができる。

2　事例検討の目的

　事例検討の目的は、気づきを得て理解を深め、よりよい支援のためにはどうすればよいかを明らかにすることである。

1　気づきを得る

　事例検討を行う第一の目的は、気づきを得ることである。クライエントやクライエントを取り巻く状況についての見方・捉え方、クライエン

トとのかかわり方、専門職としての役割、アセスメントや援助目標・計画の適切さ、援助の影響と思われるものなどを記述し、それを何度も読み返したり、視点を変えてみるなかで（グループで分析するときには、メンバーの発言からも）、さまざまなことに気づくことができる。たとえば、担当ソーシャルワーカーが事例のある一面だけを捉えて、ほかの重要な面を見落としたり、過小評価していることに気づくことがある。また、ソーシャルワーカーがクライエントによかれと思って行ったことがクライエントの意欲や自信を損なっていることに気づくこともある。このような場合、気づきがなければ、なぜその事例がうまくいかないのかわからないままであるが、気づきがあれば改善への取り組みを始めることができる。改善点の気づきだけでなく、よかった点やソーシャルワーカー自身のストレングスに気づくことも重要である。悩み迷いながら行ったことが適切だったと気づけば、ソーシャルワーカーは自信とゆとりをもって取り組みを続けることができる。

▐2 理解を深める（説明する）

　事例検討の第二の目的は、気づきの内容について深く理解することである。ここでいう理解とは、専門職としての価値や倫理、理念、原理原則、理論やモデルなどに基づいて説明できるようになることである。何となく「ダメだ」と気づくだけでなく、根拠に基づいて何がどの点で不適切あるいは困難なのか、代替として、どのような見方、考え方、対応の仕方があるのかを他者にわかるように説明できることが必要である。たとえば、「問題解決の意欲がないクライエント」について、どうせできないだろうと思いこみ、本人の主体性を尊重していなかったと気づいた場合、ストレングスモデルからみれば、病理的な面ばかりに焦点を当てずに、その人のストレングスに着目し、可能性を信じること、また、パートナーとして自己決定を重んじることでエンパワメントをするということが考えられる。

▐3 よりよい援助のために何をすべきか明らかにする

　事例検討の第三の目的は、理解したことを実践に反映させ、よりよい援助のためにどうすればよいかを明らかにすることである。価値・倫理、理念、原理原則、理論、モデルなどは抽象的である。それらに基づいて理解したことを、個々の現実の状況に応じて具体的にどのような態度や行動として表出するかが肝心である。たとえば、前述の例の「ストレン

Active Learning

価値や倫理、理念、原理原則、理論、モデルがどのようなものか確認しましょう。

グスに着目し、可能性を信じる」とは、どうすることか。分析では、記述のなかからストレングスを発見できなければならないし、それらをどのように活用していけるかを検討する必要があろう。また、クライエントの自己決定を尊重することを、どのような態度や言葉で伝えることができるか、留意点は何かについて、具体的に検討することが求められる。

3 事例検討の意義

ソーシャルワーク実践の現場や教育・研修において事例検討が行われるのは、それがクライエントによりよいサービスを提供することとソーシャルワーカーとしての力量を向上させることに役立つからである。これら二つは相補関係にある。

1 サービスの質の向上

相談援助の現場で事例検討を行うのは、サービスの質の向上のためである。気づきを得ることは、サービス向上や業務改善の第一歩である。クライエントやクライエントを取り巻く状況を見直したり、ソーシャルワーカーとしての自分の見方やかかわり方、援助の内容や方法を振り返って内省し、よりよい援助のためにどうすればよいかを明らかにすることによって、クライエントと環境の双方への働きかけをより効果的なものへと改善していくことができる。また、複数名で事例検討を行う場合には、相互作用によって1人で行うよりも多くの気づきが得られるだろうし、それぞれが実践のなかで培ってきた知恵を分かちあうことで、より効果的・効率的に業務を遂行できるだろう。このようなことは、ソーシャルワーカーの力量を高めるためにも役立つ。

2 専門性の向上

実践現場だけでなく、教育や研修においても事例検討が行われるのは、それがソーシャルワークの専門性の獲得や向上に役立つからである。専門性は、価値・倫理、知識、技術から構成されている。価値・倫理は、ソーシャルワークの基本的な考え方や方向性、行動の指針を示すものであるが、その目指すところに到達するためには知識と技術が不可欠である。事例検討では、これらの価値・倫理、知識、技術が、実際にどのように活かされているか、活かされるべきかを検討する。自分が援助の担

当者でなくても、事例で追体験することを通して、ソーシャルワークの専門性を磨くことができるのである。

4 事例検討会

事例検討会を行う場合、あらかじめ、日時、場所、発表者（報告者）および司会、記録係を決めておく。教育・研修のための事例検討会では、事例提供者は、原則として、事前に実習施設の指導者・所属組織の上司等の承諾を得ておくことが必要である。

事例を発表するときは、まず事例のテーマと検討課題を明確にしなければならない。分析では、気づきを得るために心をオープンにして、何事にも関心を向けて検討することが重要であるが、発表する場合には、時間制限があるため、焦点を絞って何について検討したいのかを示すことが必要である。

参加者の理解を助け、時間を有効活用するためにも、事例について簡潔明瞭に記載した資料を用意することが必要である。資料には、次の事項を含む。

① テーマと検討したい点
② クライエントシステムの概要
　（ジェノグラム、エコマップを含む）
③ 課題の発生状況と経過
④ 課題への対応（目標、計画・援助内容）
⑤ 対応の結果
　（クライエントシステムと状況の変化、クライエントの満足度・意向）
⑥ 考察（検討したい点についての考察、その他）

事例検討会が、ソーシャルワーク実践の現場で支援の一環として行われる場合、資料には実際の情報が記載される。当事者が参加する可能性があるので、当事者にとってわかりやすく、自身が尊重されていると感じられるような表現にするなどの配慮が求められる。一方、教育や研修での事例検討会では、利用者等の氏名や施設・機関などの固有名詞は無作為のアルファベットで表記し、年齢も○○代前半（半ば・後半）として、個人、地域、施設等が特定されないようにする。事例を提出する際も、外部に漏れないように注意する。

発表の本番では、資料に沿って発表したあと、まず、参加者の間で内容を共有化し、明確化するために質疑応答の時間を設ける。そのあとに、検討課題やほかの重要な点について皆で議論する。発表者は、自らの不十分さや不適切さに直面するかもしれないので、冷静かつ正直に応対することが必要である。参加者にも、向上を目指して努力する発表者に敬意をはらい、建設的な議論や、具体的で実現可能な提案をすることが求められる。[2)]

　学生が実習で知った事例を用いて事例検討会を行う場合は、発表・議論が終了したら資料は回収してシュレッダーにかけるなどして**プライバシー保護**を徹底する。これは、資料が誰の目に触れるか不確かで、たとえ匿名化していても状況から個人を特定できることがあるためである。

　事例検討会が支援のために行われている場合、発表後には検討の結果を現場にもち帰って共有し、活用することが大切である。

　事例検討会で発表・報告するには準備等が大変だが、比較的、準備が楽で、実践に役立つ事例検討法として**インシデント・プロセス法**がある。これは、インシデント（実際に起こった小さな出来事）をもとに、参加者が事例提供者に質問することで事例の概要を明らかにし、対応について検討するものである。❶情報収集の方法や分析について学ぶ、❷問題解決能力を高める、❸意見を出しあってともに考えることの重要性がわかるという点で優れた事例検討法である。

　インシデント・プロセス法を用いた事例検討会では、はじめに司会者が目的、役割（事例提供者と質問者）、進め方を確認して、次のような流れで検討を進める。

❶　事例提供者は、インシデントについて5分程度で簡潔に発表し、何を検討したいかを述べる。この際、事例提供者は事実のみ説明し、自分のとった対応策や考えについては話さない。

❷　一問一答式に、参加者はインシデントの理解と解決に役立つ質問だけをし、事例提供者は質問にだけ簡潔に答える。質問がなくなるまで、あるいは10分間質疑応答を続ける。

❸　質問者は、個人ワークで5分間、解決すべき課題とそれに対する対応についての具体案を検討し、用紙に箇条書きにする。

❹　司会の進行のもとで、人数が多いときはグループに分かれ20分ほ

---

i　「日本社会福祉士会　正会員及び正会員に所属する社会福祉士が実践研究等において事例を取り扱う際のガイドライン」を参照。

ど、個人作業で考えたものを共有し、対応策について話しあう。

❺ 全体を振り返り、何を学んだか話しあう。事例提供者は感想を述べる。

インシデント・プロセス法以外にも、事例検討会の方法はいろいろある。マッピングを使ったり、ロールプレイングを活用することもある。検討したい課題に応じて、方法を工夫して行えばよい。

5 事例検討を行う際の留意点

事例検討を行う場合の留意点として、第一に、具体的な事実についての情報が必要である。限られた情報、不明確な情報からは、「もし〜ならば」といった仮定の判断しかできない。

第二に、自分がかかわった事例について検討するには、自らの不十分さや不適切さ、未熟さに直面する謙虚さと勇気が必要である。自分がかかわっていない事例でも、担当者の不適切さや弱点を探し出して指摘するという態度ではなく、そこから学ぼうとする姿勢で事例検討に取り組むことが重要である。

第三に、どんなに謙虚であろうとしても、気づかないことや主観で物事を判断する可能性があると認識する必要がある。気づきを増やすためには、事例検討の結果を他者とともに検討する機会をもつことが必要である。

第四に、事例分析は、個々の事例について検討するものであり、その結果を一般化することはできないことを認識しなければならない。一般化は、多くの事例検討を積み重ねることで初めて可能になる。

最後に、事例検討会で取り上げられた事例に登場する人たちのプライバシーを尊重し、検討された内容について秘密が保持されるようにする必要がある。社会福祉士および精神保健福祉士には**秘密保持義務**があるが、学生でも実習等で知り得た人の秘密に関しては守らなければならない。

◇引用文献
1 ）横山正博「ソーシャルワーカーのための事例検討方法論」『山口県立大学社会福祉学部紀要』第
8 号，pp. 1-8，2002.
2 ）諏訪さゆり「認知症ケア事例ジャーナルにおける事例報告の書き方」『認知症ケア事例ジャーナ
ル』第 1 巻第 1 号，pp. 1-10，2008.

◇参考文献
・渡部律子編著『基礎から学ぶ気づきの事例検討会──スーパーバイザーがいなくても実践力は高
められる』中央法規出版，2007.
・日本社会福祉士会編『地域共生社会に向けたソーシャルワーク──社会福祉士による実践事例か
ら』中央法規出版，2018.
・渋谷哲・山下浩紀編『新版 ソーシャルワーク実践事例集──社会福祉士をめざす人・相談援助に
携わる人のために』明石書店，2016.

学習のポイント

● 事例研究の目的と意義について理解する

● 事例研究の方法について理解する

1 事例研究とは

　事例研究とは、何らかの課題を抱える事例を素材として、その状況の詳細を明らかにしたり、課題の原因や影響、それらへの対応を分析し、説明したりするための質的研究の方法の一つである。事例研究は、社会福祉の領域に限らず、心理学、医学、教育学、政治学、経済学など、さまざまな領域で行われている。ここでは、ソーシャルワークにおける事例研究について解説する。

　事例検討では、個々の事例でより効果的な対応ができるように実践に焦点が置かれているのに対して、事例研究は事例を通して問題や現象を明らかにしたり、理論の生成や検証を行うなど、焦点は研究にある。

2 事例研究の目的

　事例研究には、事例について記述すること、説明（解釈）すること、そして評価することを目的とするものがある。

1 記述する

　出来事や状況を詳細に記述するために事例研究が行われる。事例にはさまざまな要因が絡んでおり、多面的であるために、私たちが状況を的確に理解できていないことは珍しくない。事例研究では、さまざまな要因を相互の影響や文脈、時間の経過とともに記述することで、何が起こって、どのような経過をたどっているのか、なされた対応とその結果はどうか、当事者の考え・思いはどのようなものか、などについて理解を深めるのである。また、これまで十分に研究されていないことや特殊なこ

とを明らかにするために、事例研究が行われることも多い。記述目的の事例研究は、理論については言及せず、記述することによって理解を深めたり、着想を得ることを目指すものである。

ソーシャルワークの事例では、クライエントシステムが置かれた状況と課題、課題が起こった背景ときっかけ、これまでの経緯、クライエントの意向や気持ち、援助の内容と経過などを明らかにすることに焦点が置かれる。

◾2 説明する

記述にとどまらず、出来事や状況の変化が、なぜ、あるいはどのように起こるのかを探り、説明（解釈）することを目的として事例研究が行われる。説明を目的とする事例研究には、理論・概念主導型と仮説構築型（理論生成型）の二つのタイプがある[1]。なお、理論とは、現象について説明したり予測したりすることを目的とし、物事の関係性を示すことによって現象についての体系的な見方を提示するものである[2]。

❶理論・概念主導型

課題の発生や解決、人の言動などについて既存の理論や概念を応用して説明することによって理解を深めようとするものである。たとえば、クライエントが新たな行動をとることについて認知行動理論に基づいて説明したり、クライエントの地域生活が可能になったことをソーシャルサポートネットワークによって説明したりすることなどである。また、理論を事例に当てはめることによって、その理論が適切か否かを検証する場合もある。このタイプの事例研究では、研究テーマに関連のありそうな理論やモデルについて精通していることが必要である。

❷仮説構築型（理論生成型）

課題の発生や解決、人の言動などがいかに起こるか、そのメカニズムや因果関係について仮説を立てて説明を試みるものである。事例研究で立てられた仮説は、そのあとに続く研究のなかでほかの事例との比較検討や量的研究で検証されて理論となることもある。そのため、このタイプの研究は理論生成を目指すものだといえる。この例として、ピアジェ（Piaget, J.）の発達理論が挙げられる。彼は、子どもの発達過程を詳細に観察して仮説を立て、そこから発達理論を生み出した。

ソーシャルワークの事例では、「クライエントがなぜ、ある状況（貧困、自立生活可能など）になったのか」、あるいは「なぜ、このような反応（行動、態度、認識など）をするのか」などを理論や概念に基づいて説明す

る。既存の理論で適切に説明できない場合には、新たな仮説を立てて説明を試みる。また、理論や概念を応用して、どのような介入（かかわり方、サービス内容）が適しているのか、あるいは適していないのかを説明する場合もある。

3 評価する

実践について評価することを目的として、事例研究が行われることもある。ソーシャルワークの評価には、プロセス評価と結果評価がある。プロセス評価とは、介入を実施している間にモニタリングを通して継続的に行うもので、課題への取り組みが適切にできているかを判断し、必要な修正を行うことを目的としている。プロセス評価では、❶介入が計画どおりに進められているか、❷介入によって目標に近づいているか、❸望ましい変化、あるいはほかにどのような変化が起こっているか、❹クライエントや関係者は援助についてどのように思っているか、❺アセスメントや計画は適切か、またどのような修正が必要かなどを明らかにする。事例研究は、前述のように記述や説明を通して個々の事例を深く掘り下げることで変化のメカニズムやそこにかかわる人の考えや思いなどを探るのに適しているので、このようなプロセス評価に適している。

一方、結果評価は、終結時に介入の効果があったか否かを判断するものである。結果評価では、❶介入により、どの程度目標が達成されたか、❷介入によりクライエントシステムの生活の質（QOL）は向上したか、❸介入にクライエントシステムは満足しているか、❹実施した介入のなかでよかった点と改善すべき点は何かなどを明らかにする。個人や家族、小集団、近隣を対象とする場合は、❶から❹で評価が行える。また、組織や地域でも代表的な事例を選んで評価することはできる。しかし、組織や地域で評価対象者の人数が多くなると、統計分析が必要となるので、事例研究で❶と❷は適さない。

3 事例研究の意義

前述の目的をもつ事例研究は、知識の生産と蓄積に役立つものであり、ソーシャルワークの発展やサービスの向上にとって意義がある。これらは次の4点に集約できる。

■1 ソーシャルワーク教育・研修

　事例研究について書かれたものを読むことを通して、あるいは、自ら事例研究を行うことによって学べることは多い。特に学生にとっては、事例研究のなかで、クライエントの状況やニーズ、その社会背景、援助者の視点やかかわり、介入の展開過程などを分析・考察し、追体験することを通して、科目別で断片的に学習してきたソーシャルワークの専門性（価値、知識、技術）がどのように具現化されるのかを総合的に学ぶ機会となる。現任のソーシャルワーカーも、このような学びを通じて日頃の自分の実践を振り返り、さらなる専門性の向上に向けて研鑽を積むことができる。

　また、社会は常に変化し、介入のあり方や方法も進歩している。新しい知識を得て、それらを実践に応用する方法を習得するのにも事例研究は役立つ。

■2 介入効果の向上
──根拠に基づいた実践（Evidence-Based Practice：EBP）

　よりよい実践を行うために、対人援助職は、可能な限り効果が確認された介入（援助）を行うことと、介入して期待どおりの結果になったかを評価すること、すなわち根拠に基づいた実践を行うことが求められるようになっている。ここでいう根拠とは、科学的に効果が実証されたものであるが、それに加えて理論に基づくもの、論理的な説明が成り立つものなども含む。科学的な根拠は、量的研究により因果関係が実証されなければならないため、事例研究だけでは科学的に実証された根拠とはならない。しかし、事例研究は、理論や概念に基づいた説明を行うことや、実践に役立つ理論やアプローチの生成を目指す点で、根拠に基づく実践に資するものだといえる。

■3 アカウンタビリティ

　アカウンタビリティとは、説明責任のことである。ソーシャルワーカーは、援助の際に介入方法選択の根拠、期待される効果、可能性のあるリスクや不具合などサービス利用の否定的側面、予想される経過と結果などについて、クライエントや家族に（時には社会に対して）説明する責任がある。このようなサービスについての説明を行うためには、前述の根拠や専門職の倫理が明確であるとともに、それらに基づいて説明する力量が必要である。ソーシャルワークの事例研究は、事例の状況と

ともに、ソーシャルワーカーが何を目指し、どのような根拠で、いかなる対応をしたのかという専門的な判断と行為を解き明かすものであり、アカウンタビリティを果たすうえで大いに参考になる。

4 社会制度・政策や環境の改善

事例研究では、個々の事例を通じて専門職としての考え方やかかわり方について学んだり検討したりすると同時に、社会環境や制度政策とのかかわりについても理解を深めることができる。特に、一つの事例だけでなく複数の事例研究を積み重ねるなかで、いくつかの事例に共通する社会環境上の要因が明らかになることがある。そのような場合、事例研究を行うことで、社会環境の改善に向けての提言を行うことができる。つまり、事例研究は、法制度や政策、一般の人々の認識や社会資源など社会環境改善の取り組みのきっかけになり得るのである。

4 研究の目的とデザイン

事例研究を行うときは、何を明らかにするのかという研究目的が具体的で明確でなければならない。研究目的を決めるにあたっては、まず、先行研究のレビューが必要である。関連する文献をよく調べて、これから研究しようとすることについて、すでに明らかになっていること、不明な点や混乱している点、それらの研究の背景や位置づけを十分に理解する。そのうえで、自分は何を明らかにするのか、それにはどのような意義があるのかを明確に述べられることが重要である。

次に、研究目的に適した研究デザイン（調査設計）を決めることも大切である。研究デザインとは、誰を対象に、どのようなデータを収集するのかという研究の枠組みのことである。事例研究のデザインを決めるには、次のようなことを考慮する。

1 固有事例と手段的事例

固有事例研究とは、事例そのものが興味深く、その事例について詳しく調べたいときに行うものである。研究者の関心は、社会問題や現象よりも、その事例の固有性にある。めったにない出来事や珍しいことを経験している人や家族が対象となることが多い。それに対して手段的事例研究は、社会問題や現象に関心があり、事例を通して問題や現象がどの

ようなものかを研究するものである。つまり、研究のテーマ（たとえば、虐待、自立生活、要介護状態など）を先に定め、テーマに関する問題や現象を経験している人や家族を事例として選ぶのである。事例の選択にあたっては、問題や現象を明確にするために代表的あるいは典型的な事例を選ぶこともあれば、全体の幅やばらつきを示すために逸脱した事例を選ぶこともある。

■2 単一事例と複数事例

　一つの事例を深く探求する研究と、複数の事例を対象とする研究がある。複数事例を扱う研究には、次のようなものがある。

❶　複数の事例を比較検討し、共通点を見出すことで、現象や問題の特徴を浮かび上がらせる。

❷　複数の事例を比較検討し、現象や問題の広がりやバリエーションを示したり、分類したりする。

❸　異なる状況に至った事例（たとえば成功事例と失敗事例）を比較検討し、何が違っていたのかを明らかにする。

❹　最初の事例の分析から暫定的な仮説を立て、ほかの事例にこの仮説が当てはまるかどうかの検討を重ね、研究している現象に関する事例すべてを説明することができるようにすることで、理論を生み出す。

■3 過去と現在

　過去の出来事や問題に関する事例で、すでに何らかの帰結があった事例では、過去の記録を調べたり、面接で当事者らの当時の記憶を呼び起こし、回想してもらうことによって得られたデータに基づいて研究を行う。それに対して、現在の事例では、今まさに事例の当事者は課題に直面している状況にあったり、援助を受け課題に取り組んでいる最中であったりする。データは、過去の記録や回想されたものも含むが、現在の状況について記録されているものであったり、研究者が当事者から得る情報であったりする。また、これから継続してデータを取り続けていく場合もある。

　過去の事例は情報量が限定されており、しかも人の記憶はゆがんだり脱落していることが多いため、情報の質・量からみれば現在の事例を対象とするほうが望ましい。しかし、過去の事例の検討から有意義な知見が得られると見込まれる場合には、過去の事例が研究対象となる。

4 量的研究と質的研究

フィールドにかかわる研究には、量的研究と質的研究がある。量的研究は、研究者側が設定した問いへの回答をアンケートなどを通じて多数の対象者から得るもので、データをすべて数量化し統計学的に分析することによって、対象グループの全体的な傾向や、そのなかでの個人の位置づけを知るのに適している。それに対して質的研究は、観察や会話、文書、映像などによって把握した対象者のありのままの言葉や状況を記述することによって、対象者の視点や意味づけ、出来事の文脈やプロセスを理解することに適している。

事例研究は、質的研究の一つと位置づけられている。しかし、評価目的の研究では、一つの事例であっても量的に研究する方法があり、それを単一事例実験計画法（シングル・システム・デザイン）という。単一事例実験計画法は、援助の目標を数量化できるように設定し（たとえばひきこもりの事例では、外部の人との接触回数を数えたり、気分を5段階評価で表すなど）、援助前と援助開始後の比較を量的に行うことによって援助効果を測定するものである。事例研究で評価を行うためには、このような量的なデータを導入することも一つの方法である。なお、本節では、質的研究としての事例研究について解説する。

5 前向き研究と後ろ向き研究

何らかの要因が問題の発生にかかわっているか検証するための研究方法として、前向き研究と後ろ向き研究がある。前向き研究では、要因がある事例と要因がない事例を選んでデータ収集し、一定の期間をおいて再度データ収集をして発生率を比較し、要因と問題の関係を検証する。後ろ向き研究では、現在、問題状況にある事例と、そうでない事例を選び、要因と仮定されるものについて過去にさかのぼってデータを収集し、比較することで要因と問題の関係を検証する。前向き研究では、後ろ向き研究より正確な情報がとれるが、追跡調査をするための時間と費用がかかる。後ろ向き研究では、正確性では劣るが時間や費用については前向き研究ほどかからない。

6 事例研究の実施手順

事例研究の目的とデザインが決まったら、デザインに合わせて事例を選定し、データを収集する。そして、分析し、考察を加えたうえで発表することになる。ここでは、その手順について説明する。

■1 事例の選定（研究対象の選択）と研究協力の依頼

研究対象にしたい事例が見つかれば、まず事例の本人に研究協力の依頼をする。過去の事例で本人が死亡していない限り、原則として研究協力に対する本人の同意が必要である。例外は、本人に協力依頼をすること自体が、本人や研究者にとって危害となる場合（終末期だと告知されていない人に終末期だと知らせてしまう場合や、犯罪行為にかかわる人を対象とする場合など）である。

研究協力依頼のためには、研究についての説明を簡潔に記載した1ページ程度の文書（「研究協力のお願い」など）を本人に送付または手渡し、さらに口頭でも説明する。研究協力への同意が得られた場合には、同意書への記入も依頼する。「研究協力のお願い」のなかには、次の内容が明記されていなければならない。そして、必ずこのとおりに実行する必要がある。

❶ 研究の目的

❷ 協力していただきたい内容は何か

❸ 協力することによって得る利益や不利益がある場合は、どのようなものか

❹ 協力することによって被る可能性のある損害がある場合には、どのような損害か

❺ 個人情報は外部には漏らさない。発表する場合は、本人のプライバシーは必ず守る

❻ 研究協力は任意であり、答えたくない質問には答える義務はなく、いつ協力をやめてもかまわない

❼ 協力に同意していただける場合は、同意書に署名していただきたい

❽ 研究者の所属、氏名

❾ 質問や不明な点がある場合の連絡先

知的障害や精神障害のある人、疾病により認知機能が低下している人、子どもなどを対象としたい場合には、研究協力の適否について、本人に

サービス提供している専門機関や担当者に助言を求めることが必要である。そして、できるだけ本人にわかるように説明したうえで、研究協力への同意を得られるよう努力しなければならない。同時に、家族もしくは法的な後見人からも同意を得る必要がある。

　初対面ですぐに研究協力への同意が得られる場合もあれば、何度も訪問して本人と一緒に過ごし、信頼関係やなじみの関係ができてから同意が得られる場合もある。

　医療・福祉施設等でデータ収集を行いたい場合には、あらかじめ、それらの関係機関・団体にも研究について説明し、協力を求める依頼文を提出する。本人および関係機関・団体から協力が得られることが確定したら、データ収集の日時や場所、協力内容についてよく打ち合わせをしておく。

2 データ収集

　事例研究では、さまざまな情報源からデータを収集し、統合して活用する。データは、主として観察、面接、文書などから収集することが多いが、人が五感で感じるものはすべて記述することでデータとして取り扱うことができる。データ収集の方法としては、次のものがある。

❶観察

　観察法には、構造化された実験的観察法と、構造化されていない自然観察法がある。事例研究では、ほとんどの場合、自然観察法を用い、日常的な自然な場面での様子を観察する。観察の対象となるものは、本人の外見や態度、行動、言語的・非言語的コミュニケーション、周囲の人とのかかわりなど、さまざまである。本人だけでなく、本人の置かれた環境にも目を向けなければならない。また、観察するだけでなく、いろいろなもの――その場の様子・音やにおい・気温・雰囲気・居心地などを感じとることも大切である。

　自然観察法には、本人とともに活動しながら観察する参与観察と、活動には参加せずに観察のみを行う非参与観察がある。たとえば、子どもの行動障害がどのようなものかを調べるときには非参与観察でよいが、まだコミュニケーションが十分にとれない子どもの思いを知るためには、一緒に遊びながら、絵を描いたりままごとをするなかで現れる行動や言葉を観察することが重要である。

　観察で留意すべき点は、観察されていることを意識すると、本人の態度や言動がふだんと異なったものになることである。観察者が隠れて、

観察していることを本人に知らせないのは倫理的に問題であるため、観察者がそこにいることが自然になるよう、その場に溶け込む努力が必要であろう。なお、映像を録画する場合には、事前に本人から承諾を得ることが必要である。

❷面接

面接には、構造化面接、半構造化面接、非構造化面接がある。構造化面接とは、質問や回答の選択肢、面接の手順があらかじめ設定されているものである。半構造化面接は、あらかじめ設問だけ設定しておいて、回答は自由にしてもらうものである。非構造化面接は、「○○についてお話ししていただけませんか」というようなオープンな問いかけをし、自然な会話のなかで本人が自分の言いたいことを自分の言葉で自由に語ることを促すものである。事例研究では、半構造化面接と非構造化面接を用いることが多い。

事例研究では、生活歴（ライフ・ヒストリー）を時系列に沿って聞き取ることもあれば、ある出来事が起こったときのことについて集中的に聞き取りをすることもある。あるいは、ある特定のテーマに焦点を当てて、さまざまな考え、思い、感情を探る場合もある。さらに、多面的な情報を得るために、本人だけでなく、家族やほかの関係者からもヒアリングを行うこともある。

面接で重要なことは、構造化されていない面接ほど、得られるデータの質・量は、面接者の技能によるところが大きくなるという点である。面接者には、コミュニケーション・スキルと自己覚知が求められる。なお、本人以外の人に面接を行う場合や面接中に録画や録音するときには、事前に当事者から承諾を得る必要がある。

❸文書やビデオ等

次のような、あらゆる文書や記録がデータになり得る。

❶　アセスメント、ケアプラン、経過記録などのサービス担当専門職による記録
❷　資源活用のための申請書などの公文書や記録
❸　手紙、メール、メモ、日記など本人や家族が書いたもの
❹　出来事や問題についての専門雑誌や書籍、報告書、メディアで報道されたものなど
❺　録画されているもの

研究目的で記録を閲覧する際には、本人の許可とともに記録を所蔵する機関・施設の許可が必要である。

3 事例の分析・考察

収集した個々のデータは、まず記述して文書化する。次に、情報源や時期の異なるデータをすべて整理・統合して記述する。記述する際には、三つのポイントがある。

第一のポイントは、事実について具体的に描写することである。5W1H（When、Where、Who、Why、What、How）を明確に記すこと、そして実際に観察したこと・聞き取ったことと、推測・解釈は、明確に分けて記述することが必要である。重要な部分について細かく分析するためには、人の言動や状況をそのまま逐一記録する逐語記録（プロセスレコード）が適していることもある。

第二のポイントは、時間の経過に沿って状況の変化を記述することである。何が先行しているのか、次に何が起こったのかを順を追って整理して書く。

第三のポイントは、文脈をしっかりと捉えて記述することである。出来事にはどのような事や人が関係しているのか、どんな相互作用が起こっているのかなど、さまざまな要因の相互作用に着目することが大切である。

事例研究の分析については、定められた方法があるわけではなく、研究目的に応じて柔軟に分析を行う。先の三つのポイントにしたがってデータを整理して記述すること自体が分析になるが、記述したものを繰り返し読み込んで、ほかのポイントからの分析を行うことも重要である。たとえば、❶事例のテーマや本質的な問題を見つける、❷類似点や一定のパターン、カテゴリーを見つける、❸異なる視点や立場から状況をみて多面的に把握する、❹文脈を捉えることで人の言動の背後にある意味や思いを探る、❺ある部分に焦点を当て、時間経過による変化や関連要因、相互作用を明らかにする、❻原因と結果の妥当性を検証する、などである。

研究が理論・概念主導型の場合には、理論や概念に基づく枠組みに従ってデータの分類を行ったり、データの間の関係を解釈する。一方、仮説構築型（理論生成型）の場合、データを整理し、新たな発想を得る方法としてよく用いられるものに、KJ法やグラウンデッドセオリーアプローチがある。

❶KJ法

KJ法は、文化人類学者である川喜田二郎が、フィールドワークで収集した膨大なデータをまとめて新たな着想を得たり、問題解決の糸口を見

つけたり、アイデアを共有するために考察した方法である。この方法では、四つのステップの作業を順次行う。

① ラベルづくり

収集したデータをラベル（カードでよい）に記載する。記載するのは短文で、一つの内容を一枚のラベルに書く。

② グループ編成

ラベルをすべて並べてみて、内容が近いと思うラベルを集める。ラベルの集まりごとに、その意味することを考え、新しいラベルに書いて表札を作る。表札をラベルの集まりの上に置いて輪ゴムで束ねる。このグループ編成を何段階か繰り返す。

③ A型図解化

グループ編成でまとまったラベルの束を、模造紙の上に置いて、その意味内容に合った配置の構図を探して空間配置をする。次に、それらの束全部について、一番外側の輪ゴムをはずして同様に空間配置する。最後には一枚ずつまでばらして空間配置する。空間配置が終わったら、グループ編成したラベルを囲んで線を描いて島をつくる。そして、島と島、島とラベルの間を、各種の関係線でつなぐ。この段階で、図解の全体像が意味することがみえてくるので、全体の主題をつける。

④ B型文章化

図解をもとにして、ラベルや表札の内容に、つなぎの言葉をはさみこんで文章にしていく。文章化の途中で浮かんだアイデアも文章のなかに織り込んでいくが、この場合、ラベルや表札からとった叙述と、解釈や発想を区別できるように書くことが必要である。

❷グラウンデッドセオリーアプローチ

グラウンデッドセオリーアプローチは、グレーザー（Glaser, B.）とストラウス（Strauss, A.）という２人の社会学者が、質的なデータから理論を生成するために開発した質的研究方法である。この２人は、考え方が変化して対立し、それぞれ異なる方法を主張するようになり、さらに我が国では、木下が修正版グラウンデッドセオリーアプローチを発表した。これら三つのアプローチは、いくつかの点で異なるが、ここでは共通するものの概要を紹介する。

文章化したデータは、まずよく読み込んで理解し、適当なまとまりに区切り、それぞれの文章の内容をよく表す名前（ラベル）をつける（オープン・コーディング）。次に、似たもの同士のラベルをまとめて、グループごとにまとめたラベルを集約するような名前（カテゴリー）をつける。

ラベルとカテゴリーはいずれも概念であるが、カテゴリーのほうが抽象度の高い上位概念である。なお、データの収集と分析は交互に継続的に行われる。したがって、分析のなかで常に問いを立て、新しいデータを収集するときに、できるだけ多くの概念を見出しやすくなるようデータを戦略的に収集する（理論的サンプリング）。理論的サンプリングをしても、データからもはや新たな概念が生成されなくなるのを理論的飽和といい、これが分析終了を判断する基準となる。カテゴリーが見出されたら、今度は事象を説明する際に中心となる中核カテゴリーを見つける（選択的コーディング）。そして、この中核カテゴリーやそのほかのカテゴリーの関連を説明する。この作業から仮説が生まれ、仮説の蓄積と検証から理論が生成されるのである。

　考察では、分析結果についてまとめ、先行研究と照らしあわせて、そこから何が明らかになったのかという結論を導く。さらに、研究の限界や今後の方向性、提言などについても言及する。

▍4 発表

　研究を通して得られたことを知見という。知見は、公開して、知りたいと望む人々の間で共有できるようにすることが研究者の社会的責任である。したがって、事例研究の結果については、研究会や学会等での発表や報告書・論文として公表することが求められる。また、発表内容を聞いたり、読んだりした人々からの質問やコメント、アドバイスは、気づきを得たり考察を深めるのにとても役立つため、今後の研究を進めるためにも、自分自身の成長のためにも、発表することは大切である。

　発表のスタイルには、口頭発表、ポスター発表、ラウンドテーブル、報告書、論文などがある。ポスター発表は、会場に発表者一人当たり幅1m、高さ1.8mくらいのパネルが用意され、発表者はそこにポスター形式の資料を貼って、見に来た参加者に個別に説明や質疑応答をする。ラウンドテーブルは、発表者と参加者が円卓を囲んで座り、発表のあと、自由に議論するものである。報告書は、研究についての報告を冊子にまとめたものである。論文は、学術雑誌や書籍に掲載されるものである。いずれの場合でも、発表する内容には、研究の目的、背景、方法、結果、考察が含まれなければならない。

　口頭発表、ポスター発表、ラウンドテーブルの準備としては、❶研究会や学会等のプログラムや抄録集に掲載される概要あるいは抄録などを、定められた形式で作成して事前に提出する、❷発表当日のための資

料（配布資料およびパワーポイントなど）を用意する、❸自分のもち時間内に発表と質疑応答が収まるように発表原稿をつくる、❹時間内に聞き手がわかりやすいように原稿を読む（話す）練習をする、❺想定質問に答える準備をする、などがある。論文や報告書として発表する場合には、それが掲載される（投稿する）予定の雑誌や本、冊子の編集方針と執筆要領にしたがって原稿を書かなければならない。

7　事例研究を行う際の留意点

事例研究を行う際には、倫理的配慮と研究の限界について留意する必要がある。

1　倫理的配慮

ソーシャルワーカーは、研究においても専門職の倫理に則ることが必要であり、所属する職能団体（公益社団法人日本社会福祉士会、公益社団法人日本精神保健福祉士協会、公益社団法人日本医療社会福祉協会、特定非営利活動法人日本ソーシャルワーカー協会など）の倫理綱領を遵守しなければならない。学会（一般社団法人日本社会福祉学会など）や研究教育機関等では、所属メンバーが遵守すべき研究倫理指針を定めているところがある。また、厚生労働省は医学研究における指針（「臨床研究に関する倫理指針」「疫学研究に関する倫理指針」）を示しているが、ここに示された研究者等の責務については、福祉分野においても適用されるべきものである。事例研究を行う場合には、このような倫理指針に沿って倫理的な配慮を行うことが必須である。特に、クライエントを対象とする場合などは、所属組織で研究倫理審査を受けることも必要である。

事例研究を行うにあたって実際に倫理的配慮として行うことは、第一に事例研究の当事者に、研究協力に同意するか否かは本人の自由であることを十分に説明し、保障することである。そして、研究に協力すること、あるいは協力しないことによって、当事者がサービス利用等に関して不利益を被らないように配慮しなければならない。第二に、面接などのデータ収集にあたっては、本人の心理状態や健康状態に留意し、心身への必要以上の負担や苦痛にならないように配慮しなければならない。第三に、本人のプライバシーを尊重し、個人情報を保護するよう万全の

策を講じなければならない。そのためには、データを研究の担当者以外
の人の目に触れぬように厳重に管理するとともに、研究発表に際しては
個人情報を匿名化し、プライバシーを守ることが必要である。

2 研究の限界

どんな研究にも研究方法による限界がある。研究結果について考察し
結論を下す際には、その限界について十分認識していることが大切であ
る。事例研究の限界の一つは、研究対象が少なく、母集団を代表してい
るといいがたいため、一つの事例研究の結果をほかの事例についても当
てはめること、すなわち一般化ができないことである。一般化・普遍化
のためには、同じテーマあるいは同じ特性の事例研究を積み重ねること
が必要である。限界のもう一つは、データの収集や分析が研究者の力量
や主観に影響されるため、時に偏ったりゆがんだ結果を導き出すかもし
れないことである。この偏りやゆがみを補正する方法として、トライア
ンギュレーションがある。これは、❶同じデータを２種類の方法（観察
と面接など）で収集してそれらを比較する、あるいは２人が独立して収
集しそれらを比較する、❷複数の人が同じデータ分析を独立して行い、
結果を照らしあわせて一致度をみる、などの方法によってデータ収集や
分析の妥当性を確認することである。

◇引用文献

1 ）C．ガービッチ，上田礼子・上田敏・今西康子訳『保健医療職のための質的研究入門』医学書院，p. 26，2003.

2 ）Kerlinger, F. N., *Foundations of behavioral research* (3rd. ed.), Holt, Rinehart and Winston, Inc., p. 9, 1986.

◇参考文献

・平山尚・武田丈・呉栽喜・藤井美和・李政元『ソーシャルワーカーのための社会福祉調査法』ミネルヴァ書房，2003.
・田中千枝子「事例研究の意味と方法」社会福祉教育方法・教材開発研究会編『新社会福祉援助技術演習』中央法規出版，pp. 171−186，2001.
・岩間伸之『援助を深める事例研究の方法──対人援助のためのケースカンファレンス第 2 版』ミネルヴァ書房，2005.
・Roberts, A. R., Yeager, K. & Regehr, C., 'Bridging Evidence-based health care and social work ; How to search for, develop, and use evidence-based studieds' In Roberts, A., R. & Yeager, K. R. eds., *Foundations of evidence-based social work practice*, Oxford, pp. 3−20, 2006.
・Grinnell, Jr., R. M. & Siegel, D. H., 'The Place of research in social work' In Grinnell, Jr., R. M. ed., *Social work research and evaluation* (3rd ed.), F. E. Peacock, pp. 9−24, 1988.
・平山尚・武田丈・藤井美和『ソーシャルワーク実践の評価方法──シングル・システム・デザインによる理論と技術』中央法規出版，2002.
・川喜田二郎『発想法──創造性開発のために』中央公論社，1967.
・川喜田二郎『「知」の探検学──取材から創造へ』講談社，1977.
・戈木クレイグヒル滋子『グラウンデッド・セオリー・アプローチ──理論を生みだすまで』新曜社，2006.
・木下康仁『グラウンデッド・セオリー・アプローチの実践──質的研究への誘い』弘文堂，2003.
・木下康仁『定本 M−GTA──実践の理論化をめざす質的研究方法論』医学書院，2020.
・佐藤眞一編著『すぐに役立つ事例のまとめ方と発表のポイント』中央法規出版，2006.
・日本社会福祉学会研究倫理指針　http://www.soc.nii.ac.jp/jssw/kiyaku/ethics.htm
・厚生労働省 医学研究に関する指針一覧　http://www.mhlw.go.jp/general/seido/kousei/i-kenkyu/index.html#2
・呉栽喜「質的調査法」平山尚・武田丈・呉栽喜・藤井美和・李政元『ソーシャルワーカーのための社会福祉調査法』ミネルヴァ書房，pp. 168−202，2003.
・野口定久『ソーシャルワーク事例研究の理論と実際──個別援助から地域包括ケアシステムの構築へ』中央法規出版，2013.

●おすすめ

・日本ソーシャルワーク学会監『ソーシャルワーカーのための研究ガイドブック──実践と研究を結びつけるプロセスと方法』中央法規出版，2019.
・田中千枝子編集代表，日本福祉大学大学院質的研究会編『社会福祉・介護福祉の質的研究法──実践者のための現場研究』中央法規出版，2013.
・日本ケアマネジメント学会認定ケアマネジャーの会監，福富昌城・白木裕子編著『相談援助職のための事例研究入門──文章・事例・抄録の書き方とプレゼンテーション』中央法規出版，2020.
・日本ケアマネジメント学会認定ケアマネジャーの会監，白木裕子編『援助力を高める事例検討会──新人から主任ケアマネまで』中央法規出版，2018.
・「かかわり続ける」ケアマネージャーの会・空閑浩人編『自分たちで行うケアマネージャーのための事例研究の方法──主体的な研究会の運営から実践の言語化まで』ミネルヴァ書房，2018.

第7章

ソーシャルワークに
関連する技法

　ソーシャルワーカーは、ミクロレベル、メゾレベル、マクロレベルのさまざまな局面で、その状況に応じて適切な方法を考え、実践する。ソーシャルワーカーがかかわるのは、利用者だけではなく、地域住民や、他の専門職や社会福祉とは異なる分野・領域に属する人々や団体、機関など多様である。ソーシャルワークを実践する際には、必ずしも関心や価値が同じではない人々ともかかわるうえで、さまざまな技術や技法の活用が求められる。ここでは、そうしたもののうち、ネゴシエーション、コンフリクト・レゾリューション、ファシリテーション、プレゼンテーション、ソーシャル・マーケティングについて、ソーシャルワーク実践での活用について学ぶ。

第1節 ネゴシエーション

1 ネゴシエーションとその研究

1 ネゴシエーションの意義

ソーシャルワークの実践は、ソーシャルワークの理念や価値の実現に向けて、現状との異なり（差）を縮める活動である。その差を縮めるために活用する方法の一つがネゴシエーションである。ネゴシエーションはアドボカシーやソーシャルアクションを行う際にも、ソーシャルワークの具体的な手段として活用される。本節で使用するネゴシエーションは、交渉の総体でありその過程を意味する。ネゴシエーションの過程で使われる「交渉中」「交渉人」などの用語はそれぞれの日本語で標記する。

2 交渉の目的

好むと好まざるとにかかわらず、人は誰でも交渉の場に立たされる。交渉は、交渉の専門家だけが行っているわけではない。親子間、家族間、組織、社会、異文化、国家間などで交渉は行われる。その内容も、子どものおやつと勉強の順番から、国際紛争まで多岐にわたる。交渉とは「自分と意見の異なる相手と向き合うときに使う手段[1]」である。そして、交渉をするということは、対話によって相互の合意を目指すことである。

3 ネゴシエーションの留意点

ネゴシエーション（Negotiation）という言葉は、ラテン語の「negōtitiō 仕事をすること[2]」に由来する。古代ローマ人が「negotiari 取引」を進めるという意味で使用した言葉で、negotiari というラテン語には neg（not）と otium（ease、leisure）という意味があり、not free 暇ではない、busy 忙しい、という言葉が発展して business になっ

た。つまり、仕事には交渉が付きまとい、交渉は煩雑な厄介なものだといえる。しかし、交渉が合意すれば紛争は起きない。交渉は規模が大きく、双方の要望がかけ離れている場合は合意に向けた話し合いは長期化する。交渉は、提案・説得（理論的説得・合理的説得・感情的説得）・反論・条件・駆け引き・譲歩・合意（妥協）といった戦略的要素が入るやりとりである。[4]

4 交渉学

交渉は、対立と紛争と講和を重ねてきた人類の歴史とともにある。交渉という用語を中心に権力論や外交交渉論など多くの文献で論じられている。「交渉学」といってもいろいろな流れがあるが、日本で最も知られているのは「ハーバード流」と呼ばれる問題解決型交渉であろう。ハーバード大学ロースクールにおいて、フィッシャー（Fisher, R.）が1978年からスタートさせたプロジェクトに端を発している。1983年にはハーバード大学ロースクールにPON（Program On Negotiation）が創設された。フィッシャーは、交渉者は相互に相手側と違う点を共通の問題として考え、双方で協力すれば紛争は処理でき解決もできると考えた。これがハーバード大学で開発された「ハーバード流交渉術」である。現在、ハーバード大学ロースクールの交渉プログラムでは、和平交渉から離婚訴訟まで、社会のさまざまな交渉について幅広く研究している。その研究の基礎となる学問分野は、ゲーム理論を中心とした経済学、弁護士による調停という観点から法学、行動分析という観点から社会心理学、実験心理学、公共政策に関する合意形成という観点から都市計画学など多岐にわたり、各分野の交渉にかかる知恵が共有化されている。

2 交渉の基本

1 交渉の構造

交渉を行う際に、その状況や構造を理解する必要がある。

① 交渉者の数

交渉は2人以上の交渉者間で行われる。一対一の二者間交渉だけでな

★ゲーム理論
自分に望ましい行動がほかの人たちの行動によって影響を受けるような状況（戦略的状況）を分析する応用数学の一分野。フォン・ノイマンとオスカー・モルゲンシュテルンの『ゲームの理論と経済行動』（1944年）により体系化された。

★社会心理学
社会に関係した心理学。個人や集団の意識現象や行動を、ほかの個人、社会集団の意識現象や行動との関連で研究する。集団心理、宣伝・流行の研究やマスメディアの心理的影響の研究など多くの領域を含む。

★実験心理学
実験的な方法を用いて研究する心理学。広義には科学的心理学と同じ意味で、研究領域も個人心理に限らず発達心理、比較心理、社会心理にわたっている。狭義には実験心理学の方法論を意味する。

第7章 ソーシャルワークに関連する技法

i 〔Roger Fisher〕1922-2012. ハーバード大学教授。ハーバード大学交渉学研究所所長を務めた。関心利益重視型交渉の概念を開発。

く、複数で行われる多者間交渉もある。

② **交渉者間の関係**

交渉者間には利害の対立がある。

③ **交渉者間に発生する問題**

交渉者間には協議事項以外の、たとえば、交渉後の双方の関係の変化など多様な問題が介在する。

④ **交渉人**

交渉は、交渉の主体が直接交渉する以外に、交渉主体と交渉代理人によって交渉が行われる場合もある。交渉代理人は交渉の盾の機能をもつ。

■2 交渉の種類

交渉は、分配型交渉と統合型交渉の2種類に大別される。

❶分配型交渉（distributive negotiation）

分配型交渉とは、限られた大きさの利益を当事者間で分配するために、交渉者間の利害が競合する交渉である。このような交渉の場合は、「どちらがより多くの利益を獲得するのか」という点が重要になる。一方の当事者が多くの利益を得ると、他方の当事者の取り分が減る。

例1　A福祉作業所で作っている菓子を、あるスーパーの菓子コーナーで取り扱ってもらうことになった。そこは、B菓子店の売り場でもある。A福祉作業所はより多くの商品を置いてもらいたい。しかし、B菓子店としては売り場の面積や来客者数から勘案して、A福祉作業所の菓子の取り扱いを増やすことは自社製品の売り上げを減らすことにつながる。

スーパーでの菓子コーナーの売り上げは、ほぼ一定である。つまり、利益の総和は一定であり、B菓子店がA福祉作業所に譲歩するとそれだけ自分の収益が少なくなってしまう。これは、2人で一つのケーキを分け合うような、どちらか一方が多くなればもう一方の分配が小さくなってしまう交渉である。分配型交渉は「ゼロサム（互いの損失と利益の総和が常にゼロになる）」交渉、あるいは「一定和」と呼ばれる。

❷統合型交渉（integrative negotiation）

統合型交渉とは、当事者双方の共有する利益を特定し、利益の最大化を目指して両者が協力しあう交渉である。このような交渉では、両者が利益を新たに創造し、それを獲得していく。先ほどの作業所の話には続きがある。

> 例2　A福祉作業所のソーシャルワーカーはB菓子店と交渉を行うこと
> にした。交渉の前に、あらためてB菓子店の商品を購入し味や価格、包
> 装紙などを検討した。ソーシャルワーカーは、A福祉作業所の別の班が
> 古紙を材料に再生紙の製品化をしていることを思い出し、B菓子店の包
> 装紙に使えないかと考え、いくつかのタイプの再生紙を持参して交渉に
> 臨んだ。数回の話し合いの結果、B菓子店はA福祉作業所の再生紙を使
> う場合、包装紙のコストダウンにつながること、見た目の印象もよくさ
> らに環境にも配慮できることがわかった。そこで、B菓子店はA福祉作
> 業所に包装紙を依頼することにした。A福祉作業所はスーパーの売り場
> を拡大するのではなく、B菓子店の包装紙の制作とその包装作業の一部
> を受注しその結果、利用者の工賃向上にもつながった。B菓子店はスー
> パーの売り場を縮小することもなく、商品コストを下げることに成功し
> た。さらに新しい包装紙は評判もよく、他店舗での売り上げも伸びた。
> このネゴシエーションはA福祉作業所にとっても、B菓子店にとっても
> 満足のいく結果となった。

❸統合型交渉に求められる二つのスキル

　統合型交渉は、交渉者間は利益を獲得するために競争しつつも、共有
する利益を大きくして、それを分けあう交渉である。この交渉において
は、「利益を創造する」「利益を獲得する」という二つのスキルが必要に
なる。ソーシャルワークの交渉は、交渉相手が利害の競合するライバル
というより、近隣住民、隣接領域の専門職、同じ組織内関係者であるこ
とが多い。交渉相手を課題解決をともに行う同志と捉え、自分が勝って
相手が負けるという解決より、双方が満足する統合型交渉による合意を
目指したい。

3　原則に基づいた交渉

1　原則立脚型の交渉

　交渉に臨む際は、強気な態度と弱気な態度のどちらが効果を上げるの
か「ハード型」と「ソフト型」として分類する。「ハード型」は、交渉相
手を信用せず自己の利益に固執し敵対的な交渉態度である。「ソフト型」
は、交渉相手と友好的に接し相手との良好な関係を築くためならば譲歩
することもいとわない、合意を優先する交渉態度のことをいう。フィッ

シャーらは、交渉は立場による駆け引きをするのではなく、「ハード型」と「ソフト型」どちらにも属さない交渉者間で公平な基準により解決に従うことができる客観的な基準を強調する「原則立脚型交渉」を提示している。[5)]

2 原則立脚型交渉の四つの基本

原則立脚型交渉は、「人」「利害」「選択肢」「基準」の四つを基本としている。

① 第1の基本「人」——人と問題を分離する

「人は強い感情の持ち主」であり、物の見方や感じ方はお互いまるで違っている。立場を主張しあうと、交渉がいっそうもつれてしまうことがある。そこで、交渉に入る前に人と問題を分離して考えることが大事になる。交渉の参加者は、お互いが敵味方に分かれて攻めるのではなく、一緒に問題を攻めるという視点に立つ。

② 第2の基本「利害」——立場ではなく利害に焦点を合わせる

表明した立場の攻防に交渉の焦点を合わせると、その背後にある利害を満たすという本来の目的が忘れられてしまう。本来は何を欲しているのかというところ、そこに焦点を合わせる。

③ 第3の基本「選択肢」——行動について決定する前に多くの可能性を考え出す

正しい解決策は一つしかないと思うのではなく、合意達成を急ぐ前に双方に有利な選択肢を考え出すこと。

④ 第4の基本「基準」——結果はあくまでも客観的基準によるべきことを強調する

どちらか一方が選び出した基準で決定されるのでは不公正さが残る。あくまでも市場、専門家の意見、慣習、法律といった公平な基準や根拠によって結論を出す。

3 敗者を出さないアプローチ

原則立脚型交渉は、駆け引きではなく交渉者間の利益の一致を模索して、共通の利害を見つけそれに基づく合意を形成する。そして、利害の対立に対しては客観的で公正な基準に基づいて解決しようとするアプローチである。交渉相手を同じ目的をもった同志だと考えると、共通の問題に新たな解決策を創造できる。これは、Win-Win[*]のアプローチともいえる。

★ Win-Win
双方が得をする、互いに利益や成長発展が期待できる関係。スティーブン・R・コヴィー『七つの習慣』に登場してから一般にも広がり、両者にメリットがあるときに、「ウィンウィン（win-win）の関係」という。

4 相互の核心的な欲求を捉えて判断する

フィッシャーらは交渉の際に自分や相手に生じる感情そのものより、これらの感情が生まれる原因に注目した[6]。それを核心的な欲求（core concerns）と呼び、価値理解、つながり、自立性、ステータス、役割の五つであるとした。感情は、空腹など生理的な欲求でも生じるが、核心的な欲求は、自分と誰かとの関係に焦点を当てている。そして、その核心的欲求が適切に満たされているのかは、自分の欲求が「公平に満たされているのか」「正直に満たされているのか」「現在の状況に合う形で満たされているのか」というこの三つの基準で判断することができる[7]。

4 ネゴシエーションのプロセス

1 ネゴシエーションは一連のプロセスである

ネゴシエーションは交渉のプロセスの総体である。その一連のプロセスは、「交渉前」から始まり「準備」「交渉」「合意／決裂」と展開するが、その間に「評価と学習の継続」「事後の学習」が行われ、「学習の貯蓄」によりネゴシエーション能力が開発されていく（**図7-1**）。二者間交渉でも多数間交渉でも同様の段階を踏んでいく。この学習内容の貯蓄と再利用が、次のネゴシエーションに向けた交渉力の開発につながる。

❶交渉の前

ネゴシエーションはその準備から始まる。交渉力の向上は交渉時にすでに幾分かの知識、技術、経験が必要である。それらは、研修やそれ以前のネゴシエーションからの学習の貯蓄でもある。

❷交渉前の事前準備

ネゴシエーションのプロセスを確認し備える。交渉にまつわる不安、

★**核心的な欲求（core concerns）**

五つの欲求が無視されている場合、以下のようにネガティブな感情を生み出す。

①価値理解　自分の考え方、思い、行動に価値がないとされる。

②つながり　敵として扱われ、距離を置かれる。

③自律性　意思決定をする自由が侵害される。

④ステータス　他者の置かれた位置より劣っているような扱いを受ける。

⑤役割　現在の役割とその活動が個人的に満足できるものではない。

図7-1　ネゴシエーションのプロセス

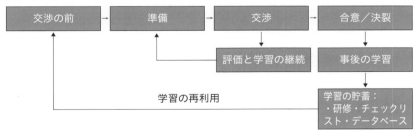

出典：M. ワトキンス監，岡村桂訳『ハーバード・ビジネス・エッセンシャルズ5　交渉力』講談社, p. 170, 2003.

何か重要な意思決定をいきなり求められて、何を言えばいいかわからないというようなこと（準備不足）がないように事前に計画を立てておく必要がある。交渉前に、交渉の代替案、交渉に合意できる最低水準、交渉相手の柔軟性と妥協の範囲についての情報を知ることが交渉を成功に導く。

①　交渉の代替案（BATNA）

交渉を始める際に、この交渉が合意に至らなかった場合の代替案を考えておく必要がある。これをBATNA（バトナ：Best Alternative To a Negotiated Agreement）と呼ぶ。直訳すれば「交渉で合意することに次ぐ最善の代替案」ということで、交渉で合意が成立しない場合、行き詰まったときに取るべき策ということになる。BATNAを考えておかないとその取引が妥当なものか、あるいは交渉を中止すべきか判断することができない。基準とならない。また、自分の代替案よりよい条件が提案されても、それを却下してしまうかもしれない。

②　交渉に合意できる最低水準（留保価値）

★留保価値（Reservation Value）
取引に合意できる最低限の水準。これ以下ならば妥結できない最低条件。留保価値はBATNAと同じとは限らない。価格だけが問題でBATNAを具体的な金額で示すことができる場合は、留保価値はBATNAとほぼ同じになる。

交渉に合意できる最低水準のことを留保価値という。交渉を行う際の留保価値の設定は、その価値にどのような要素が影響しているか分析するのに役に立つ。交渉から手を引く要因も示すことができる。ソーシャルワークにおいて留保価値は金額だけでなく、最低限の条件として捉えて考えることもできる。最低限の条件はどのような構成要素で成立しているか分析することが、BATNAにもつながる。

③　妥協できる範囲（ZOPA）

交渉可能な範囲をZOPA（ゾーパ：Zone of Possible Agreement）という。ZOPAの範囲を確認して問題を解決した交渉から合意に至った事例を挙げる。

事例

小学校の保護者と業者による交渉と合意

★スクールソーシャルワーカー（school social worker）
学校や教育委員会などに配置され、学校と家庭や関係機関との連携を図りつつ、児童生徒の立場に立ってのいじめ、不登校、暴力行為などの問題に対応する社会福祉士や精神保健福祉士などの専門家。

スクールソーシャルワーカー（SSW）のAさんは、B市立C小学校PTA役員のDさんといくつかの児童関係の会議で顔見知りである。Dさんの子どもは今年6年生で小学校を卒業する（卒業生は50名）。Dさんは、6年生の保護者会の卒業委員会の会計も担当している。そのことで一つ悩みを抱えていた。

保護者会は毎年、保護者会主導で6年生に卒業記念アルバムを作

成して渡していた。6月と10月に保護者から2回に分けて集金を
して11月1日に印刷会社に支払うのだが、10月中旬の現在、アル
バム代金が2回とも未納の家庭があった。未納のE君の家族とは連
絡がとれず困っていた。E君の家庭は母子家庭で母親が不規則な仕
事をしている。この費用は、保護者会会費による支出なのでPTA
で解決することになっている。そのため、どうしたらよいか困って
いるとのことだった。やっと連絡がついたE君の母親は「ほかの記
念品などはいらないが、息子のためにも卒業アルバムは購入したい。
12月5日以降には支払えると思う」と言った。DさんはE君の母
親とはほかにも保護者会の活動でいろいろとトラブルがあったが、
E君を想う母親の気持ちがわかったので何とかしたいと思うように
なったとのことだった。

　SSWはその話を聞いたあと、Dさんに「（卒業アルバムの）印刷
会社に今の話を誠実にする」こと、そして「49名分は期日に支払う
ことができるが、あと1名分を最低いつまでに払えたらもう1冊印
刷して渡してもらえるか尋ねてみてはどうか」という二つの助言を
行った。Dさんはすぐに印刷会社に連絡をしてこの話をしたとこ
ろ、印刷会社の社長から思わぬ提案を受けた。「毎年C小学校には
お世話になっています。私の娘もC小学校の卒業生です。1冊だけ
後から印刷することはできません。しかし、印刷をするときはミス
プリントを想定して数冊余分を作るので、1月20日までに50名
分の入金をしてくれたら納品日に50冊で渡せます。これがぎりぎ
りの期限です」とのことだった。Dさんは再度E君の母親にこの話
を伝え、実際E君の母親から12月初旬に集金ができて、Dさんは
全児童50名分の卒業アルバムを手にすることができた。

④　事例にみる BATNA と ZOPA

　この事例は、Dさんと印刷会社の交渉である。Dさんは、「子どものた
めにアルバムは欲しい」というE君の母親の愛情を感じ、交渉先の印刷
会社に誠実に現状を伝えた。ここで双方は保護者という共通の立場と母
親が子どもを想う気持ちに何とか応えたいという共通価値を見出す。そ
の成果が「入金があれば、予備のアルバムを用意する」という BATNA
を生み出した。印刷会社が支払いを待てるタイムリミットと生徒全員分
のお金がそろう期日、言い換えれば、「この範囲であれば交渉が妥結する

可能性がある」という範囲が今回のZOPAである。通常は、交渉者は自らの取引に合意できる最低限の水準（留保価値）は、わかっていても交渉相手の留保価値を直接知ることはできないため、交渉の過程を通して、可能な限り相手の留保価値を予測していく。

❸学習成果の構築

　交渉中や交渉の終結時には、このプロセスから学習するという体系をつくり出す。交渉の参加者は、進捗状況を常に評価し必要に応じて交渉戦略を見直していく。「評価と学習」は交渉が合意や決裂に終わった要因を分析して、その勝因や敗因を振り返る。その際に、前述の五つの核心的欲求を一つずつ検討し自分や相手にどのような感情が生まれたかも考える。この感情と交渉プロセスを振り返り、個人や組織の学習成果として再利用をしていく。この一連のプロセスから得た事柄を活かし交渉能力を開発していく。

5　交渉に臨む際に必要な要素

■1　交渉の七つの要素

　フィッシャーらは、交渉に必要な要素を七つ挙げた[8]（**表7-1**）。そして、それらを医師の診断に見立てて、質問を作りその処方（対応）を考えられるようにした。

① **関係**

　互いにどのように考え、感じているのか。交渉相手との間にともに協力して問題を解決するような関係性を構築する。

② **コミュニケーション**

　意思疎通の民主的公平性の確保はされているのか。それを確保できるようなコミュニケーション技法を活用し、あいまいな約束は避ける。

　このスキルは、ソーシャルワーカーの対人援助に向けて習得したスキ

表7-1　交渉で必要な七つの要素

1．関係
2．コミュニケーション
3．関心利益
4．オプション
5．正当性
6．BATNA
7．コミットメント

ルであり、相手を尊重し、傾聴することを心がけるソーシャルワークの価値を反映させるコミュニケーションスキルである。

③ 関心利益

自分の関心利益を理解し、相手に開示しているか。相手の関心利益を尊重する。

④ オプション

交渉が、ゼロサムゲームになっていないか。ブレイン・ストーミングを通して双方の正統な利益を満たす方法を考え出す。

⑤ 正当性

公正であることを心がけている。ただ単なる駆け引きをしていないか。双方のすり合わせ、客観的な基準の共有をする。

⑥ BATNA

合意形成ができなかったときは、双方にとっての BATNA を考える。合意しないよりは双方にとってよいことがあることを認識しておく。BATNA を考え出す際は、4 段階の思考回路をめぐらせ具体案と一般論を交えながら選択肢を増やす（**図 7-2**）。選択肢を増やす四つの思考過程は以下のとおりである。

図7-2　選択肢を考え出す四つの思考回路

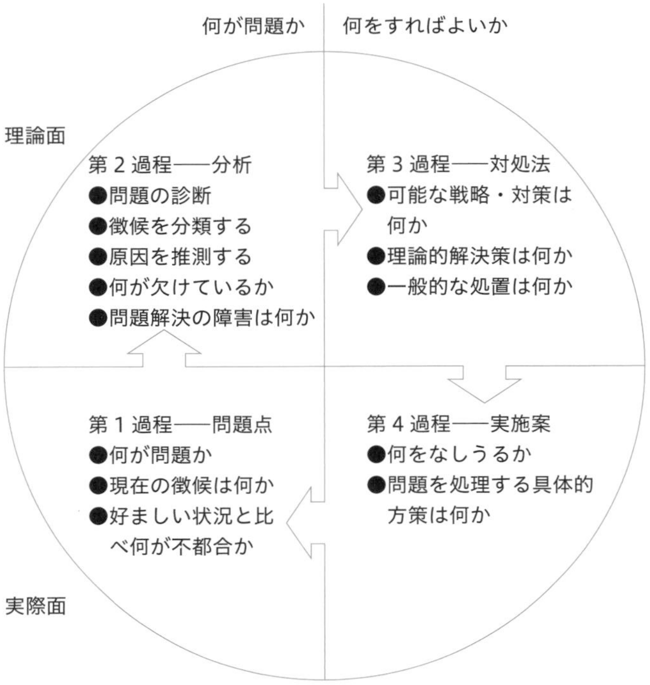

何が問題か　　何をすればよいか

理論面

第 2 過程——分析
- 問題の診断
- 徴候を分類する
- 原因を推測する
- 何が欠けているか
- 問題解決の障害は何か

第 3 過程——対処法
- 可能な戦略・対策は何か
- 理論的解決策は何か
- 一般的な処置は何か

第 1 過程——問題点
- 何が問題か
- 現在の徴候は何か
- 好ましい状況と比べ何が不都合か

第 4 過程——実施案
- 何をなしうるか
- 問題を処理する具体的方策は何か

実際面

出典：R. フィッシャー & W. ユーリー，金山宣夫・浅井和子訳『ハーバード流交渉術——イエスを言わせる方法』三笠書房，p. 119，1990.

◇第1過程　実際の問題の発見

　ある特定の問題について具体的に考える。何が問題なのか、好ましい状況とどのように異なるのかといったことを具体的にする。

◇第2過程　その問題の分析

　問題を診断し、その問題の特徴を挙げ原因を推察して、問題解決の障害は何か、何が現状で欠けているのか探す。

◇第3過程　対処法を理論的に具体的に考える。

　まず、一般的な対応はどのようなことか、理論的な解決策は何かを考え、可能な対策はどのようなことか考える。

◇第4過程　実施案を考える。

　いくつかの具体的で実施可能な方策を考える。

　さらに、その場合の問題点を第一段階へ戻り検討する。この過程を繰り返すことにより、何が問題で、何をすればよいか、実際面と理論面を円環させていく。

⑦　コミットメント

　交渉者が非現実的な約束をしていないか。果たしたいと思うような約束を草案化するのに失敗したのではないか。双方が実行できる公平で現実的な約束を草案化する。

■2 ソーシャルワーカーの行う交渉

　ソーシャルワーカーが行う交渉場面はどうだろうか。提案は双方が実行できる現実的な約束をきちんとまとめておく必要があるだろう。交渉は堅苦しく「交渉する」と言わなくても、話のなかから相手の希望や価値観などについて少しずつ情報を集めていく場合もある。

　ソーシャルワーカーの交渉は多くの場合、クライエント、関連組織、近隣地域が相手となる。交渉が合意または決裂しても身近で引き続きともに活動する相手である。しかし、それを考慮しすぎず、話し合いから合意に向かうBATNAを創出できるよう相互理解が必要となる。

Active Learning

ソーシャルワーカーが交渉する相手や場面の具体例を三つ挙げてみましょう。その際に、それぞれの相手、場面でソーシャルワーカーとしてのあなたは、どのようなことを大切に交渉にかかわるのか、考えてみましょう。

◇**引用文献**
1）M. ワトキンス監，岡村桂訳『ハーバード・ビジネス・エッセンシャルズ 5　交渉力』講談社，p. 7, 2003.
2）小学館ランダムハウス英和大辞典, JapanKnowledge　https://japanknowledge.com/
3）Oxford Advanced Learner's Dictionary, JapanKnowledge　https: //japanknowledge. com/
4）御手洗昭治編『問題解決をはかる　ハーバード流交渉戦略』東洋経済新報社，p. 22, 2013.
5）R. フィッシャー & W. ユーリー，金山宣夫・浅井和子訳『ハーバード流交渉術──イエスを言わせる方法』三笠書房，pp. 26-34, 1990.
6）R. フィッシャー & D. シャピロ，印南一路訳『新ハーバード流交渉術──感情をポジティブに活用する』講談社，pp. 35-41, 2006.
7）同上，pp. 36-37
8）前出 6），p. 277

◇**参考文献**
・M. ワトキンス監，岡村桂訳『ハーバード・ビジネス・エッセンシャルズ 5　交渉力』講談社，2003.
・R. フィッシャー & W. ユーリー，金山宣夫・浅井和子訳『ハーバード流交渉術──イエスを言わせる方法』三笠書房，1990.
・藤田忠監，日本交渉学会編『交渉ハンドブック──理論・実践・教養』東洋経済新聞社，2003.
・奥村哲史「交渉行動の理論と実践に関する研究──日本的特性の探求の試み」2016年度早稲田大学大学院博士学位論文

● **おすすめ**
・R. フィッシャー & D. シャピロ，印南一路訳『新ハーバード流交渉術──感情をポジティブに活用する』講談社，2006
・御手洗昭治編『問題解決をはかる　ハーバード流交渉戦略』東洋経済新報社，2013.

学習のポイント

● コンフリクトとはどのような状況か学ぶ
● コンフリクトの対処について理解する
● リスクコミュニケーションの重要性を学ぶ

1 ▶ コンフリクトとコンフリクト・レゾリューション

1 コンフリクトとジレンマに向きあう意義

★（ソーシャルワークの）ジレンマ
S.バンクスは著書『ソーシャルワークの価値と倫理』（2016年）のなかでソーシャルワーク実践には絶えず倫理的な問題とジレンマがつきまとうが、このような問題はソーシャルワーカーの役割から生じていると論じている。

コンフリクトとジレンマは一見似ている。しかし、ジレンマは「選ぶべき道が二つありそのどちらもが、望ましくない結果をもたらすという状態」[1]で、ほかにも「進退両難」「両刀論方」などといった言葉で表現されるコンフリクトの一面でもある。しかし、コンフリクトはすべての選択肢が不利益へとつながるわけではない。ソーシャルワークの実践においてジレンマと評される課題のいくつかはコンフリクトである場合がある。ジレンマとしてあきらめて終わるのではなく、原因を見極め個人だけによらず組織的にも相手と強調し問題解決に取り組む必要がある。

2 コンフリクトに向きあう目的

Active Learning

あなたの暮らす地域や、あなたが学ぶ学校などで、どのようなコンフリクトが今現在生じているでしょうか。あるいは過去に生じていたでしょうか。その際に、どのような人々がかかわっているでしょうか。

コンフリクトは文脈によって「紛争」「葛藤」「対立」「問題」「軋轢」「摩擦」などと表現される多義性のある言葉である。コンフリクトの定義はさまざまあるが「二者以上の者が相容れない目標（ゴール）を目指し競合している状態、あるいはそれに加えてネガティブな相互作用を行っている状態」[2]だと捉えることができる。和を重んじる日本文化では、戦略的にコンフリクトを捉える人や組織は少なく、コンフリクトは望ましくないものとして避けようとして、穏便に解決しようとする傾向がある[3]。しかし、コンフリクトは、他者とかかわる際には必然的な現象であり、その対処の仕方次第で人や組織は発展するし、あるいは破壊的にもなる。

3 コンフリクト・レゾリューションの定義とその研究

コンフリクトの研究は、第一次世界大戦の開戦頃から始まり、「コンフリクト・レゾリューション」という言葉そのものは 1950 年代末にアメリカで使われるようになった。[4] ボールディング（Boulding, K. E.）はコンフリクトをあらゆる側面から研究し Journal of Conflict Resolution を発刊（1957 年）、ミシガン大学に紛争解決研究センターを設立（1959 年）した。

❶ コンフリクト・レゾリューションの定義

コンフリクト・レゾリューションとは「個々人や集団間の考え、利害、立場の不一致状況を交渉・調停・ファシリテーション、協働的問題解決などの方法やそうした活動を支援する組織開発を解決しようとする理論と実践」[5]の総称である。コンフリクト・レゾリューションの最も厳格なルールは「法」による対応があるが、柔軟な対応は話し合い（ネゴシエーション）によるお互いの合意をはかる方法である。

❷ コンフリクト・レゾリューションの研究分野

コンフリクト・レゾリューションは法律的な解決だけでは当事者が真に納得しない問題に法律以外の視野を広げ、心理学、社会学、行動科学、経済学、文化人類学、コミュニケーション学などあらゆる人間科学や社会科学の知見を利用して、解決するための実践を行おうとする学問である。[6] コンフリクトは利害の対立や、感情的な摩擦、価値観、文化の相違、力の差、両者を取り巻く社会構造などが関係している。これらの解決には、そのコンフリクトの本質により異なるアプローチが適応される。

2 コンフリクトの構造

1 コンフリクト発生の単位と連続性

コンフリクトの発生する単位は、個人、集団（家族・組織）、地域、国家といったミクロレベルからマクロレベルまでの関係において発生しそれはほかにも影響して連続する（**図 7-3**）。その発生原因で「本質的コンフリクト」と「感情的なコンフリクト」に分類することもできる。[7] 一つの軋轢が異なったフィールドに連鎖し、その影響は弱者へ向かう。この

---

i 〔Kenneth E. Boulding〕1910-1993. イギリス生まれのアメリカの経済学者。経済学を社会システム全体のなかで捉える観点を打ち出した。平和運動にも取り組んだ。「宇宙船地球号」の概念を経済学に導入した。

図7-3　コンフリクトとその連続性

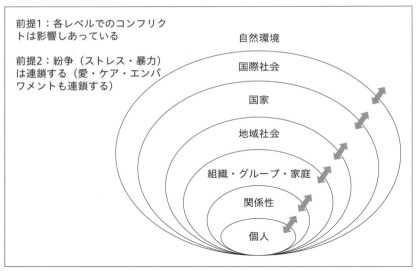

前提1：各レベルでのコンフリクトは影響しあっている

前提2：紛争（ストレス・暴力）は連鎖する（愛・ケア・エンパワメントも連鎖する）

自然環境
国際社会
国家
地域社会
組織・グループ・家庭
関係性
個人

出典：石原明子「紛争変容・平和構築学の理論的枠組み──日本における紛争解決の実践家養成のために」
安川文朗・石原明子編『現代社会と紛争解決学──学際的理論と応用』ナカニシヤ出版, p. 11, 2014.

コンフリクトのひずみはストレス、暴力等につながり、コンフリクトは形を変えて周辺に影響を与えていく。

2　コンフリクトのアセスメント

コンフリクトをアセスメントするときは、個人、関係性、文化、構造、時間軸のなかでみていく（**図7-4**）。コンフリクトの状況によっては時間軸を過去から未来まで長期で捉える必要がある。介入のステップは医

図7-4　コンフリクトのアセスメントと分析視点

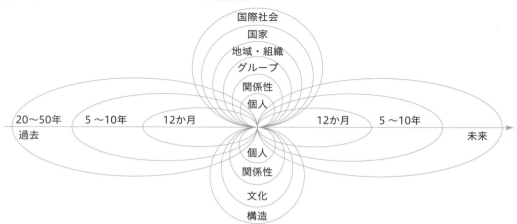

国際社会
国家
地域・組織
グループ
関係性
個人

20～50年　5～10年　12か月　12か月　5～10年
過去　　　　　　　　　　　　　　　　　　　未来

個人
関係性
文化
構造

出典：石原明子「紛争変容・平和構築学の理論的枠組み──日本における紛争解決の実践家養成のために」安川文朗・石原明子編『現代社会と紛争解決学──学際的理論と応用』ナカニシヤ出版, p. 13, 2014.

学モデルのように、❶アセスメントと分析を実施、❷介入計画の立案、❸介入、❹評価、というステップで実施する。診断には、利害関係者、パワーバランス、ニーズ、時間軸、暴力の連鎖、根本的な原因、資本などを分析していく。紛争解決の場合は、現地の能力、回復力などにも焦点を当てていく[8]。

3 コンフリクトの捉え方

1 ソーシャルワーカーが探求したコンフリクト

「近代経営学の母」といわれるフォレット（Follett, M. P.[ii]）は経営分野からコンフリクトを研究した。しかし、彼女は四半世紀もの間ソーシャルワーカーであった。彼女がソーシャルワーカーとして働き始めた、20世紀初頭のアメリカは急激な工業化、都市化により、コミュニティの崩壊などが生じていた。フォレットはボストンにスクールセンターを開設し、都市に集まってきた青少年のために放課後の高等学校を開放するという独創的なアイデアで、青少年に教育とレクリエーションの機会を切り開いた[9]。フォレットは青少年の福祉や労使問題を扱うなかでコンフリクトと向きあっていた。

2 コンフリクトは「相異（difference）」である

フォレットは、コンフリクトを「相異（difference）」と捉えた。まず、「コンフリクト自体を善であるとか悪であるとか考えず、事前に倫理的な判断をしないでコンフリクトのことを捉える。そして、コンフリクトは戦いであると考えず相違、意見の相違、利害の相違が表面に出たもの[10]」であると考えた。そして、対立（conflict）をなくすことは、同一ではない不同（diversity）を排除すると考えるが、それは不可能である。人生にとって不同は重要な特徴で、対立は不一致点の発生で必ずしも無駄に終わるのではなく、むしろ正常な過程であり、それによって社会的価値のある相違点が表面に出て関係者すべてのためになることを説いた[11]。フォレットは、コンフリクトこそ人間や組織、社会を豊かにし、より高いレベルへと前進させていく基礎になり得るものだと主張した。

★ 都市化（urbanization）
ある地域が人口集中により、都市に特有な生活様式を累積し、強化されて、都市周辺や農村に浸透・拡大していく過程をいう。

第7章　ソーシャルワークに関連する技法

ⅱ 〔Mary P. Follett〕1868-1933. アメリカの経営学の祖の一人。ソーシャルワーカーとして働き、職業指導・紹介、女性の自主的活動の後、政治学・社会学的著述活動から経営学的活動へと発展させた。

3 ソーシャル・グループワークにおけるコンフリクト

コノプカ（Konopka, G.）は、ソーシャル・グループワークの実践原則の一つとして「葛藤解決のためのより良い方法をメンバーが経験するように支援すること[12]」を挙げている。コンフリクトをソーシャルワーカーが解決するのではなく、グループにとって、メンバーの対応能力を向上させる範囲であればコンフリクトさえも成長のツールとして、個人やグループの成長・発展につながるとしている。

4 ▶ コンフリクト・レゾリューションに向けた方法

1 対人葛藤への対処

プルイット（Pruitt, D.）とルビン（Rubin, J.）はコンフリクトを場面別に捉えるのではなく、自分と相手の両者のなかでどちらの目標や利害が優先されるかによる対処を五つ（主張・協調・妥協・回避・譲歩）示した[13]。それを自己志向性（主張）と他者志向性（譲歩）の2軸と、分配と満足度の大小を表すと**図7-5**のようになる。

❶五つの対処

❶ 「主張」は相手の利害を無視して自分の利害を中心に解決を図る対応である。

❷ 「協調」は自他双方の立場を尊重し協力しあいながら互いの利益を最大にする対応である。

❸ 「妥協」は、「主張」と「協調」の中間に位置する対応となり要求水準を下げて対立する意見の間に中間点を見出そうとする。

❹ 「回避」は、共通の利益に焦点を当て対立理由である意見の相違を目立たなくする対応。

❺ 「譲歩」は、対立する意見と向きあうことを避けて自分の意見を押し殺す対応である。双方の利益を拡大するには問題を回避するのではなく、協調して互いの利益を増やす対応をすることである。

❷分配と満足度

点Aはやや自分に有利に働く妥協、点Bは五分五分の妥協、点Cは相手にやや有利に働いたと考える妥協になる。点Dは、対立を回避するよ

---

iii 〔Gisela Konopka〕1910-2003. ベルリンに生まれ、アメリカに渡り児童相談や非行少年を対象としたグループワークの実践的研究者。著書に『収容施設におけるグループワーク』（1954年）『ソーシャル・グループワーク』（1963年）等がある。

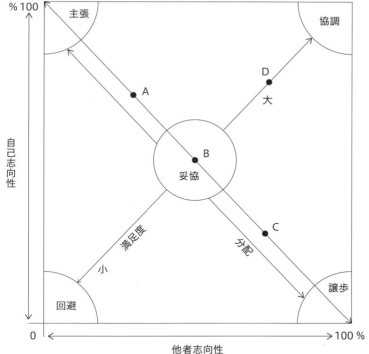

図7-5　コンフリクトにおける対処行動

出典： Pruitt, D. & Rubin, J. Z., *Social conflict : Escalation, stale mate, and settlement*, : Newberry Award Records, pp. 11-12, 1986.
　　　ケネス W. トーマス，園田由紀訳『コンフリクトマネジメント入門──TKI を用いたパフォーマンス向上ガイダンス』JPP，p. 11，2015.　をもとに著者が作成

り協調的な対応をとることで双方の分配を拡大させることになり、満足度も高まる。妥協や譲歩は問題から目を背け発展的な解決にはつながらない。双方の利益を大きくするには相互に協調した対応をすることになる。

2 施設建設におけるコンフリクト

建設の是非をもって紛争が起こる施設建設のコンフリクトの問題がある。近年、ごみ焼却場や斎場など建設の際に、地域住民とのコンフリクトが発生している。福祉施設の建設でも同様の問題が発生している。

❶ NIMBY 問題

たとえば、保育所は利用する際は近くにあることが望まれるが、自宅が隣接していれば子どもの泣き声や送迎の車の渋滞などが迷惑だと感じるかもしれない。これは、NIMBY 問題と呼ばれる。しかしこれらの抗争には住民のエゴとばかりいえない要因がある。

★ NIMBY（Not In My Back Yard）問題
自分の裏庭にごみは来てほしくないという考え方。危険物を用いる工場やごみ処理施設などを建設や維持管理において近隣住民との合意形成の難しい施設などを指す。

第7章　ソーシャルワークに関連する技法

❷施設建設のコンフリクトの定義

　施設建設のコンフリクトは「住民とその周辺住民との間で発生し」「施設とその周辺住民との目標に相違があり」「それが表出していることにより当事者がその状況を知覚している状態」という定義がある。[14] 福祉施設建設の反対運動の原因は、障害者等に向けられた差別や偏見だと考えられてきたが、地域住民の不安は情報不足や誤解、当該地域社会のもつ諸条件、地域住民間でも賛成派と反対派の対立という複雑な構造と何より地域住民の合意形成に向けた手続き上の問題が指摘される。[15]

　ここで事例を挙げて住民との合意形成のプロセスをみていく。[16]

事 例

空き家の利用をめぐる住民との合意形成

空き家の利用に至るまでの経緯

　B市（人口約35万）のまちづくりNPO★のC協議会は空き家を活用して、まちづくりに貢献する取り組みを行っている。C協議会の空き家相談に祖母の空き家を管理するDさんが相談に来た。Dさんは、親族の意向で地域の人に空き家を無償で提供したいということだった。C協議会はその提案を空き家のある地元自治会長に打診した。すると「自治会館は地区の端にありDさんの管理する空き家は地区の中心地にあるので地域のふれあいサロン等に利用したい」という返答だった。ここで「みんなの家プロジェクト」が立ち上がった。改修が必要だったのでC協議会とDさん、自治会長と地区理事で話し合いを重ね、C協議会の建築士が改修計画を作成し、近隣への説明会のチラシを配布した。

住民の不安の噴出（コンフリクトの発生）

　説明会のチラシには改修案のイメージが描かれていたために、近隣住民から「そんな話は聞いていない」「勝手に決めたのか」といった不満や「カラオケの騒音があるのでは」といった不安の声が聞こえてきた。そこで、C協議会と活動をともにする社会福祉士を養成する大学の教員が学生と、❶空き家の近隣住民を対象に空き家が「みんなの家」になることへの期待と不安についてヒアリング調査をする、❷自治会館でその成果報告と学生の考えたオープニングイベン

★ **NPO（Non-Profit Organization）**
民間非営利組織。定款や規約、法人格などの制度的実体性を有し、事業収益は事業の拡大などにのみ再投資する、自発的な活動。福祉、教育、中間支援、まちづくり、健全育成などを主たる活動分野とする。

トを提案しコンペ（競技）を行う、❸地域住民の賛同を得られた場合「みんなの家」のオープニング案を実行する、という三つの計画を立てた。

ヒアリング報告会（住民との対話）

ヒアリング対象者の選定は自治会長と打ち合わせをして、近隣住民には班長からの連絡、回覧板等でそのことを周知した。その結果、報告会には、自治会長、Ｃ協議会代表、建築士、Ｄさん、学生、近隣住民など約100名が参加した（**写真7-1**）。そこでは、まず「みんなの家」設立に至った経過の説明があり、続いて学生がヒアリング調査の結果をまとめて発表した。そこであがった不安や疑問点はＣ協議会代表と建築士が答えた。最初は緊張した雰囲気であったが、空き家を地域で活用してほしいというＤさんの想いを直接聞く頃には会場の雰囲気が変わった。学生の考えるオープニングイベントの投票時は歓声があがり、二つの企画が決定した。

写真7-1　オープニングイベント

小さな話し合いとオープニングイベントの開始（発展）

報告会で自治会の空き家のあるＦ班の住民から、Ｆ班の班会議を開いてほしいという要望が出た。急遽班会議を開催し自治会長・Ｃ協議会代表・建築士・Ｆ班住民で空き家に集まり両隣りの住民からも了解を得た。その後の内装の塗装などは地域住民への参加を呼びかけた。「みんなの家」が完成した際は、住民投票で選ばれた自宅の本を持ち寄る「みんなの図書館」と、壁に手形を押す「みんなで手形アート」を実施して、約50名の住民が参加した（**写真7-2**）。

第7章　ソーシャルワークに関連する技法

写真7-2　イベント終了後に完成した本棚と手形アート

❸パブリック・プロセス

コンフリクトには、公正な話し合いの場とプロセスが必要になる。開かれた話し合いの場による、意見収集、合意形成、意思決定の場には納得のプロセスがある。プロセスこそ、納得性、共同精神と行動力、そして成長を生み出す原動力である[17]。コンフリクトの解消や変容そして予防には、このプロセスが鍵となる（**図7-6**）。公共性のある問題の意思決定においてこの過程をパブリック・プロセス[★]といい、開かれた議論の場をもつことがコンフリクト・レゾリューションにも必要となる。

▮3 リスクコミュニケーション

施設の建設のコンフリクトは、その工程において発生することがある。この事例からコンフリクトの発生と解消に向けて学ぶ。

❶適切な時期の情報開示

この事例から、コンフリクトの予防には情報発信の時期が重要であることがわかる。いつ、誰から（発信者）、誰に（受信者）、どのような形で情報を伝えるかは、その後の関係性に大きく影響を与える。住民の納得のいく「みんなの家」の開設には個別相談、班会議、自治会会議のようなそれぞれのサイズでの意見交換が必要であり、不満の声を得たことがその後の進展につながり、住民の要望を取り入れながら改修作業等をワークショップと称し協働したことが信頼関係の醸成へとつながった。この双方向のコミュニケーションプロセスが信頼関係を醸成していった（**図7-7**）。

❷双方向のコミュニケーション

建物の改修工程と同様に、地域住民との話し合いを踏まえたC協議会と自治会長の承諾だけでは合意に至らない。ステークホルダー[★]である地

★**パブリック・プロセス（Public Process）**
公共政策の立案プロセスにおいて、その政策を立案する主体以外の人や団体などをかかわらせる参加のプロセスを指す。近年は、そのプロセスに市民が参加していることが評価される。

★**ステークホルダー（Stakeholder）**
あらゆる利害関係者を指す。民間企業の場合でも、持続的発展を目指すには投資家だけでなく、従業員、顧客、取引先、金融機関、債権者、地域社会、自治体、政府などがステークホルダーに含まれると考えられる。

**図7-6　コンセンサスを導くパブ
　　　　リック・プロセス**

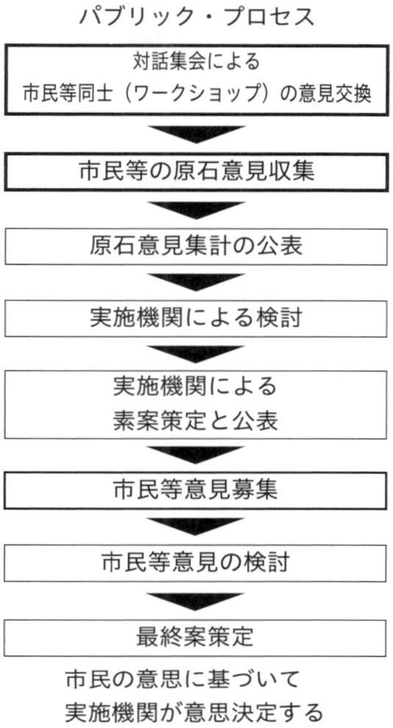

パブリック・プロセス

対話集会による
市民等同士（ワークショップ）の意見交換

市民等の原石意見収集

原石意見集計の公表

実施機関による検討

実施機関による
素案策定と公表

市民等意見募集

市民等意見の検討

最終案策定

市民の意思に基づいて
実施機関が意思決定する

出典：田坂逸朗「パブリック・プロセスと
は何か？──ファシリテーションが
変える，市民の未来像」広島修大論
集第55巻 2 号，p. 203，2015. を
一部改変

域住民が空き家の管理者Ｄさん、専門家（建築士）の情報などを知るこ
と、地域住民の不満や不安を建設する側の関係者が聞いてそれらを知る
という双方向のコミュニケーションを通して理解を深めていく必要があ
る。合意形成へと導くための手法として、「リスクコミュニケーション★」
というコミュニケーション手法がある。

❸リスクコミュニケーションの原則

公益社団法人日本化学会の環境と化学推進委員会に設置された化学物
質リスクコミュニケーション手法検討会のガイドには、米国環境保護庁[18]
（Environmental Protection Agency）のリスクコミュニケーション
を進めるための基本的な考え方と態度が紹介されている（**表 7-2**）。リ
スクコミュニケーションに不可欠な条件として、「手続きの公平性」が挙
げられる。その公平とは、「真実性」「配慮性」で、そのリスクメッセー
ジの伝わり方で査定できる。配慮性では、一般市民でもわかる言葉を使
用しているか、受け手を尊重し、相手の考えを聞く姿勢や場所があるの
かなども含まれる[19]。

**★リスクコミュニケー
ション**
ある事柄（災害・事件
等）にかかわるリスク
についての情報を、多
数の関与者（行政、専
門家、メディア、市民）
が情報を共有し、利害
関係をもつ人の間で共
有し、相互に意思の疎
通を図ること。

図7-7 「みんなの家」改修と話し合いのプロセス

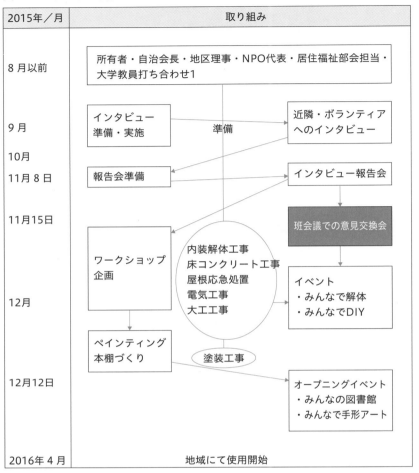

2015年／月	取り組み
8月以前	所有者・自治会長・地区理事・NPO代表・居住福祉部会担当・大学教員打ち合わせ1
9月	インタビュー準備・実施　　準備　　近隣・ボランティアへのインタビュー
10月	
11月8日	報告会準備　　インタビュー報告会
11月15日	ワークショップ企画　　内装解体工事／床コンクリート工事／屋根応急処置／電気工事／大工工事　　班会議での意見交換会
12月	イベント　・みんなで解体　・みんなでDIY
	ペインティング本棚づくり　　塗装工事
12月12日	オープニングイベント　・みんなの図書館　・みんなで手形アート
2016年4月	地域にて使用開始

表7-2　リスクコミュニケーションの原則

（1）市民団体や地域住民などを正当なパートナーとして受け入れ連携すること。
（2）コミュニケーション方法を注意深く立案し、そのプロセスを評価すること。
（3）人々の声に耳を傾けること。
（4）正直、率直、オープンになること。
（5）多くの信頼できる人々や機関と協調、協議すること。
（6）マスメディアの要望を理解し、それに応えること。
（7）相手の気持を受け止め、明瞭に話すこと。

出典：日本化学会リスクコミュニケーション手法検討会，浦野紘平編著『化学物質のリスクコミュニケーション手法ガイド』ぎょうせい，p.17，2001.

5 ▶ コンフリクト・レゾリューションの発展

■1 コンフリクト・レゾリューションの変容

コンフリクト・レゾリューションの研究が進められていくなかで、その捉え方、呼び方にも変化が表れている。

❶コンフリクトへの視点の変容

コンフリクト・レゾリューション（Conflict Resolution）のResolution は「解決」を意味するが、そもそもコンフリクトの完全な「解決」は困難だと考えられるようになった。そして新たに、「関係が続く限りコンフリクトはなくなることはない。継続する関係性のなかでいかにコンフリクトを管理・マネジメントしていくか」ということに焦点を当てるコンフリクト・マネジメント（Conflict Management）や「コンフリクトはその裏に隠れている根本的な問題の入口で、コンフリクトを入口に根本的問題に向きあい、そこにある問題自体を変容させる」コンフリクト・トランスフォーメーション（Conflict Transformation）などの名称が用いられるようになった。

❷ナラティヴアプローチ

社会構成主義*の流れを受けて、異なる主体の間で「認知のずれとしてのコンフリクト」がある。これを「語り直し」つまり現実の絶えざる再構築として捉え変容させていくナラティヴアプローチが医療・福祉分野で注目されている。そのなかでも修復的アプローチは刑事司法分野における加害・被害という関係にとどまらず、個人対個人、あるいは個人と集団、さらには集団と集団の間に生じるコンフリクト（対立・紛争）を、平和的な方法によって関係の修復を図ろうとする方法として注目されている。[20]

❸ソーシャルワーカーの強み

今後、事例のような空き家の福祉的用途への転用は増加が予想される。建築士等と連携し地域住民の期待や不安を聞き取り、社会資源間の連絡・調整などを行うことは福祉問題を直接担ってきた社会福祉士等ソーシャルワーカーが得意とする機能であり、本事例のようなコンフリクト・レゾリューションへの貢献が期待される。[21]

★ 社 会 構 成 主 義（social construc-tionism）
現実は社会的に構成されたもの、存在していると考えられる対象や現象は、人々の認識によって社会的に構築されていると考える社会学の理論的立場。社会構築主義ともいう。

◇引用文献

1）日本国語大辞典，JapanKnowledge　https://japanknowledge.com/
2）名嘉憲夫『紛争解決のモードとは何か──協働的問題解決にむけて』世界思想社，pp. 4-5, 2002.
3）山田美代子「越境するソーシャルワーカーとしてのアイデンティティ──災害ソーシャルワーク実践における支援者支援」『ソーシャルワーク研究』第39巻第4号，pp. 272-283, 2014.
4）前出2），p. 12
5）前出2），p. iii
6）石原明子「紛争変容・平和構築学の理論的枠組み──日本における紛争解決の実践家養成のために」安川文朗・石原明子編『現代社会と紛争解決学──学際的理論と応用』ナカニシヤ出版，pp. 4-21, 2014.
7）R. リッカート・J. G. リッカート，三隅二不二訳『コンフリクトの行動科学──対立管理の新しいアプローチ』ダイヤモンド社，p. 10, 1988.
8）前出6），pp. 12-13
9）経営学史学会監，三井泉編『経営学史叢書IV フォレット』文眞堂，pp. 1-24, 2012.
10）M. P. フォレット，米田清貴・三戸公訳『組織行動の原理──動態的管理』未来社，p. 41, 1997.
11）M. P. フォレット，三戸公監訳『創造的経験』文眞堂，p. 157, 2017.
12）G. コノプカ，前田ケイ訳『ソーシャル・グループ・ワーク──援助の過程』全国社会福祉協議会，p. 233, 1967.
13）Pruitt, Dean G. & Rubin, Jeffrey Z., *Social Conflict : Escalation, Stalemate, and Settlement,* : Random House, pp. 10-24, 1986.
14）野村恭代『施設コンフリクト──対立から合意形成へのマネジメント』幻冬舎，pp. 22-23, 2018.
15）同上，p. 27
16）西川ハンナ「これからの社会福祉に必要な理念とは」山岡政紀・伊藤貴雄・蝶名林亮編『ヒューマニティーズの復興をめざして──人間学への招待』勁草書房，pp. 60-72, 2018.
17）田坂逸朗「パブリック・プロセスとは何か？──ファシリテーションが変える，市民の未来像」広島修大論集第55巻2号，pp. 199-212, 2015.
18）日本化学会リスクコミュニケーション手法検討会，浦野紘平編著『化学物質のリスクコミュニケーション手法ガイド』ぎょうせい，p. 17, 2001.
19）前出14），pp. 155-156
20）山下英三郎「修復的アプローチのソーシャルワーク実践への適応に関する考察──学校におけるコンフリクト解決手段として」日本社会事業大学研究紀要59巻，pp. 139-150, 2013.
21）西川ハンナ「地域をフィールドとした社会福祉士演習〜授業とNPOの協働実践〜」第19回日本福祉のまちづくり学会コメンテーター付き論文，2016.

◇参考文献

・安川文朗・石原明子編『現代社会と紛争解決学──学際的理論と応用』ナカニシヤ出版，2014.
・杉田博「フォレットの生涯とその時代」経営学史学会・三井泉編著『経営学史叢書IV フォレット』文眞堂，2012.
・名嘉憲夫『紛争解決のモードとは何か──協働的問題解決へむけて』世界思想社，2002.

●おすすめ

・野村恭代『施設コンフリクト──対立から合意形成へのマネジメント』幻冬舎，2018.
・安川文朗・石原明子編『現代社会と紛争解決学──学際的理論と応用』ナカニシヤ出版，2014.

第3節 ファシリテーション

学習のポイント

● ファシリテーションの意義を理解する

● ファシリテーションのプロセスを学ぶ

● ファシリテーションのスキルを理解する

1 ファシリテーションの定義と活用領域

1 ソーシャルワークにおけるファシリテーションの意義と留意点

　北米で長く使用されている『ダイレクト・ソーシャルワークハンドブック』は、ファシリテーションを「家族間のコミュニケーションの強化」「専門家チームの連携促進」「代替案についてのブレイン・ストーミング★」といった話し合いの場で効果的に活用することを説き[1]、決して円滑な議事進行だけを指すのではない。ソーシャルワーカーが実施する専門職間の会議、市民対象の懇談会やワークショップ、そして組織の会議でも本来のファシリテーション機能が果たされれば、建設的なアイデアや意見が出て、結果的に大きな成果を生み出す。地域住民とのワークショップや職場の意見交換の場などにおいても、ソーシャルワーカーのファシリテーション技術が大いに期待される。

★ブレイン・ストーミング（Brainstorming）
アレックス・F・オズボーン（1953年）により開発された発散的思考の創出方法。膨大なアイデアを出すことにより、特定の問題に対する解決策を見つけるための集団活動。

2 ファシリテーションの目的

　ファシリテーションは、日本ファシリテーター協会によれば「人々の活動が容易にできるように支援し、上手くことが運ぶように舵取りすること」と定義される[2]。一言で言えば、「集団による知的相互作用を促進する働き[3]」である。対人援助チームの会議に特化したファシリテーションでは「組織及びチーム内外における関係を調整し、効率的に効果的に合意形成（納得・理解・行動）に向けて働きかけ導いていくこと[4]」を目的とする。

Active Learning

ソーシャルワーカーがファシリテーションの技術を発揮するとよいとあなたが考える実践場面にはどのようなものがありますか。できるだけ具体的に挙げてみましょう。

3 ファシリテーションの歴史

　ファシリテーションに関心が高まったのは、1940年代後半からである。レヴィン（Lewin, K.）がＴグループ（Training Group）の実践で人間関係の技能訓練を行った。レヴィンはＴグループでソーシャルワーカーや教育関係者に雇用差別の撤廃を推進するための講義や討議、ワークショップを行った。1960年代にはロジャーズ（Rogers, C. R.）のカウンセラー養成のワークショップが始まり、そのなかでグループ内の個人の力を引き出すファシリテーションが注目されていった。我が国においても1949（昭和24）年に日本グループ・ダイナミックス学会が設立されアメリカの活動と連動していった。ビジネス分野での応用は、1970年代からで会議を効率的に進める方法として開発され、業務改革や組織開発へと応用分野を広げた。

4 ファシリテーションの応用分野と方法

　ファシリテーションは、そのテーマが「社会的目的」や「個人的目的」であっても、求められる成果が「具体的成果」や「学習的成果」であってもグループ活動に必要となる。その応用領域は多岐にわたるが、社会系、人間系、組織系、複合系の四つに分類できる[5]（図7-8）。

① 社会系ファシリテーション

　社会やコミュニティの問題を扱う。価値観やライフスタイルの異なる人たちのコンセンサスを築くことから合意形成型と呼ぶ。この領域は合意形成に向けた民主的なプロセスが重要で規範的問題を扱うことが多い。

② 人間系ファシリテーション

　人の学びや成長にかかわるファシリテーション。学校教育や生涯教育で活用することから教育学習型とも呼ばれる。PBL（Problem Based Learning）やアクティブ・ラーニング等の主体的で対話型の学びあう学習において注目されている。

---

i　〔Kurt Z. Lewin〕1890-1947．アメリカの社会心理学者。ゲシュタルト心理学に関心をもちグループ・ダイナミックスを研究した。「Ｔグループ」のアプローチの創始者。

ii　〔Carl Ransom Rogers〕1902-1987．アメリカの臨床心理学者。農学、神学、心理学を学ぶ。来談者中心療法がよく知られている。自己の構造・機能に関する研究から自己実現の原理を構築した。代表的著作には、『カウンセリングと心理療法』（1942年）などがある。

図7-8　ファシリテーションの応用領域

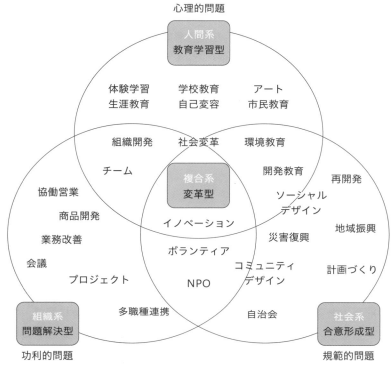

心理的問題

人間系
教育学習型

体験学習　　学校教育　　アート
生涯教育　　自己変容　　市民教育

組織開発　　社会変革　　環境教育

チーム　　　　　　　　　　開発教育

協働営業　　　複合系　　　　　ソーシャル
　　　　　　　変革型　　　　　デザイン　　再開発

商品開発
　　　　　　イノベーション　　　　　　地域振興
業務改善

会議　　　　　　　　　　　災害復興

プロジェクト　　ボランティア　　　　　計画づくり

　　　　　　　　NPO　　コミュニティ
　　　　　　　　　　　デザイン

組織系　　　　多職種連携　　　自治会　　社会系
問題解決型　　　　　　　　　　　　　　合意形成型

功利的問題　　　　　　　　　　　　　　規範的問題

出典：堀公俊『ファシリテーション入門〈第2版〉』日本経済新聞社出版，p.43，2018.

③　組織系ファシリテーション

　組織が抱える問題の解決を目的とするため、ビジネス系とも呼ばれる。功利的な問題を主に取り扱い、目に見える成果や合理性が問われる問題解決型ファシリテーションである。

④　複合系ファシリテーション

　区分を区切らず、すべてを同時に取り扱い、大きな変革を起こす。複

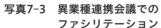

写真7-3　異業種連携会議での
　　　　　　ファシリテーション

合系ファシリテーションは、複雑で高度化する問題を、関係者が一堂に会して解決を図る変革型である。

　ソーシャルワーカーは社会系の合意形成型のファシリテーションを行うだけでなく、高齢者の買い物や、ひきこもりなどの社会課題をテーマにして地域の新たな仕組みを考えることを目指し、郵便局員、新聞店員、タクシー会社社員といった異業種の参加者で社会の変革や地域の連帯を目指し、ワークショップを行う場合は、まさに複合系のファシリテーションといえる（**写真7-3**）。

2 ▶ 会議におけるファシリテーター

1 ファシリテーターの役割

　ファシリテーターは、会議やプロジェクトにおける「場回しのプロ[6]」との解釈もある。求められる役割を凝縮すると「中立的な立場で、プロセスを管理し、（参加者の）チームワークを醸成させ、チームの成果を最大化するよう支援する[7]」といえる。会議におけるファシリテーターには、内容に対する専門性はそれほど求められないが、他職種、他所属など異質な分野同士を滑らかに連携させる「つなぎ役」と、会議の結果に納得して行動へ移すことのできるプロセスを側面から支援することが求められる。

表7-3　司会者とファシリテーターの役割

	司会者	ファシリテーター
役割	・滞りなく議事・議題を進行すること	・会議等の成果を最大化する ・会議等の協働促進、協働創造の雰囲気づくり
参加者への関与	・意思決定を自ら行う場合もある ・最小限の質疑応答を望む ・議論の中身に関与	・あくまで中立的な立場 ・衝突奨励 ・議論の進め方に関与
参加者側の状態	・上位下達、硬直的 ・意思決定を委ねる ・説得、妥協 ・知っている情報に沿って意見交換する	・理解と共感 ・コンセンサス ・多様な合意 ・知らない情報からの誘発

出典：名倉広明『実務入門——ファシリテーションの教科書』日本能率協会マネジメントセンター, p. 37, 2004.

2 ファシリテーターと司会者との違い

会議の司会者とファシリテーターの違いをまとめる（**表7-3**）。司会者は、最小限の質疑応答で効率のよい進行を役割とするが、ファシリテーターは、多くの意見が出ることを歓迎する。中立的な立場をとって参加者の参加意識を高めることに注力する。

3 会議におけるファシリテーターの留意点

黒田は、ファシリテーターに必要な役割をさらに補足することとして「グループの目標から逸れないこと」「真の成果は改善案などを作成することではなく、成果を出すこと」を挙げたうえで、ファシリテーターに必要な要素を〈Facilitat〉になぞり 10 か条として挙げている[8]（**表7-4**）。特に、"Interpersonal" その場で起きている人間関係のダイナミクスを見落とさない、"Lead" プロセスをリードするが、議論の中身をリードしないという項目は重要である。

4 ファシリテーターに求められる四つのスキル

ファシリテーターがその機能を果たすためには、具体的なスキルが必要となる。スキルは活躍分野によっても変わってくるが、共通項として基本的に習得すべき四つのスキルが挙げられる[9]（**図7-9**）。

① 場のデザインのスキル

話し合いの場をつくり、参加者をつなげる。目的、メンバー、手法、段取りなど最適な論の進捗方法と論点を提案する。討議の空間やメンバー同士の関係性をデザインする。

表7-4　ファシリテーターに必要な10か条

Fact	事実に忠実に議論させよ
Active Listening	積極的に傾聴せよ
Conflict	対立を恐れず対処せよ
Interpersonal	人間関係のダイナミクスを見落とすな
Lead	プロセスをリード、議論の中身はリードするな
Intervene	活動が停滞している時は介入せよ
Tools	ツールを活用せよ
Ask	適切な質問で発言を引き出せ
Team	チームとしての一体感を醸成せよ
Energize	チームにエネルギーを与えよ

出典：黒田由貴子「会社ですぐ使えるファシリテーション（NEW1回）『会議進行術』を超えて、組織成長を最大化する」『日経情報ストラテジー』2018年1月号，pp. 204-207, 2008.

図7-9　ファシリテーションの四つのスキル

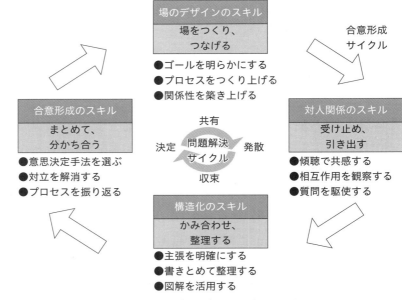

出典：堀公俊『ファシリテーション入門〔第2版〕』日本経済新聞社出版，p. 55, 2018.

② 対人関係のスキル

　話を受けとめ、引き出す。話し合いが始まれば、できるだけたくさんの意見を出しあい、理解と共感を深めながらアイデアを広げていく。これを発散と呼ぶ。傾聴、応答、観察、質問などのコミュニケーション能力も求められる。

③ 構造化のスキル

　散乱した意見をかみ合わせ、整理する。発散がうまくいけば、自然と話し合いは収束の機運が生まれる。タイミングを計り個々の意見を整理する。そこで、議論すべき論点を絞り込む。議論を可視化できるように図式化することで、会議が活性化して、複雑な内容がわかりやすくなる（**写真 7-4**）。

写真7-4　模造紙を活用した会議

④ 合意形成のスキル

まとめて、最後は振り返りと今の気持ちを分かちあう。結論の方向性が絞られてきたら、決定に向かう。異なる意見をどうやって融合させるのか、決め方を決める。コンフリクト・レゾリューションのスキルを使って対立意見を協働的に対処していけば、創造的な結論が得られ、チームの結束力も高まる。

ほかにもテーマによってはその内容の知識もある程度必要になる。

5 オンライン会議のファシリテーション

① オンライン会議の必要性

災害時など、電話・テレビ・ネットなどを使用したオンライン会議の活用が急激に進んでいる。集合が困難で、緊急を有する決断が求められる状況下で報告や合意を図る場合には有効である。しかし、オンライン会議の限界は、非言語によるコミュニケーション（表現、態度、間合い等）による伝達が不十分になる。そこで、できるだけ言語で伝達する必要がある。オンライン会議のファシリテーターは、不足分の情報を言語化するサポートをしなくてはいけない。

② 具体的な応答

具体的な発言として、「以上ですね。ありがとうございました」といった区切り、「その三つの問題があるということですね」という補足、「皆さん、今の説明でわかりましたか」といった理解の共有確認をする。多数でのオンライン会議では意見が込みあうので、「今のは、代替案としての提案ですか」といった会議の交通整理をするのも大切な役割になる。オンラインは限界もあるので、暫定的な会議としての開催や、提案の採否や修正を議論する程度が無難だと思われる。

★ オンライン（Online）
コンピュータネットワークに、携帯等端末が接続されている状態を指す。対義語は「オフライン」（Offline）。オンライン会議等は対面でなく電子媒介を活用した会議。

第**7**章 ソーシャルワークに関連する技法

3 ワークショップにおけるファシリテーション

1 ワークショップの定義

ワークショップ（Workshop）の語源はワーク（Work）とショップ（Shop）を組み合わせたもので、「仕事場」「講習会」「（作家・芸術家）の創作の場」という意味をもつ。[10]『参加体験型学習』『講義など一方的な知識伝達スタイルではなく、参加者が自ら参加、体験して共同で何かを学びあったり、創り出したりする、学びと創造のスタイル』であると定

義され「参加」「体験」「グループ」がキーワードになる学習である[11]。教育研修や計画づくり、芸術、ものづくりなどにおいて体験的な講座として用いられる。

■2 市民の声を引き出すワークショップ

行政策定や意見収集におけるワークシッョプの例を挙げる。東京都多摩市役所では、市民や事業者の障害理解の促進をさらに進める「障がいのある人もない人も暮らしやすいまち」を目指して、「(仮称) 多摩市障がい者差別解消条例」の策定に向けて障害について参加者が障害の有無を問わず、障害について考えるワークショップを開催した[12]。結果として、「障害者を見かけたけれど、どうすればよいかわからなかった」「実際にこんなことに困っている」という参加者の対話を通して障害に対する理解と要望を引き出すことにつながった。

■3 ワークショップのファシリテーターの留意点

ワークシッョブで特に注意するのは参加者へのかかわり方である。たとえば「人権について考える」というテーマのワークシッョブで、参加者の尊厳を守らないような態度では本末転倒になる。

ヤーロム（Yalom, I. D.）[iii]はワークショップの調査を行った結果、グループリーダーのファシリテーションの質によっては参加者に精神的なダメージを与えるとして、ファシリテーターの四つの役割を挙げた[13]（**表7-5**）。

四つの役割のうち、②と③は参加者の肯定的な変化につながる。しかし、①と④は無理強いをしてはいけない。ファシリテーターは参加者への配慮を怠らず、自己開示を無理やり迫ったり、無理やりアクションプランを立案させたりしてはいけない。

表7-5　ヤーロムのファシリテーターの四つの役割

①	情緒的刺激	自己開示を迫る、挑発、侵入的なモデリング
②	配慮	支援、受容、関心、賞賛
③	意味づけ	説明、解釈、感情と体験の概念への変換
④	実行機能	目標の設定、時間管理、手順の示唆

---

iii 〔Irvin D. Yalom〕1931-　アメリカの医学者、精神科医。著書に『ヤーロム グループサイコセラピー──理論と実際』（2012年）等がある。作家としても活躍する。

4 ファシリテーションプロセス

❶会議の環境を整える

「場のデザイン」とは物理的な空間だけでなく、話し合いの段取りである。そこには五つの要素が必要となる[14]（**表7-6**）。

❷ファシリテーションのプロセスデザイン

会議は六つのステップで進める（**表7-7**）。テーマによってプロセスデザインを変更していく。

❸ログブックを書く

ファシリテーターは会議の設計と振り返りを行うためにログブック（**図7-10**）を活用する。

① 事前記入

ファシリテーターは事前準備として、テーマ（論点、議題）、目標、活用するフレームワーク、プロセスごとの所要時間目安とキーワード、参加者情報、添付資料リスト等を確認する。この準備をすることで参加者によりよい意見や発想を引き出すことができる。

② 終了時

終了時に参加者の満足度やファシリテーションの評価をするために、「意見を言えた」「新しい情報や視点を得た」「コンセンサスを得た」「目標を達成した」「全体として満足」について挙手、またはアンケートを行う。

③ 終了後

プロセスごとの所要時間や評価なども記録する。この記録を共有することで、参加者以外の人にも論点から結論に至るまでのプロセスがわかる。

表7-6　場のデザインの五つの要素

①	目的	：何を目的にしているのか、何のための会議か。
②	ゴール	：到達点（目標）は何か。
③	プロセス	：参加者は会議の前提や背景が異なる。 　なぜそのテーマになるか、論点までのプロセスを示す。
④	ルール	：参加者の参加のルール 　◇積極的な発言をする 　◇結論から示し、その理由も添える 　◇人格攻撃をしない 　◇話の途中で遮らない
⑤	メンバー	：参加者数とテーマに合った適切な参加者を選ぶ

表7-7　ファシリテーションのプロセス例

> **ステップ1**
> 巻き込み（参加意識を引き出す）
>
> 　初めにファシリテーターは自己紹介と役割を伝える。その役割は、「中立」で「協働創造」を心がける役割であると伝える。本日のアジェンダ（会議開催通知）を確認し、参加者の役割と参加のルールを確認する。
>
> **ステップ2**
> ぶつかり（意見の衝突を起こす）
>
> 　参加者から出された意見に対して「まったく違うことは言えないだろうか」「逆のことはあり得ないか」など批判的に考える段階。感情的な意見衝突に陥らないように注意し、意見のブラッシュアップをする。
>
> **ステップ3**
> 意味づけ（出そろった意見を参加者で解釈する）
>
> 　意味づけとは、出された意見を総括して、参加者全員のコンセンサスを得るためのプロセスである。模造紙やホワイトボードなどを活用し、図示による構造化などから議論の全体を俯瞰して他者の意見を認め、対立解消を進める。
>
> **ステップ4**
> 軸出し（決めるための基準を検討する）
>
> 　参加者から出た意見の「意味づけ」ができたら、「結論」へと導く。
> 　軸出しは、参加者のコンセンサスを得たうえでの意思決定の判断基準が抽出される。
>
> **ステップ5**
> 「結び」（成果を確認し行動に結びつける）
>
> 　決定事項を参加者が自主的に行動に移すことが大きな目的である。
> 　論点に対してどんなプロセスで結論に至ったのかを全体で確認し、さらに深いコンセンサスを得る。決定事項を参加者が自分のこととして受けとめ行動の動機づけを行う。
>
> **ステップ6**
> ファシリテーションの評価（ログブック）
>
> 　議事録とは別にファシリテーションの流れをログブックに記録する。

図7-10　ログブック（logbook）

ファシリテーションログブック

実施日　　　　　時間

ファシリテーター氏名　　　ログブック記載者

ファシリテーションのテーマ

ファシリテーションの目標（終了時の状況）

参加者名	テーマに関する意見	所属等の情報	意見の導きだし方

ファシリテーションプロセス

ファシリテーションに使えるフレームワークや流れ図（戦略1）

ファシリテーションに使えるフレームワークや流れ図（戦略2）

	予定所要時間	実際所要時間	議論のキーワード 使った技法など
巻き込み			
ぶつかり			
意味づけ			
軸出し			
結び			

◇決まったこと
◇再確認事項
◇積み残し事項

人数を記入（評価）
数／参加者
□意見を言えた
□新しい情報・視点を得た
□コンセンサスを得た
□目標を達成した
□全体として満足だ

反省事項・次回への確認事項

出典：名倉広明『実務入門——ファシリテーションの教科書』日本能率協会マネジメントセンター，pp. 62-63，2004. を一部改変

◇**引用文献**

1）D. H. ヘプワースほか，武田信子監，北島英治ほか監訳『ダイレクト・ソーシャルワークハンドブック──対人支援の理論と技術』p. 35, p. 66, p. 592, p. 702, 2015.
2）https://www.faj.or.jp/facilitation/
3）堀公俊『ファシリテーション入門〈第2版〉』日本経済新聞社出版，p. 23, 2018.
4）中村誠司『対人援助職のためのファシリテーション入門──チームの作り方・会議の進め方・合意形成のしかた』中央法規出版，p. 6, 2017.
5）前出3），p. 43
6）名倉広明『実務入門──ファシリテーションの教科書』日本能率協会マネジメントセンター，p. 36, 2004.
7）F. リース，黒田由貴子訳『ファシリテーター型リーダーの時代』プレジデント社，p. 294, 2002.
8）黒田由貴子「会社ですぐ使えるファシリテーション（NEW1回）『会議進行術』を超えて、組織成長を最大化する」『日経情報ストラテジー』2018年1月号，pp. 204-207, 2008.
9）前出3），p. 55
10）日本国語大辞典，JapanKnowledge　https://japanknowledge.com/
11）中野民夫『ワークショップ──新しい学びと創造の場』岩波書店，p. 11, 2001.
12）多摩市役所障害者おしらせ「障害について考えるワークショップを開催しました！」 http://www.city.tama.lg.jp/0000008495.html
13）I. D. ヤーロム，中久喜雅文・川室優監訳『グループサイコセラピー──理論と実践』西村書店，pp. 718-719, 2012.
14）前出3），p. 23

◇**参考文献**

・中野民夫『ワークショップ──新しい学びと創造の場』岩波書店，2001.
・中村誠司『対人援助職のためのファシリテーション入門──チームの作り方・会議の進め方・合意形成のしかた』中央法規出版，2017.

●**おすすめ**

・堀公俊『ファシリテーション入門〈第2版〉』日本経済新聞社出版，2018.
・中村誠司『対人援助職のためのファシリテーション入門──チームの作り方・会議の進め方・合意形成のしかた』中央法規出版，2017.

第**7**章 ソーシャルワークに関連する技法

1 プレゼンテーションの意義

1 ソーシャルワーカーの行うプレゼンテーションの意義

　ソーシャルワーカーはクライアントやその家族に必要なサービスを紹介する。また、新しい問題現象の実態を把握する調査や、既存の事業にない活動を始める提案をして、補助金や助成金申請を得ることもある。このような紹介や提案の場面ではプレゼンテーション力が重要である。NPO 団体やボランティア団体で活動する際は、補助金や助成金は重要な活動資金となる。活動の意義や効果、その結果としての成果を場面に合った形で、それぞれの聞き手（一般市民や専門家）に合わせて正確にまた理論的に伝えることができないと紹介するサービスや提案も正当に理解されない。ソーシャルワーカーのプレゼンテーション技術はソーシャルワークを行う際に必要な技術といえる。

2 プレゼンテーションの目的

　プレゼンテーション（presentation）という言葉には、「紹介、披露、計画、企画案、見積もりなどを、会議などの席で発表、提示すること。または、その説明材料[1]」という意味があり、実演や発表、その案自体を指す。プレゼンテーションは、「社会における様々な場面での表現方法[2]」である。その方向は「聞き手本位の姿勢を貫いたスピーチ[3]」で、相手に向かって伝わることを主目的とする。相手に伝えたいことを的確に伝えられるには、聞き手側からどう見えるかを考えて内容をまとめ、構成を組み立て、理解しやすく理論的に伝達することが求められる。

2 プレゼンテーションの方法

1 プレゼンテーションマネジメント

　よりよいプレゼンテーションを行うためには、全体のマネジメントが必要である。当日までの工程とその役割分担、当日の工程とその役割などを最初に確認をしてマネジメントしていく必要がある。

●当日のプレゼンテーションに向けた確認事項

　目　的：インフォーマルかフォーマルか、何を求められているのか。
　時　間：何分なのか。
　聞き手：少数か多数か、初対面か知人か。専門家か一般の人なのか。
　機　材：口頭かパソコンが使えるのか。その機材は持参なのか。
　発表者：一人か複数か。そのための支援者はいるのか（スライドの操作や資料配布の手伝い等）。

2 プレゼンテーションのタイプ

　プレゼンテーションは「紹介型」と「提案型」に分けられる。構成は論文の構成とも同様である。いずれの型においても序論・本論・結論に分けられる。[4]

❶紹介型のプレゼンテーション

　紹介型は新しいサービスや品を紹介し納得してもらうプレゼンテーションである。

　「序論」では、日付、タイトル、発表者の紹介、発表の目次、背景、目的、「本論」で詳しい現状分析、ほかのもの（サービス・品）と紹介するものを比較してよいところを伝え、「結論」ではまとめと今後の展開を伝える。よいところばかりではなく不足しているところなども伝えることは、説得力あるプレゼンテーションになる。

❷提案型のプレゼンテーション

　提案型は、現状の問題点を踏まえて聞き手に新しい行動やプランを提案するプレゼンテーションである。まず初めにその提案は問題を緩和や解決につながるのか、提案の実現可能性なども重要になる。現状を分析し、問題点が浮かび上がるように前提となる現状を把握し、そこから解決すべき事柄を抽出していく、そこで聞き手と問題の共有化をして、提案の有効性を認めてもらう。

助成金獲得のためのプレゼンテーション

　東京都八王子市は 25 の大学等が集まる学園都市である。「大学コンソーシアム八王子」では、八王子地域をフィールドに学生が企画・運営・実施する地域貢献や調査研究に事業補助を行っている。そこで、社会福祉を学ぶ学生が助成金の獲得に挑戦をした。

　日々の活動から関係を深めた大学の近くの保育所・老人ホームでは労働力不足という問題があることがわかった。施設長と話し合うなかで、専門的な技術の必要な仕事ばかりではなく、「配膳」「シーツ交換」等業務を「切り出す」ことで誰でもできる仕事になることがわかった。一方、多くの学生が「授業の空き時間を活用できるアルバイト」を探していることもわかった。そして、福祉施設のアルバイトであっても「友人と一緒ならば」働いてみたいと思う学生がいることもわかった。

　そこで、施設と学生の互いのニーズのマッチングと街中の仕事も「アルバイト」「インターンシップ」「ボランティア」と分けて学生と地域をつなぐ「お仕事化」事業を提案した。これは、まさに提案型のプレゼンテーションといえる。採択までには一次の書類審査と最終審査のプレゼンテーションがある。プレゼンテーションでは、言いたいことを可視化するための A4 1 枚の資料の準備、そして、10 分ほどのプレゼンテーションの時間に向けて、誰がいつどのような役割をもって発表するか。その日に向けタイムスケジュールを作り、互いに評価をしあいながら資料作成と発表準備を行った。まさに、段取りが重要である。経営学部などの学生はビジネスコンテスト等競技の場でそのスキルを高めていくが、将来助成金の獲得等も仕事の一部となるソーシャルワーカーにこそプレゼンテーション技術は必須ともいえる。

写真7-5　学生企画助成に採択されて成果報告会に臨む学生

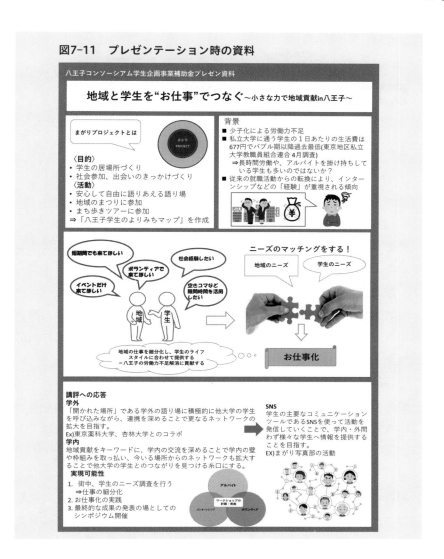

図7-11　プレゼンテーション時の資料

3 問題の発見方法

　紹介型でも提案型でもプレゼンテーションでは、聞き手に聞かせる問題が必要である。提案型のプレゼンテーションでは特に重要である。ここでいう問題とは「あるべき姿」と「現状のズレ」である[5]（**図7-12**）。

❶見出すべき問題

　「あるべき姿」とその「実際の姿」、「目標、計画、標準」に対しての「現在の状況、達成度合い、取り組み度合い」とのズレにあたる未達成や不具合、潜在的な部分がこれから解決すべきところになる。この誤差の大きさで問題は深刻になる。問題には三つの種類がある[6]。

図7-12　問題の構造

出典：中村誠司『対人援助職のためのファシリテーション入門——チームの作り方・会議の進め方・合意形成のしかた』中央法規出版, p.86, 2017.

❷問題の種類

① **発生型問題**

発生型問題とは、今起こっている問題。実際に問題だと感じ顕在化している。顕在化している問題ともいえる。

② **設定型問題**

設定型問題とは、現状では認知できる問題は起こっていないが、高い基準を設定することで認識される問題。「他施設と比べて」「さらに利用頻度を上げるには」などである。

③ **将来型問題**

将来型問題とは、現在は認知できる問題は発生していない。しかし、このまま放っておくと問題になることが予測される潜在的な問題である。

問題の原因分析にはフレームワークを活用する方法がある。その問題はいつから発生し、いつまで続いたのか（When）。どこからどこまで影響が及んだのか（Where）。どのように発生したのか（How）。何が（What）どのくらい生じているのか（How much）。図式化するとわかりやすい（**図7-13**）。

❸問題の構造化

問題の発見ができたら、問題解決を提起するために、その問題の構造化や、現象の課題を明確にする。明らかにすべき要素は、「問題」「原因」「その理由」「結果予測（日常の問題と将来の問題）」「選択肢」を考えていく。

4 ロジックを整理する

問題を発見しその対処法を提案していく場合、「誰もが納得する道筋」が必要となる。そのようなときに必要なのが論理（ロジック）である。

論理的に思考を整理するということは、その説明において「話がきち

図7-13　問題分析の視点（フレームワーク）

いつまでに？（When?）
いつから？　　　　いつまで？

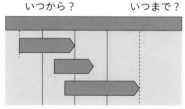

どこまで？（Where?）
どこに？　どこから？

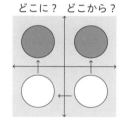

どのように？（How?）

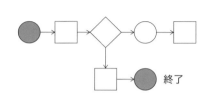

何が？（What?）
どのくらい？（How much?）

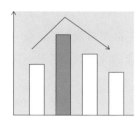

出典：中村誠司『対人援助職のためのファシリテーション入門——チームの作り方・会議の進め方・合意形成のしかた』中央法規出版, p. 94, 2017.

んとつながっていること」が必要であり、平易な言葉で示して、論理に不備がないか縦型の論理と横型の論理で考えていくことである（**図7-14**）。

❶縦の論理

　縦の論理とは、その流れ（論理）は本当にそうなのかと考えることである。因果関係が理解できる。「こうだから、こうだ」と説明してもほぼ万人が納得する状態である。たとえば「食べ物がなく、空腹だ」などは疑うところはない状態をいう。

❷横につながった論理

　横の論理とは、横につながる状況に漏れがないか「それだけなのか」疑うことである。「誰が見ても全体をカバーしている」「漏れもダブリもない」とほぼ万人に理解される状態である。たとえば、「高齢者の施設でも在宅でも必要だ」といったような網羅する考えである。

第7章 ソーシャルワークに関連する技法

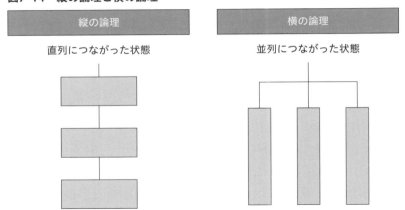

図7-14　縦の論理と横の論理

5 資料の作成ステップ

　紹介や提案に向けた筋ができたら、資料を作成する。完璧でなくても、形にしながら整えていく。資料とは紙面や、スライドの作成を指す。資料の作成は五つのステップで進む。[7]

❶メッセージを考える

　最も聞き手に伝えたい内容を凝縮した文章を作成する。これがあいまいだと聞き手に主張することが伝わらない。

❷チャート化

　メッセージを図示したものがチャートである。広くいえば、写真、図表、イラストなども含む。絵や写真、製品そのものだったりすると誤解がない。図式化されていると理解のスピードも速い。より伝わりやすいチャートを目指す。グラフは、データの性質などを考えて円グラフ、棒グラフ、散布図など効果的なものを選ぶ。図解して説明する際は「連関図」「フロー図」「樹形図」「テーブル図」などを使う（**図7-15**）。

❸スライドの作成

　1枚の紙の上に複数個の「チャート」を組み合わせて配置し、言いたいことを表現したものがスライドである。プレゼンテーションソフトでいうならば、その1枚のスライドで表現する分量である。

❹パッケージに組み立てる

　複数のスライドを組み合わせて、一つのストーリーに構成したブロックにして、論理的な流れを確認する。

❺マテリアル（資料）として完成させる

　チャートが、スライドになり、スライドがパッケージになり、それを完成したものがマテリアル、完成版の資料となる。

図7-15　チャート図例

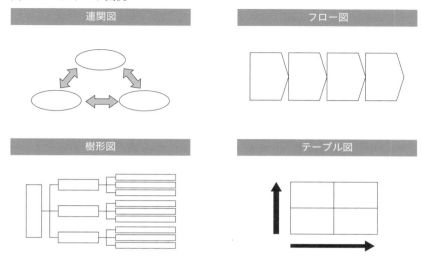

6　本番準備

　事例でも示したとおり、プレゼンテーションは資料の完成だけでは不十分で本番に向けて予行練習が大切である。チームで行う際は、公平な分担がされることが望ましい。チームワークで醸成された人間関係は発表の様子でも肯定的なメッセージを発信していく。

❶全体を通して予行練習を行う

　当日を想定した全体を通した予行練習を行う。当日の会場のドアを開けるところからイメージして、ロールプレイ★のように実施してみる。具体的に動いてみると、資料配布のタイミングや、誰が何を担当しないといけないかなど気づきがある。動画に撮って見直すと客観的に見ることができる。できる限り関係者以外に見てもらい、意図が伝わっているのか、他者からコメントをもらう。

❷練習を評価し改善する

　何度か予行練習をすることにより、よりスムーズにプレゼンテーションを行うことができる。実際に口に出して文章に違和感があるところは訂正する。チェックリストで内容の全体をチェックしてみる（**表7-8**）。

❸プレゼンターのチェック

　プレゼンターの発表の仕方について、他者からチェックをしてもらう。伝え方やその内容についてもチェックを行う（**表7-9**）。

①　声の大きさ

　聞き手の数、会場の大きさによってはマイクを使用したり、しないことで親密に話を進めることもできる。

★ロールプレイ
正式にはロールプレイング（role-playing）。役割演技ともいう。役割と場面が設定されたなかである人を自発的・創造的に演ずること。治療的あるいは教育や訓練の目的で幅広く活用されている。

表7-8　プレゼンテーションのチェックリスト

	項　　目	チェック
内容	1．タイトルは適切に発表内容をあらわしているか	
	2．構成が紹介型・提案型の物語として流れているか	
	3．スライドとスライドの流れがスムーズであるか	
	4．聞き手が初めて知ると思われる情報が含まれているか	
	5．論理的な説明になっているか	
レイアウト	6．2行以上の長い文章が無いか	
	7．チャートなどにより構造をわかりやすく伝えているか	
	8．写真やデータの引用に出典が描かれているか	
	9．字のフォントは20ポイント以上で全体の統一感があるか	
	10．データがある場合は、いつ誰が調査したものか明確か	
表現	11．聞き手が理解しやすい言葉を使ったり、工夫をしているか	
	12．聞き手を巻き込むような工夫はあるか	
	13．グループメンバーの分担箇所を全員が把握しているか	
	14．制限時間内に終わるようにスライドの分量を調整しているか	
	15．どのようなプレゼンテーションにするかイメージを共有しているか	

出典：中野美香『大学生からのプレゼンテーション入門』ナカニシヤ出版，p.108，2012. を一部改変

表7-9　プレゼンターのプレゼンテーションチェックリスト

	評価項目	1－改善が必要		3－ふつう		5－とてもよい
伝え方	声の大きさ	1	2	3	4	5
	スピード	1	2	3	4	5
	声のトーン	1	2	3	4	5
	間のとり方	1	2	3	4	5
	アイコンタクト	1	2	3	4	5
内容	主張がはっきりしていた	1	2	3	4	5
	理由の説明がわかりやすかった	1	2	3	4	5
	例やデータが適切に使われていた	1	2	3	4	5
	興味深かった	1	2	3	4	5
	構成がまとまっていた	1	2	3	4	5

出典：中野美香『大学生からのプレゼンテーション入門』ナカニシヤ出版，p.110，2012.

★パラ言語（Pra・language）
発話付随音声現象ともいう。イントネーション、リズム、ポーズ、声質をいい声色やテンポなど言語には属さない（nonverbal）声の特徴を用いて伝達を助ける。非言語的な周辺言語。

② スピード・間合い

　ゆっくりと丁寧に話すことができたか。またパラ言語の活用でよりメッセージを強化して伝えることができたか。スライドと話とにズレはなかったか。

③ 声のトーン

　甲高い声や低すぎる声は聞きづらくなる。聞き手にとって、聞きやすいトーンで話せたか。

④ アイコンタクト

聞き手を見て話をする。資料にばかり目がいっていなかったか。顔を上げて聞き手の反応を確認することができたか。

❹持ち物等の準備

持ち物の確認を前日までにする。チームで臨む際は、誰が何を持っていくのか、万が一に備え、データを二人で持参するなど確認しておく。配布資料の部数、チームでプレゼンテーションに臨む際、服装もフォーマルなのかインフォーマルなのか、そろえておく。プレゼンテーションが開始する前にすでに印象で評価される。集合場所時間なども確認しておく。

3 プレゼンテーションの留意点

プレゼンテーションは内容がよいだけでは十分とはいえない。聞き手に視覚的にも魅せる発表を意識する。そして、双方型のコミュニケーションを活用すると聞き手を惹きつけることができる。

1 聞き手を引き込む質問をする

聞き手により関心をもたせるためには、発表の途中で聞き手に質問を投げかける方法もある。「先日の新聞で○○について報道されましたが、ご存じですか」など、まるでテレビのコマーシャルのように見えるかもしれないが、聞かせるプレゼンテーションは相手を巻き込んでいく。

2 質問に備える

プレゼンテーションの終わりに質疑応答がある。質問を「批判」と捉えず誠実に対応する。質問内容はいくつかに分類できる。

❶質問の種類

① 内容を確認する質問

発表の内容の確認や、不十分だったことについて発表した内容と関連させて答える。

② 内容の適切性を求めるもの

データや根拠などが主張を支えるのに適切なものかどうかを問われる質問。データやその分析方法の選択理由を説明する。

③ 補足説明を求める質問

　説明を追加してほしいときにされる質問。聞き手は関心をもっている。知っている範囲で誠実に対応する。

④ 的外れな質問

　関係のない質問をされることがある。質問の意味を確認し、わからない場合は、質問者を尊重しわかる範囲で答える。

4　プレゼンテーションの評価

1　プレゼンターの評価

　プレゼンターの発表を終えて予行練習より改善されていたか予行練習の際に使用したプレゼンターのチェック表の項目で確認する（**表7-9**）。

2　プレゼンテーションの評価

　コンペティション形式のプレゼンテーションの場合その評価項目が決まっている。例として大学のゼミ別プレゼンテーション大会の評価票を使って示す（**表7-10**）。

表7-10　プレゼンテーション評価票例

順番	ゼミ	1 テーマ設定・内容	2 先行研究のレビュー	3 内容の論理性	4 データの扱い方・解釈	5 オリジナリティー	6 発表スキル	7 準備学習	合計
例	○○ゼミ	5	3	3	3	1	3	3	21
1									
2									
3									
4									
5									
6									

　各ゼミのそれぞれの項目についての採点結果を、A＝5、B＝3、C＝1、D＝0（点）として、ご記入ください。
　自分のゼミは、空欄のままにして、採点しないでください。

氏名（　　　　　　　　　　　　）

5 学会発表

1 ソーシャルワーカーの研究発表

　ソーシャルワークは「実践に基づいた専門職であり学問である」とソーシャルワーク専門職のグローバル定義で規定されている。生活の貧困や窮状を救うためにソーシャルワークの技術や理論は生まれ、その技術や理論が地域や領域を超えて援用されてきた。ソーシャルワーク実践において生まれた新たな技術や知識を用いて問題発生の経緯や解決方法を社会に発信することは、ソーシャルワークの発展につながる。

★ソーシャルワーク専門職のグローバル定義
国際ソーシャルワーカー連盟（略称 IFSW）が 2014 年に採択したソーシャルワークの定義。

2 職能団体での学会発表

　社会福祉士の職能団体である公益社団法人日本社会福祉士会は、例年、全国大会と同時に「社会福祉士学会」を開催し、テーマに沿った分科会（権利擁護・生活課題・相談援助・地域支援・福祉経営・実践研究）ごとに実践に基づく研究の成果を発表している。学会での口頭発表は、限られた時間（おおむね 15 分）であるが、論文と異なり直接聞き手に語りかけることができるプレゼンテーションの機会である。プレゼンテーションの技術や知識は、研究会の発表だけではなく職場内の会議でも有効な能力となる。[8]

★公益社団法人日本社会福祉士会
1993（平成5）年に設立した「社会福祉士」の職能団体。社会福祉士の倫理を確立し、専門的技能を研鑽し、社会福祉士の資質と社会的地位向上に努め、人々の生活と権利の擁護、社会福祉の増進に寄与する。

3 口頭発表

❶エントリー

　社会福祉士が多く口頭発表をしている日本社会福祉士会全国大会での口頭発表を例にその方法から学んでみたい。口頭発表も、論文の形式と同様になる。学会の発表はまず、エントリー（申請）から始まる。エントリーの際に、発表の内容をまとめた要旨も提出する。要旨は所定のフォーマットがあり、それに沿って内容を整え提出をする（**表 7-11**）。

❷採用

　申請したプレゼンテーションは、事前に提出した要旨のテーマ、内容、研究方法とそこから導き出された結果、倫理的な配慮等に問題がなくその大会テーマと合致している場合、発表は採用となる。

❸発表

　当日の発表は時間内にすべてを伝えることは難しいので、当日は参加者に配布されている要旨を使いながら、結果を中心に発表を行う。

表7-11　学会要旨申請フォーマット口頭発表の形式

> 研究目的
> （この研究はどのように社会に貢献するか、意義があるかなど、研究目的を記述）
> 研究方法
> （研究目的をどのような手順で明らかにするかを記述）倫理的配慮
> 結　果
> （調査アンケートやインタビューなど）の結果、または事例等を記述）
> 考察
> （または、支援経過）を受けて、なぜそのような調査研究結果になったのか記述）
> 結論

資料：日本社会福祉士会ホームページ

　聞き手はすべてが発表者と同じような基礎知識をもっているわけではないことを前提に準備をする。発表時間が短いほど事前に原稿を作り、それを読み上げる形になる。原稿を読む際は、単調になったり、目線が原稿にいき、聞き手に語りかける聞かせるプレゼンテーションにならないことに注意する。質疑応答などで研究成果の反応や発展などの手ごたえを感じることができる場でもある。

◇引用文献
　1）日本国語大辞典，JapanKnowledge　https://japanknowledge.com/
　2）福井有監・大島武ほか編著『プレゼンテーション概論』樹村房，p.1, 2009.
　3）前出2），p.3
　4）中野美香『大学生からのプレゼンテーション入門』ナカニシヤ出版，p.8, 2012.
　5）中村誠司『対人援助職のためのファシリテーション入門──チームの作り方・会議の進め方・合意形成のしかた』中央法規出版，p.86, 2017.
　6）同上，p.86
　7）高田貴久『ロジカル・プレゼンテーション──自分の考えを効果的に伝える戦略コンサルタントの「提案技術」』英治出版，2004.
　8）山崎茂明「口頭発表とプレゼンテーション」『薬学図書館』第40巻第3号，pp.277-280, 1995.

◇参考文献
　・中野美香『大学生からのプレゼンテーション入門』ナカニシヤ出版，2012.
　・福井有監・大島武ほか編著『プレゼンテーション概論』樹村房，2009.

●おすすめ
　・森脇道子監・武田秀子編著『ビジネスプレゼンテーション　改訂版』実教出版，2011.
　・中野美香『大学生からのプレゼンテーション入門』ナカニシヤ出版，2012.

第5節 ソーシャル・マーケティング

学習のポイント

- ビジネスから捉える社会問題の視点を学ぶ
- ソーシャル・マーケティングの概念を把握する
- ソーシャル・マーケティングのプロセスを学ぶ

1 ソーシャル・マーケティングの周縁

1 ボーダーレスな社会的課題

　ソーシャルワークが対象とする問題を含む社会的課題の解消に経済的アプローチや非専門家の支援が功を奏している。たとえば、「子ども食堂」の活動などはその一例ではないだろうか。2017（平成29）年度第34回日本ソーシャルワーク学会の大会テーマは「専門性／専門職制の越境」であった。そこでは "Wicked Problems"「難問」が取り上げられた。「難問／厄介な問題」とは、複数の問題を一つの家族が抱えていたり、多領域の専門家による支援が必要であったり、短期解決が望めない状況を指す。現状の福祉制度だけで課題解決を捉えるのではなく、包括的な支援や予防システムを開発していかなくてはならないし、その手法はビジネスで用いられる手法にも目を向けていく必要がある。

2 社会的課題をビジネスの手法で捉える

　2000年代から、福祉、教育、貧困、差別といった社会的課題にビジネスの手法をもって取り組むソーシャル・ビジネスが注目されてきた。本来そのような課題は、社会福祉が対象とする国や地方自治体やコミュニティで取り組むべき課題である。しかし、既存の枠組みで問題や対象を捉えることが難しく、既存の福祉機関や福祉施設の機能と役割だけでは網羅できないものであった。もし、これをボランティアで行った場合は、善意の活動であっても継続していくのは難しい。これをうまくまわす、つまり持続させるための仕組みをビジネス（仕事・職業）として取り組んだのがソーシャル・ビジネスである。

★子ども食堂
子どもたちに無料か安価で食事を提供する。2010年代頃より貧困家庭やひとり親家庭の子ども、個食の子どもへの食事提供から始まったとされ、全国に広がる。

★日本ソーシャルワーク学会
1984（平成59）年「社会福祉実践理論学会」として設立。ソーシャルワークの実践および理論の研究、教育を通じ、ソーシャルワークの実践および理論のレベルの向上を図り、社会福祉の発展に資することを目的としている。

★ノーベル平和賞
スウェーデンの化学者
アルフレッド・ノーベ
ルの遺言により設立さ
れ、物理学、化学、生
理学・医学、文学、平
和、経済学の6部門の
一つ。国際紛争の調
停、軍縮、人権等の世
界平和の実現に貢献し
た個人や団体を顕彰す
る。

★利他的志向
自己の損失を顧みず、
他者の利益を図ろうと
する行動。利己的では
ない考え方や方向とも
いえる。

❶ソーシャル・ビジネスの要素

　その功績が「底辺からの社会・経済発展の創造に対する努力」と評されてノーベル平和賞を受賞したユヌス（Yunus, M.）は、「すべてが他者の利益のために行われる。つまり人間の利他心に基づくビジネスこそ、私のいう『ソーシャル・ビジネス』である。『損失なし、配当なしの会社』である」と定義を挙げ、ソーシャル・ビジネスを定義する三つの要件、第一に社会課題をビジネスの手法を用いて解決することを目標とすること、第二に利他的志向に基づくビジネスであること、第三に持続可能があることを挙げている。

❷我が国におけるソーシャル・ビジネスの定義と要素

　「ソーシャル・ビジネス研究会報告書」（2008年）ではユヌスの定義より広義で「ソーシャル・ビジネスは、社会的課題を解決するために、ビジネスの手法を用いて取り組むものであり、そのためには新しいビジネス手法を考案し、適用していくことが必要である」と定義する。そして、三つの要素を規定している。

①　社会性

　現在解決が求められる社会的課題に取り組むことを事業活動のミッションとすること。

②　事業性

　ミッションをビジネスの形に表し、継続的に事業活動を進めていくこと。

③　革新性

　新しい社会的商品・サービスや、それを提供するための仕組みを開発したり、活用したりすること。また、その活動が社会に広がることを通して、新しい社会的価値を創出すること。

❸ソーシャル・ビジネスの事業領域

　ソーシャル・ビジネスの事業領域を3領域に分類することができる。[2]事業領域は福祉領域と重なり合う範囲がある。

①　政府、行政の対応を超える領域

　福祉、教育、環境、健康、貧困、コミュニティ再開発、途上国への支援など

---

i　〔Muhammad Yunus〕1940-　バングラデシュの経済学者。少額融資（マイクロクレジット）制度を創案して貧しい人々のための「グラミン銀行」を創設。貧困撲滅に貢献したとして、2006年のノーベル平和賞を受賞した。

図7-16　ソーシャル・ビジネスと社会福祉法人の運営領域

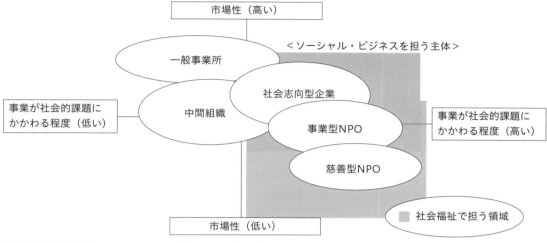

出典：谷本寛治編著『ソーシャル・エンタープライズ〜社会的企業の台頭』中央経済社，p.15，2006. を一部改変

② **政府・行政のタテ割り的対応によってこぼれ落ちてきたような領域**

たとえば、障害者がコンピュータを学ぶ就労の可能性を探るなど

③ **市場の対応を超える領域**

たとえば、会社の CSR*による発展途上国への文化支援など

❹ソーシャル・ビジネスと社会福祉の守備範囲

社会福祉法人が実施するサービスとソーシャル・ビジネスが対象とするサービスの運営領域は重なる部分が多い。組織形態の市場性の高低と事業の社会的課題にかかわる度合いの高低を２軸にして分類する（**図7-16**）。

・**一般事業所**

市場性が高く、事業が社会的課題にかかわる程度が低い。

・**中間組織**

市場性がやや高く、社会的課題にかかわる程度が中程度

・**社会志向型企業**

市場性が高く事業が社会的課題にかかわる程度が高い。

・**事業型 NPO**

市場性が低く、事業が社会的課題にかかわる程度が社会指向型企業よりもさらに高い。

・**慈善型 NPO**

市場性があまり見込めない、事業が社会的課題に強くかかわる。

★ **CSR（Corporate Social Responsibility）**
企業が経営活動の利益と社会的公正や環境面への利益の両立を配慮し株主や取引先のみならず、従業員、消費者、地域社会など多様なステークホルダーに対して責任ある行動をとっていくという考え方。

・社会福祉で担う領域

　　慈善型同様。社会福祉法人は市場性よりも、社会課題の意義を重んじて事業展開をしている、価値基盤の運営といえる。

❺社会的課題に対するビジネスの着眼

　ソーシャル・ビジネスは、社会的課題の解決を目指す点において社会福祉と共通している。社会的課題の解決を対象とする組織運営は社会学とマーケティング視点からビジネスを捉える[3]。社会的課題を発見し、新たな仕組みで解決しようとする敏捷性は、新規性を追い求めるビジネスの得意分野であり、そこは学ぶべき点である。課題解決の手法としてマーケティングの手法は今後さらに社会福祉領域においても広く活用される。

事例

「福祉作業所が製作する音付きグリーティングカード」

　長野県諏訪市は人口約5万人の山に囲まれた盆地で湖、温泉、6年に一度の大祭「御柱祭」のある観光地であり、精密工業も盛んである。そこには、ケーブルテレビ局があり2020（令和2）年には河川チャンネルなども新たに増え、地域に密着する情報を伝えている。

　地元のグラフィックデザイナーとソーシャルワーカーが話をしているときに「さまざまな祭りのイラストにその音を入れたグリーティングカードを作ってみたらどうか」という案が浮かび、音はケーブルテレビ局から、製作は地元の福祉作業所で可能ではないかということになった。そこで「福祉×アート×観光」の新たな連携のある商品開発に向けて、諏訪市産業連携助成金を申請し商品の開発を行った。福祉作業所は精密機械の組み立て、箱折り作業は慣れていた。さらに、美しいカードの製作にかかわることに利用者も喜んだ。細かい作業のあるカードは、自宅で過ごす成人女性が製作している。この音付きカードは現在「諏訪市推せんみやげ品」、高品質のブランド「SUWAプレミアム」に認定され、湖の周辺の美術館、駅中でお土産として販売されている。コロナ禍において福祉作業所は、企業から下請け作業の受注が激減したので、さらに「音付きグリーティングカード」の制作に力を入れて市役所で展示販売を行った。その展示の際に、ジオラマ制作が得意な利用者の発案により、カードス

タンドとその背景を作り「音付きグリーティングカードの工作キット」を作ることが提案され、デザイナーなどの許可を得て販売を開始した。このように、地域文化芸術を活かしたコミュニティビジネスにも福祉サイドからのアプローチが望まれている。

写真7-6　音付きグリーティングカード

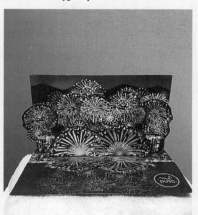

2　ソーシャル・マーケティングの拡がり

1 マーケティング概念の拡張

　ソーシャル・マーケティングは、1969年「近代マーケティングの父」といわれるコトラー（Kotler, P.）[ii]とレビー（Levy, S.）がマーケティングは伝統的な営利企業を前提として語られてきたが、それと同様に営利企業以外でも必要とされているという、マーケティングの拡張概念についての論文を1969年に発表した。[4] しかし、マーケティングの対象を経済的交換に限定すべきだという批判が起こり、商業的マーケティングがこの解釈を取り入れた場合、マーケティング自体のアイデンティティを失い、それはマーケティングと似て非なるものだと大論争となった。

---

ii 〔Philip Kotler〕1931–　アメリカの経営学者。「マーケティングの4P」を普及させ、近代マーケティングの父と呼ばれる。

2 マーケティング概念の変容

しかし、アメリカマーケティング協会★の定義の変遷をみても、1948年の定義では「生産者」「消費者」「事業」といった言葉が消え、「個人と組織の目的」「交換」などの言葉が加わり、コトラーの考えがおおむね受け入れられたことがわかる（**表7-12**）。

3 ソーシャル・マーケティングの発展

1971年にコトラーとザルトマン（Zaltman, G.）がJournal of Marketing誌において初めて「ソーシャル・マーケティング」という用語を使用した。その後1980年代には世界銀行★、世界保健機関（WHO★）、アメリカ疾患予防センターなどがこの用語を使用するようになった。1999年にはワシントンにソーシャル・マーケティング研究所、2005年にはロンドンにイギリスソーシャル・マーケティング・センターが設立された。ソーシャル・マーケティングは理論だけにとどまらず実際の活動となって世界的に普及していった。我が国においても健康教育や公衆衛生部門で関心が高まっている。

4 ソーシャル・マーケティングの定義と目的

ソーシャル・マーケティングの定義は必ずしも統一されていない。

❶アンドリーセン（Andreasen, A. R.）の定義

「ソーシャル・マーケティングは、ターゲットとなる対象者と社会の福祉の向上を目的として、彼らの自発的な行動に影響を及ぼすために作られたプログラムの分析、計画、実施、評価に商業分野のマーケティング技術を応用することである」[5]と定義している。

この社会の福祉の向上を目的としてマーケティング技術を応用するということが、ソーシャル・マーケティングにおいて重要なポイントとなる。

表7-12　アメリカのマーケティングの定義の変遷

・「マーケティングは生産者から消費者に至るまでの商品やサービスの流れを管理する事業活動の遂行である。」 　　　　　アメリカ・マーケティング教師協会（AMAの前身）の定義（1948年）
・「マーケティングは個人と組織の目的を達成させるような交換を生み出すための、アイデア、財、サービスの考案、価格設定、販売促進、流通に至るまでを計画し、実行するプロセスである。」 　　　　　　アメリカ・マーケティング協会（AMA）の定義（1985年）

❷コトラーの定義

　「ソーシャル・マーケティングは、ターゲットと同様に社会（公衆衛生、安全、環境、そしてコミュニティ）に便益をもたらすターゲットの行動に対して影響を与えるために、価値を創造し、伝達し、そして流通させるというマーケティングの原理および手法を適応するプロセスである[6]」と定義している。

　これらの定義やほかのソーシャル・マーケティングの定義からも「社会のために商業分野のマーケティングを生かす」「商業分野のマーケティングと並行して、社会科学、社会政策、社会変革の分野の経験や知識を活用する」という解釈がなされている[7]。

❸ソーシャル・マーケティングの目的

　商業的マーケティングとソーシャル・マーケティングとの違いはその目的にある。前者は、消費者に製品を購入させて、営利組織の利益を最大化することである。後者は「社会的な目的、社会的アイデア、社会的行動と習慣を浸透させるためにマーケティングの原理と技術を活用し、その社会的変革を効果的に促すためのマネジメント技法」であり、「人々を信念のない状態から信念のある状態へ、信念を態度へ、態度を価値観へ変える」プロセスといえる。

5　ソーシャル・マーケティングの基準

　ソーシャル・マーケティングは「顧客志向」「行動」「交換」「競争」「セグメンテーションとターゲッティング」「メソッド・ミックス」「洞察」「理論」の八つの基準がある[8]。これらを組み合わせることでより大きな効果を期待できる。

❶顧客志向

　専門家だけで問題行動の変容のメッセージを作成するのではなく、対象者を中心に据えて、フォーカス・グループ*などを用いて対象者のニーズを探り、効果的なメッセージの発信をする。

❷行動

　行動変容を目的として測定可能で特異的な行動目標を設定する。情報を受けてから行動を想起するまでに「情報を受ける→理解する→関心をもつ→価値づける→関心の意思をもつ→自分の能力を勘案する→サポートを受ける→行動をする」という複数の媒介変数を想定する。人は、常に環境や状況、個人の資源などからも影響を受ける。

★フォーカス・グループ（focus group）
市場調査や世論調査の対象となる典型的な人たち。ソーシャルワークで実施するフォーカスグループインタビューは、質的研究手法の一つである。個別インタビューでは得られない奥深く幅広い情報収集が可能となる。

❸交換

　対象が行動を起こすための「利益」が「コスト」を上回る必要がある。
価値観に配慮して、金銭的なものだけではなく個人の満足度も配慮する。

❹競争

　対象者の時間や関心を得ようとする際に、対象者のなかで競合する内
的要因を考慮する。内的には願望やリスクテイキング＊、外的にはライバ
ル行動（参加したいが自宅でゲームもしていたいなど）などをいう。

❺細分化（セグメント）とターゲッティング

　ソーシャル・マーケティングの特徴は消費者・対象者の把握方法にあ
る。行動分析や市場調査などによって、消費者・対象者全体が行動特性
ごとにグループに細分化することができる。このことにより、各グルー
プに効果的な戦略の策定やターゲットグループの絞り込みなどが可能に
なる。

❻メソッド・ミックス

　マーケティング・ミックス＊を活用したアプローチを講ずる。

❼洞察

　対象者の動機づけについて深い理解を得ることが重要になる。フォー
カス・グループなどにより対象を深く理解する。

❽理論

　理論はプログラムの発達過程の一部で用いられ、生物・物理的、精神
的、社会的、環境による４領域にまたがる理論を活用する。

▎6　マーケティング・ミックス（四つのP）

　マーケティング・ミックスは企業がマーケティングの目的を達成する
ために使う枠組みである。ソーシャル・マーケティングの戦略は“マー
ケティング・ミックス”の四つのP といわれ、プロダクト（product）、
価格（price）、場所（place）、プロモーション（promotion）の四つで
構成される。これらを組み合わせて人の行動変容を促す。

❶プロダクト／製品（product）

　製品とは、ニーズや欲求を充足するすべてのもののことである。[9]具体
的な品だけでなく、サービスや情報、アイデア、対象者に採用してもら
いたい行動、知識、態度や提案。

❷価格・代償・コスト（price）

　対象者がその行動を採用する際に負担する代償（金銭的な費用だけで
なく、時間、労力、心理的負担なども含まれる）。

❸場所・流通（place）

　場所は、プロダクトが対象者に伝達される場所や到達する経路。

❹プロモーション・宣伝・販売促進（promotion）

　プロモーションは、プロダクトが対象者に採用されるのを促す手段（広告、宣伝、イベントなど）。

3　近隣領域における ソーシャル・マーケティング

1 保健医療分野におけるソーシャル・マーケティング

　ソーシャル・マーケティングの概念が発表されて以来、社会問題の解決のために多くのプログラムやキャンペーンにおいて、その考えや技術が活用されてきた。1970年代には、主に発展途上国で家族計画や栄養改善プログラム、先進国での心臓血管疾患減少のための国家や地域レベルでの健康キャンペーンでその要素が取り入れられた。公衆衛生分野でも1980年代後半にはソーシャル・マーケティングが活用されるようになった。世界中で政府機関から非営利団体、各種財団がこの手法を活用している。

2 ソーシャル・マーケティングの特徴

　ソーシャル・マーケティングの特徴と重要な特徴をアンドリーセンは七つ挙げている。[10]

❶対象者の行動そのものが重要である

　ソーシャル・マーケティングでは対象者の行動そのものに影響を与えることが目標である。対象者の行動が実際に変わることが成功の本質的な基準となる。

❷プログラムはコストエフェクトでなくてはならない

　貴重な資源を効果的に使うこと、かけたコストに対して効果が上がる（エフェクティブな）ものでなくてはならない。

❸すべての戦略は対象者から始まる

　「顧客志向」である。対象者の考えやニーズ価値観に合うような形でプログラムの効果を提供する。

❹介入は四つのPを含む

　マーケティング・ミックスの四つのP（プロダクト（product）、価格（price）、場所（place）、プロモーション（promotion））を含む。

表7-13　ソーシャル・マーケティングの活用が有効だと思われる貧困関連課題と変容が期待できる行動

ソーシャル・マーケティングが有効と思われる貧困関連課題		ソーシャル・マーケティング努力により採用され得る行動
保健医療	HIV／エイズ	コンドームを使用する
	結核	指示された通りにすべての処方薬を服用する
	マラリア	ベッド上に蚊帳を張る
	がん	乳がん、前立腺がん、大腸がんの検診を受ける
	心臓疾患	定期的に運動を行う
	ポリオ	子供への予防接種を認める
	栄養	少なくとも最初の6か月間授乳する
	安全な飲用水	飲用前に水を浄化する
	乳幼児の下痢	経口補水塩を受け入れる
	感染症	手を洗う
	アルコール依存および薬物乱用	治療を求める
	高齢者の転倒	転倒の危険度評価を受ける
	公衆衛生	機能的なトイレを確保し設置する
	必須医薬品	資金提供もしくはコストの助成のためのパートナーシップを組む
	精神衛生	コミュニティにおけるスティグマを和らげる
教育	学校への準備	未就学児の1日20分間の読書を確認する
	識字能力	性別による不平等をなくす
	高校卒業	落ちこぼれる恐れのある若者にボランティアの家庭教師を見つける
家族計画	10代の妊娠	性交渉の年齢を遅らせる
	大家族の家計維持困難	女性が子供を作ることを選択できるようにする
食料供給	農業生産性	土壌に養分を付加する
雇用	失業	マイクロファイナンスによる融資を申請する
	職業技能の欠如	職業技能訓練に参加する
金銭管理	破産	収入相応の暮らしをする
自然災害	ハリケーン	避難指示に従う
住居	ホームレス	利用可能なサービスを受ける
	住居	雨つゆをしのぐための家の建設を支援する
安全	煤煙	料理用コンロの煤煙を除去する煙突を設置する
	家庭内暴力	家庭内暴力向けのヘルプラインに電話をかける
	犯罪	自警団を結成する

出典：P. コトラー・N. R. リー，塚本一郎監訳『コトラー　ソーシャル・マーケティング——貧困に克つ7つの視点と10の戦略的取組み』丸善，pp. 78-79，2010.

❺介入プログラムのデザイン、事前テスト、評価には対象者に対する
調査は必要不可欠である

プログラムをデザインする際は、対象のニーズ、欲求に勧められる行
動に対して対象者はどう考えるか事前に調査する。

❻マーケットは注意深く分けられる

市場の細分化をする。個々の対象者の特徴を踏まえてそのグループご
とに四つのPを組み合わせ働きかける。

❼常に競争が認識されている

行動は常に他の行動と競合する。

2 ソーシャル・マーケティングを活用する社会的課題

今やソーシャル・マーケティングの範疇は広がり、領域も横断的になっ
ている。コトラーとアンドリーセンは、営利部門、非営利部門、公共部
門の3領域を区分して捉えるが、同時に、領域間の区分がなくなりつつ
あることを指摘している。コトラーはソーシャル・マーケティングの手
法を活用すれば現状を改善できると考える貧困関連課題とソーシャル・
マーケティングにより採用を得られる行動を示した（**表 7-13**）。

4 ソーシャル・マーケティングのプロセス

1 ソーシャル・マーケティングの原則

重要な原則は“消費者・対象者の理解”である。そのために、経済学、
心理学、社会心理学などのあらゆる学問体系で得られた知見から、消費
者・対象者の認知、選好、ライフスタイル、価値観などが行動に与える
影響を分析する必要がある。また、特に保健医療分野では保健行動に関
する研究の知見も有用である。

2 ソーシャル・マーケティングのプロセス

いくつかの分け方が提示されているが「計画—実施—評価」のプロセ
スを経て実施される。

① コトラーらの8ステップ[11]

❶ ソーシャル・マーケティング環境の分析

❷ ターゲットとなる対象者の選定

❸ 目的と目標の設定

- ❹ ターゲットとなる対象者と競争者の理解
- ❺ 戦略の決定―四つのＰ―
- ❻ 評価とモニタリング戦略の展開
- ❼ 予算の確立と財源の確保
- ❽ 実施プランの完成

② アンドリーセンの6ステージ[12)]

- ❶ 耳を傾けること
- ❷ ターゲットとなる対象者や環境の背景分析
- ❸ 計画の立案
- ❹ 構造化
- ❺ 事前テスト
- ❻ モニタリング

▌3 病院における医療マーケティング事例

積極的にマーケティングを取り入れている病院もある。ある病院では医療マーケティング課を導入している。Twitter や Facebook といった SNS＊ツールを活用し、毎日更新することで情報の鮮度を維持している。その内容は、最新の医療情報、各種医療講座の開催などの情報提供や院内ロビーでのコンサートなど各種イベントの開催情報から、検診などの情報、健康によいレシピの紹介など豊富であり、患者との関係性構築のために積極的にマーケティングを展開し病院経営に反映させている[13)]。医療マーケティングは、伝統的なマーケティング研究のなかで構築された諸概念を医療に応用するものから始まった。しかし、ほかにも医療サービスもその他のサービスと同様に「顧客の満足度」の獲得の目指すもの、さらに患者と医療機関の長期的な関係構築を目指す関係性のマーケティングの成果を基礎とする研究などが行われている。

5 ▶ 健康教育プログラム

ソーシャル・マーケティングが多く取り入れられている健康教育プログラムを例に学んでいく。健康プログラムの研究は対象者の行動変容を目指し、メタボリックシンドローム、小学生の身体運動量を増進させるもの、虫歯予防の歯間ブラシの使用など多く活用されている。その重要点を挙げていく。

★ SNS（a Social Networking Site ［Service]）
インターネットのネットワークを介して、人と人とがつながりコミュニケーションが図れるように設計された会員制サービス。Twitter や Facebook、LINE、Instagram などの利用者が急増している。

表7-14　形成的調査を実施する目的

> (1) プログラムにおけるメッセージを開発するために顕著なテーマや社会的規範を明らかにする
> (2) 介入のために必要とされるキー行動を明らかにする
> (3) 特定の健康行動について、対象者の知識レベルおよび知識の不備を評価する
> (4) コミュニケーションを効果的に行えるように適切な情報チャンネル（冊子、電話、教室タイプなど）を調べる
> (5) 住民や対象者とのラポート（信頼関係）を構築する手段とする
> (6) メッセージやアプローチを対象となる特定の集団に合わせる（ターゲット化）、複数の下位集団ごとにそれぞれの特徴に合わせる（セグメント化）、そしてそれらをテストするための手段とする
> (7) 対象となる地域における健康や病気についての思考形態を理解する

1 対象者の背景を理解するための調査

　健康教育プログラムを作成するには、扱う健康問題のその背景を知らなくてはいけないが、そのためには対象者を理解することが重要である。そこでまず健康教育プログラムを作成するための基礎調査を行う。効果的なプログラム開発やプログラムへの募集のために必要な情報の獲得を目的とした介入、地域および住民に対する事前調査は形成的調査（フォーマティブ・リサーチ：Formative research）と呼ばれている。

2 形成的調査

　健康教育プログラムを開発するための事前調査、形成的調査の目的を七つ挙げる[14]（**表 7-14**）。形成的調査により、介入の目的を達成するために介入実施者がどのような介入方略を開発すべきかを知ることができる。その実際は、質問紙を用いた量的調査方法とフォーカスグループインタビューなどの質的調査の 2 種類がある。

6　実施と評価

　ソーシャル・マーケティングでは、事前テストをして、実行、評価の手順でプログラムを進めることが有効だとされる。

❶事前テスト

　プログラムの内容やマテリアル（ポスターやチラシ）が本当に対象者のニーズに応えているか、一部の対象者でテストを行う。その結果のフィードバックに基づいて、改善を行う。

Active Learning

> ソーシャル・マーケティングで、活用される技法のなかに、フォーカスグループインタビューがあります。一般的なインタビューとどのような点で異なるのか、また方法としてのその特長（よい点）について調べてみましょう。

❷実行（モニタリング）

実行の際は、その様子をモニタリングして、プログラムが意図したとおりに行われているか確認する。

❸プログラムの評価

プログラムは三つの項目をもって評価する。

❹プログラムのプロセス評価

プログラムが計画どおりに進んだのか。プログラムの結果はプログラムの計画どおりの展開の効果なのか、改善が必要なのかアセスメントする。

❺プログラムの影響と結果

①　プログラムの影響効果（インパクト評価）

プログラムの対象の信念、態度、実際の行動などに影響する周辺の環境に対してどのように直接効果を与えたか。

②　プログラムの結果（アウトカム評価）

プログラムが対象者の健康状況など生活の質にどのような効果を与えたのか、プログラムの副作用などもあれば検討する必要がある。

❻プログラムの効率

費用や人員、時間など、費用対効果を経済的な側面から検討する。代表的な評価方法としては、「費用効果分析」「費用便益分析」「費用効用分析」などがある。投資した費用などに対してのプログラムの効果を図る。

①　費用効果分析

費用効果分析は、投資した費用の一定の効果（1kgの減量にはいくらかかるなど）を算出しプログラムの効果が得られたか評価する。

②　費用便益分析

費用便益分析は、プログラムの効果と投資した費用を両方とも金額で評価し分析する。医療費などが例に挙げられる。その効果を上げるのにかかった費用に見合った効果が得られたか評価する。

③　費用効用分析

費用効用分析は、そのプログラムの効果を生活の質（QOL）などに置き換えたものである。

7 越境するソーシャルワークを目指して

ソーシャル・マーケティングの社会的な期待はますます高まっている。

社会福祉分野での活用を考えると、まずソーシャル・マーケティングの原則の「対象者の理解」が挙げられる。社会課題が複雑多様化してきた今日に、ソーシャルワークの利用者理解をさらに科学的に拡張して経済学、心理学、社会心理学などのあらゆる学問体系で得られた知見から、対象者の認知、選好、ライフスタイル、価値観などを見直していく必要がある。そして、ソーシャル・マーケティングの特徴でもある対象集団の細分化を通して、各集団に効果的な戦略の策定やその対象者集団の絞り込みなどが可能になる。問題を抱える個を集団化すること、解決プログラムの作成プロセスなどをソーシャルワークの領域でも今後取り入れることが可能になる。

◇引用文献

1）Yunus, Muhammad., *Building Social Business : The New Kind of Capitalism that Serves Humanity's Most Pressing Need*, Public Affairs, 2011.（岡田昌治監訳『ソーシャル・ビジネス革命』早川書房，2010.）
2）谷本寛治・唐木宏一・SIJ 編『ソーシャル・アントレプレナーシップ——想いが社会を変える』NTT 出版，pp. 5-9, 2007.
3）藤岡芳郎「ソーシャル・ビジネスの組織運営について理論的考察——価値共創の視点より」大阪産業大学経営論集第17巻第 3 号，pp. 97-116, 2016.
4）Kotler, P. & Levy, S. J., 'Broadening the Concept of Marketing', *Journal of Marketing*, Vol. 33, pp. 10-15, 1969.
5）Andreasen, A. R., *Marketing Social Change : changing behavior to promote health, social development, and the environment*, Jossey Bass Publications, pp. 7-10, 1995.
6）Kotler, P. & Lee, N. R., *Social Marketing : Influencing Behaviors for Good*, 3rd edition, Sage Publications, p. 7, 2008.
7）上地広昭・竹山晃二「行動変容のためのソーシャル・マーケティングの活用」日本健康教育学会誌第20巻第 1 号，pp. 60-70, 2012.
8）Andreasen, A. R., Marketing social marketing in the social change marketplace, *Journal of Public Policy and Marketing*, 21(1), pp. 3-14, 2002.
9）P. コトラー・G. アームストロング，和田充夫・青井倫一訳『新版 マーケティング原理——戦略的行動の基本と実践』ダイヤモンド社，pp. 21-31, 1995.
10）前出 5), pp. 1-33
11）Kotler, P. & Roberto, N. Lee, N., *Social Marketing : Improving the Quality of Life (2nd Edition)*, Sage Publication, pp. 29-45, 2002.
12）前出 5), pp. 68-96
13）戸田裕美子「医療マーケティング研究の学説史研究」『商学集志』第83巻第 3 号，p. 82, 2013.
14）海保博之監，竹中晃二編『朝倉実践心理学講座 9 運動と健康の心理学』朝倉書店，pp. 68-80, 2012.

◇参考文献

・西川ハンナ「ソーシャルワークの社会開発とその実際——フィールドワークからの地域性を活かした作業所の製品開発までの過程」第27回日本社会福祉士会・全国社会福祉士学会口頭発表，2019.

●おすすめ

・P. コトラー・N. R. リー，塚本一郎監訳『コトラー ソーシャル・マーケティング——貧困に克つ 7 つの視点と10の戦略的取組み』丸善，2010.
・松本千明『保健スタッフのためのソーシャル・マーケティングの基礎』医歯薬出版，2004.

索引

や～よ

ら～ろ

わ～ん

種橋 征子（たねはし・せいこ）·· 第 5 章第 2 節
関西大学人間健康学部准教授

所 めぐみ（ところ・めぐみ）··· 第 5 章
関西大学人間健康学部教授

西川 ハンナ（にしかわ・はんな）·· 第 7 章
創価大学文学部准教授

福富 昌城（ふくとみ・まさき）··· 第 4 章
花園大学社会福祉学部教授

山本 克彦（やまもと・かつひこ）··· 第 1 章第 4 節
日本福祉大学福祉経営学部教授

渡辺 裕一（わたなべ・ゆういち）··· 第 1 章第 1 節
武蔵野大学人間科学部教授

最新 社会福祉士養成講座

6　ソーシャルワークの理論と方法［社会専門］

2021年2月1日　　　　発行

編　集　　一般社団法人日本ソーシャルワーク教育学校連盟
発行者　　荘村明彦
発行所　　中央法規出版株式会社
　　　　　〒110-0016　東京都台東区台東3-29-1　中央法規ビル
　　　　　営　　業　TEL 03（3834）5817　FAX 03（3837）8037
　　　　　取次・書店担当　TEL 03（3834）5815　FAX 03（3837）8035
　　　　　https://www.chuohoki.co.jp/

印刷・製本　株式会社太洋社
本文デザイン　株式会社デジカル
装　　帧　株式会社デジカル
装　　画　酒井ヒロミツ